Geografie 6

PALUCCA SCHULE DRESDEN
Dieses Lehrbuch wurde bezahlt.
Unterschrift: _____ Datum: 5.7.04

Herausgegeben von
Dr. Dieter Richter und Gudrun Weinert

Geografie 6

Ausgabe Sachsen

PALUCCA SCHULE DRESDEN

Dieses Lehrbuch erhalte ich leihweise von der Schule. Ich verpflichte mich, es sofort einzubinden und stets sorgsam zu behandeln. Bei schlechter Behandlung muß das Lehrbuch bezahlt werden.

Jahr	Datum	Vor- und Zuname	Klasse	Überprüft
03/04	1.9.	Dorothea Epperlein	02	6.2.04
03/04	3.3.04	Max Kohle	02	26.6.04

Mehrere Blätter lösen sich aus dem Einband oben. Rep. erfolgt

Volk und Wissen Verlag

Die Erarbeitung dieses Lehrbuchs wurde vorgenommen von
Dr. Margret Buder, Elisabeth Matheis, Dr. Dieter Richter, Jürgen Vogt,
Gudrun Weinert unter Heranziehung von Texten von Walter Funken

Redaktion: Dr. Siegfried Motschmann, Walter Funken, Elisabeth Grunert
Kartografische Beratung: Prof. Dr. Wolfgang Plapper

Dieses Werk ist in allen seinen Teilen urheberrechtlich geschützt.
Jegliche Verwendung außerhalb der engen Grenzen des Urheberrechts ist ohne
schriftliche Zustimmung des Verlages unzulässig. Das gilt insbesondere für
Vervielfältigungen, Mikroverfilmungen, Einspeicherung und Verarbeitung in
elektronischen Medien sowie für Übersetzungen.

Der Inhalt des Werkes folgt der reformierten Rechtschreibung und Zeichensetzung.

Alle aufgenommenen Internet-Adressen/-Dateien wurden vom Verlag vor Drucklegung auf ihre Eignung für Unterrichtszwecke geprüft. Stand: Januar 2002. Für die Aktualität und den Inhalt dieser Internet-Adressen/-Dateien (oder solcher, die mit ihnen verknüpft sind) übernimmt der Verlag jedoch keinerlei rechtliche Gewähr.

Volk und Wissen im Internet

ISBN 3-06-040650-2

Auflage 2002
5 4 3 2 1 / 06 05 04 03 02
Alle Drucke dieser Auflage sind unverändert und im Unterricht parallel nutzbar.
Die letzte Zahl bedeutet das Jahr dieses Druckes.
© vwv Volk und Wissen Verlag GmbH & Co.OHG, Berlin 2002
Printed in Germany
Einband: Gerhard Medoch
Typografische Gestaltung: Hans-Joachim Petzak
Illustrationen: Hans Wunderlich, Gerold Nitzschke, Wolfgang Zieger, Dieter Heidenreich
Bildbeschaffung und Recherche: Carla Kutschke
Kartenherstellung: Peter Kast, Ingenieurbüro für Kartografie, Schwerin
Herstellung: Monika v. Wittke
Reproduktion: Licht & Tiefe, Berlin
Satz: Stürtz AG, Würzburg und vwv Volk und Wissen Verlag GmbH & Co.OHG, Berlin
Druck und Binden: Stürtz AG, Würzburg

Inhaltsverzeichnis

Europa 7

Europa im Überblick 8
Europa – der Kontinent auf dem
wir leben 8
Großräume Europas 10
Arbeit mit dem Gradnetz 12
Die Zeitzonen der Erde 14
Aus der erdgeschichtlichen Entwick-
lung Europas 16
Aus der Erdgeschichte 18
Die Oberflächengestalt Europas ... 20
Gewässer Europas 22
Fächerübergreifendes Thema:
Englisch als Weltsprache 24
Kulturelle Vielfalt und Gemeinsam-
keiten Europas 26
Europa wächst zusammen 28
Euregios an der östlichen Grenze
Deutschlands 30
Zusammenfassung 32

Nordeuropa 33
Wir orientieren uns in Nord-
europa 33
Schären, Fjord und Fjell 34
Polartag und Polarnacht 36
Wachstumsbedingungen der
Pflanzen in Nordeuropa 38
Leben zwischen Tundra und
Nadelwald 40
Island – Insel aus Feuer und Eis ... 41
Holzwirtschaft in Finnland 42
Fischereiwirtschaft in Norwegen ... 44
Erdölwirtschaft vom Meeres-
grund 46
Zusammenfassung 48

Westeuropa 49
Wir orientieren uns in Westeuropa .. 49
Hauptstädte in Westeuropa 50
Landschaften in Westeuropa 52
Das Klima Westeuropas 54
Mittelengland – die Wiege der
Industrie 56
Strukturwandel in Wales 58
Wirtschaftsräume in
Großbritannien 60
Wir erkunden Großbritanniens
Hauptstadt 62

Projektarbeit:
Waren und Personen auf dem Weg
durch Westeuropa 64
Der Euro-Tunnel 66
Paris und sein Umland 68
Industriegebiete in Frankreich 70
Wein, Käse und vieles mehr – die
französische Landwirtschaft 72
Rotterdam – Europas Tor zur Welt . 74
Land unter dem Meeresspiegel 76
Landgewinnung in der Zuidersee ... 78
Zusammenfassung 80

Mitteleuropa 81
Wir orientieren uns in Mittel-
europa 81
Dreimal Mitteleuropa 82
Prag und Warschau – Hauptstädte
und Touristenziele 84
Oberschlesien und Böhmen –
Wirtschaftsräume im Wandel 86
Im Alpenraum 88
Verkehrswege in den Alpen 90
Almwirtschaft 92
In Sölden – ganzjährig Skilaufen ... 94
Zusammenfassung 96

Osteuropa 97
Wir orientieren uns in Osteuropa ... 97
Stadtentwicklung von Moskau 98
Moskau und das Industrielle
Zentrum 100
Das Klima in Osteuropa 102
Landwirtschaft in Russland 104
Die Wolga – eine Lebensader
Russlands 106
Das Donez-Dnjepr-Gebiet 108
Die baltischen Länder – eine
Erkundung 110
Zusammenfassung 112

Südosteuropa 113
Wir orientieren uns in Südost-
europa 113
Der Landschaftsraum Südost-
europa im Überblick 114
Völkervielfalt in Südosteuropa 116
Karst – nicht nur ein Gebirge
in Südosteuropa 118
Die Donau in Südosteuropa 120

Das Mündungsgebiet der Donau ... 122
Bilder aus Rumänien 124
Projektarbeit:
Das Mittelmeer – ein „geografisches Objekt" 126
Zusammenfassung 128

Südeuropa 129
Wir orientieren uns in Südeuropa .. 129
Südeuropa – bekannt und doch neu 130
Vulkane und Erdbeben in Südeuropa 132
Klima und Pflanzen des Mittelmeerraumes 134
Umweltschäden – vom Menschen verursacht 136
Landwirtschaft in Spanien 138
Tourismus in Südeuropa 140
Italien: ein Land – drei Wirtschaftsräume 142
Zusammenfassung 144

Schlag nach 145
Teste dein Wissen! 146

Sich erinnern – vergleichen – ordnen 148
Klima und Vegetation in Europa ... 148
Landwirtschaftsgebiete in Europa 152
Wirtschaftsgebiete in Europa 154

Geografische Arbeitsweisen 156
Wirtschaftskarten lesen und beschreiben 156
Tabellen und Diagramme lesen 158
Klimadiagramme auswerten und zeichnen 160
Texte auswerten 162

Begriffserklärungen und Register .. 164

Europa

Europa ist ein Kontinent unter anderen.
Aber wir sind auf ihm zu Hause.
In diesem Kapitel werden wir Europa besser kennen lernen –
seine Einheit und seine Vielfalt.

Europa im Überblick

Europa – der Kontinent auf dem wir leben

Das Bild auf dieser Seite zeigt die Erde aus einer Höhe von 40 000 Kilometern. Es ist von einem Satelliten aus aufgenommen worden. Klar hebt sich die Erdkugel vom dunklen Hintergrund des Weltalls ab.

Wir erkennen das Nordpolargebiet an der weißen Farbe der Eisdecke. Große Teile der Erdoberfläche werden von blauer Wasserfläche eingenommen. Deshalb wird die Erde oftmals auch als „blauer Planet" bezeichnet. Deutlich grenzen sich die Kontinente von den Wasserflächen der Ozeane ab. Drei der sieben Kontinente sind fast vollständig zu sehen, von einem nur der nördliche Teil. Erkennst du Kontinente, die nicht durch Meere voneinander abgegrenzt sind?

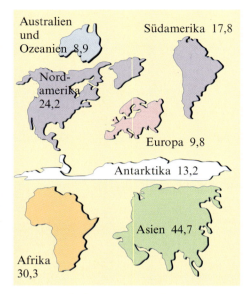

M 1 Faustskizze zu den Flächengrößen der Kontinente (in Mio. km^2)

M 2 Die Erde aus dem All

Europa – der Kontinent auf dem wir leben

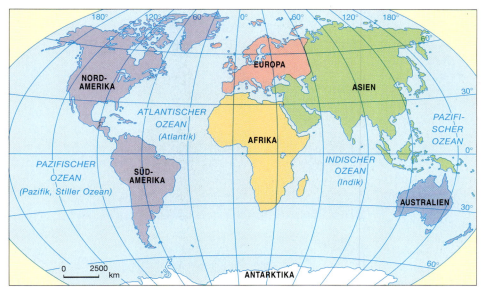

M 3 Kontinente und Ozeane der Erde

M 4 Der Grenzverlauf zwischen den Kontinenten Europa und Asien

Europas Grenze zu Asien. Kontinente sind meist durch Ozeane oder Meere voneinander getrennt. Die Kontinente Europa und Asien bilden jedoch eine große zusammenhängende Landmasse. Man fasst sie auch unter dem Namen Eurasien zusammen. Der Grenzverlauf zwischen beiden Kontinenten wird verschieden gezogen. Am gebräuchlichsten ist die Abgrenzung entlang des Uralgebirges und des Flusses Emba zum Kaspischen Meer, durch die Manytschniederung zum Nordufer des Schwarzen Meeres bis zum Mittelmeer.

AUFGABEN

1. Betrachte M 2: Welche Kontinente und Meere kannst du im Satellitenbild erkennen? Welche sind nicht zu sehen? Prüfe dein Ergebnis mithilfe einer Weltkarte (M 3).
2. Suche den Kontinent Europa auf der Weltkarte (M 3) und beschreibe seine Lage zu den anderen Kontinenten. Nutze dazu die Angabe von Himmelsrichtungen.
3. Verfolge den Grenzverlauf zwischen Europa und Asien in M 4. Suche ihn anschließend im Satellitenbild (M 2).
4. Ordne in einer Tabelle die Kontinente nach ihrer Flächengröße (M 1). Vergleiche anschließend die Flächengröße Europas mit der der anderen Kontinente.

Großräume Europas

Auf einer politischen Europakarte im Atlas sehen wir, dass zu Europa viele Länder gehören. Nach ihrer Lage auf dem Kontinent lassen sich diese Länder sechs geografischen Großräumen zuordnen: Nordeuropa, Mitteleuropa, Westeuropa, Südeuropa, Osteuropa und Südosteuropa.

Mit diesem Buch lernst du den Kontinent Europa, auf dem du lebst, genauer kennen. Nach einem Überblick über den ganzen Kontinent betrachten wir die sechs geografischen Großräume.
Uns interessieren dabei beispielsweise folgende Fragen:
Wie ist die Natur in den einzelnen Großräumen beschaffen? Welche physisch-geografischen Merkmale sind kennzeichnend? Wie leben die Menschen in diesen Großräumen und wie gestalten sie ihre Lebensräume?

Wir werden die Großräume des Kontinents nacheinander betrachten, aber auch Beziehungen zwischen ihnen herstellen. Dabei lernen wir Gemeinsamkeiten und Unterschiede, Typisches und Besonderheiten der Natur und des Lebens der Menschen in diesen Räumen kennen und besser verstehen.

M 2 In Mitteleuropa. Linz an der Donau (Österreich)

M 3 In Westeuropa. Kreideküste östlich von Brighton (Großbritannien)

M 4 In Südeuropa. Auf der Insel Capri (Italien)

M 1 In Nordeuropa. Am Geirangerfjord (Norwegen)

M 5 In Südosteuropa. In Varna – an der Küste des Schwarzen Meeres (Bulgarien)

Großräume Europas

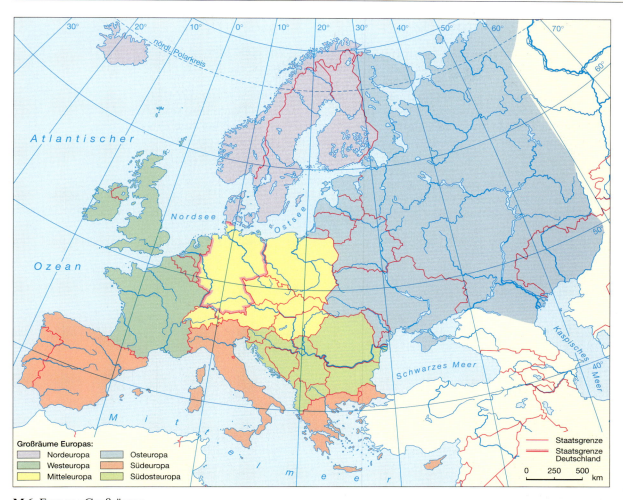

Großräume Europas:
- Nordeuropa
- Westeuropa
- Mitteleuropa
- Osteuropa
- Südeuropa
- Südosteuropa

— Staatsgrenze
— Staatsgrenze Deutschland

M 6 Europas Großräume

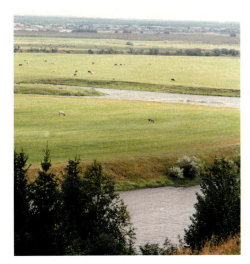

M 7 In Osteuropa.
Osteuropäisches Tiefland bei Twer (Russland)

AUFGABEN

1. Suche die sechs Großräume Europas in der Karte M 6 und beschreibe ihre Lage. Beachte angrenzende Meere und Großräume.
2. Lege in deinem Heft eine Tabelle mit zwei Spalten an: Trage in die erste Spalte die Großräume Europas ein und ordne ihnen in der zweiten Spalte die zugehörigen Länder zu (Atlas).
3. Kennzeichne die Lage Deutschlands nach angrenzenden Ländern und Großräumen.
4. Die Bilder M 1 bis M 5 und M 7 zeigen Landschaften aus den einzelnen Großräumen Europas. Beschreibe diese Landschaften und suche sie anschließend auf einer physischen Europakarte im Atlas.

Arbeit mit dem Gradnetz

Während eines Sommerurlaubs unternahm Familie Schuster eine Segeltour auf dem Mittelmeer. Plötzlich kam ein heftiges Unwetter auf und ihr Boot geriet in Seenot. Herrn Schuster gelang es, mithilfe des Funkgeräts einen Notruf abzusetzen.

Innerhalb kurzer Zeit kam ein Hubschrauber des Seenotdienstes und rettete die Familie.
Wieso konnte die Besatzung des Hubschraubers die Unglücksstelle so schnell finden, obwohl sie sich weitab vom Festland auf dem offenen Meer befand?

Das Gradnetz der Erde besteht aus senkrecht und waagerecht verlaufenden Linien. Das sind die *Längenkreise* und die *Breitenkreise.* Sie sind wie ein Netz über die Erde gespannt.
Jeder Längenkreis und jeder Breitenkreis ist mit einer Zahl gekennzeichnet.
In jedem Punkt auf der Erde schneidet sich immer ein Längenkreis und ein Breitenkreis. Diesen Schnittpunkt kann man mithilfe vom Zahlen genau benennen.

Breitenkreise werden die Linien genannt, die die Erde in West-Ost-Richtung umspannen.
Breitenkreise sind unterschiedlich lang. Der längste Breitenkreis ist der Äquator. Er hat eine Länge von etwa 40 000 km. Der Äquator teilt die Erde in eine Nord- und in eine Südhalbkugel.
Zu den Polen hin werden die Breitenkreise immer kleiner, ihr Abstand zueinander bleibt aber immer gleich: 111 km.
Vom Äquator aus werden 90 Breitenkreise (= 90°) bis zum Nordpol und 90 Breitenkreise (= 90°) bis zum Südpol gezählt.

Längenkreise werden die Linien genannt, die in Nord-Süd-Richtung über den Nordpol und den Südpol verlaufend die Erde umspannen. Im Gegensatz zu den Breitenkreisen sind alle Längenkreise gleich lang. Halbe Längenkreise heißen *Meridiane* (↑).
Am Äquator beträgt der Abstand zwischen zwei benachbarten Meridianen 111 km; am Nord- und Südpol 0 km.
Die Zählung der Meridiane beginnt vom Nullmeridian aus. Er verläuft durch den Londoner Ortsteil Greenwich.
Vom Nullmeridian aus werden 180 Meridiane (= 180°) in östlicher Richtung und 180 Meridiane (= 180°) in westlicher Richtung gezählt.

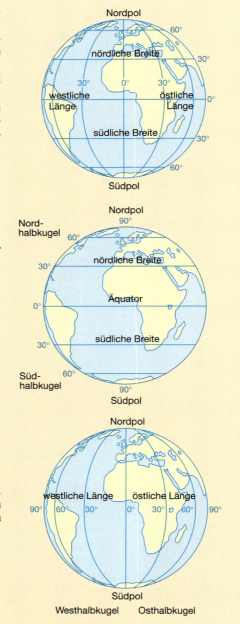

M 1 Das Gradnetz besteht aus Längen- und Breitenkreisen

Arbeit mit dem Gradnetz 13

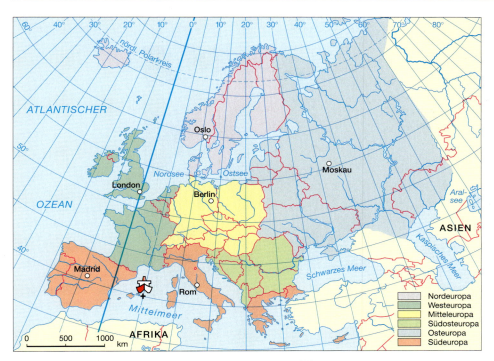

M 2 Europa im Gradnetz. Beachte die Lage des Nullmeridians.

Lagebestimmung mit dem Gradnetz. Für jede Ortsbestimmung genügt die Benennung des Schnittpunkts von Breitenkreis und Längenkreis. Notwendig ist der Zusatz, ob der Ort auf der nördlichen (N) oder südlichen (S) Erdhalbkugel bzw. westlich (W) oder östlich (O) vom Nullmeridian liegt.
Jede Ortsangabe besteht also aus zwei Teilen: der geografischen Breite (Breitengrad) und der geografischen Länge (Längengrad), wobei immer zuerst der Breitengrad genannt wird.

Berlin liegt danach auf 52° nördlicher Breite und 13° östlicher Länge. In Kurzform schreibt man: 52°N/13°O.

Häufig ist diese Gradnetzangabe noch zu weitmaschig. Dann ist es erforderlich, die Lage eines Ortes genauer anzugeben. Dazu untergliedert man die Gradeinteilung noch weiter und zwar in Minuten (') und in Sekunden ("):
1° = 60', 1' = 60".
Die genaue Lageangabe für Berlin lautet dann 52° 31'12"N/13° 24'36"O

Schon gewusst?

Bereits 1675 hatte der englische König CHARLES II dem Observatorium in Greenwich bei London das Vorrecht erteilt, dass der Nullmeridian durch diese Sternwarte verlaufen sollte. Dennoch gab es bis 1885 weltweit verschiedene Nullmeridiane als Ausgangspunkt für die Zählung der Längengrade.
Für den internationalen Schriftverkehr war dies natürlich sehr hinderlich, so dass man sich 1885 weltweit auf den Nullmeridian durch Greenwich einigte.

AUFGABEN
1. Lies M 1. Zeichne eine Erdkugel in dein Heft. Trage den Äquator und den Nullmeridian ein und benenne beide. Beschrifte die nördliche und die südliche Halbkugel sowie die östlich bzw. westlich vom Nullmeridian gelegenen Halbkugeln der Erde.
2. Erkläre die Begriffe Breitenkreis und Meridian am Beispiel 55°N/15°O. Was findest du auf der Europakarte im Atlas an dieser Stelle?
3. Gib die Unglücksstelle der Familie Schuster (vgl. M 2/Mittelmeer) mithilfe des Gradnetzes an.
4. Bestimme die ungefähre Lage folgender Städte im Gradnetz: Rom, London, Moskau, Madrid und Oslo (M 2, Atlas).

Die Zeitzonen der Erde

Wenn wir in Deutschland am Vormittag in der Schule sind, hat in Nord- und Südamerika der neue Tag noch nicht begonnen. Dort ist es Nacht. Warum ist zum gleichen Zeitpunkt nicht überall auf der Erde die gleiche Uhrzeit? Wie gehen die Menschen damit um?

Ortszeit. Die Erde dreht sich in 24 Stunden einmal um ihre eigene Achse. Tag und Nacht wechseln im 12-Stunden Rhythmus, weil bei dieser Drehung immer nur eine Erdhälfte der Sonne zugewandt ist.

Immer dann, wenn die Sonne genau senkrecht über einem Meridian steht, ist es auf diesem Meridian 12.00 Uhr mittags. Die Sonne hat dann über diesem Meridian ihren höchsten Stand erreicht; alle Orte auf diesem Meridian haben immer die gleiche Zeit. Sie wird als *Ortszeit* (↑) bezeichnet.
Weil sich die Erde von West nach Ost dreht, ist es westlich eines Meridians immer früher, östlich dagegen später.

Bis zum Jahr 1883 wurden die Uhren an jedem Ort der Erde nach dem jeweiligen Stand der Sonne gestellt (Ortszeit).
Jeder Ort der Erde hatte demzufolge eine andere Zeit. Daraus ergaben sich viele Probleme im Zusammenleben der Menschen, so zum Beispiel beim Ausarbeiten von Fahrplänen der Eisenbahn.

Zeitzonen und Zonenzeit. Im Jahr 1884 einigte man sich weltweit auf die Einführung von *Zeitzonen* (↑). Für alle Orte einer Zeitzone gilt die gleiche Zeit. Man bezeichnet diese Zeit als *Zonenzeit* (↑).

Es wurden 24 Zeitzonen festgelegt, die jeweils über 15 Meridiane reichen. Der Zeitunterschied zwischen zwei benachbarten Zeitzonen beträgt immer eine volle Stunde. Der Grund hierfür: Die Ortszeit zwischen zwei benachbarten Meridianen unterscheidet sich immer um 4 Minuten. Bei 15 Meridianen ergeben sich 60 Minuten, also eine Stunde.

M 1 Der Nullmeridian in Greenwich (London). Eine in den Erdboden eingelassene Fuge symbolisiert den Verlauf des Nullmeridians. Das Modell darüber zeigt die Teilung der Erde in die westliche und die östliche Halbkugel.

M 2 Ortszeiten

Betrachtet man aber Karten mit den Zeitzonen der Erde genauer, so stellt man fest, dass sich nicht alle Zeitzonen immer ganz exakt über 15 Grad erstrecken. Denn die Grenzen der 24 Zeitzonen wurden den Grenzen von Ländern oder Gebieten innerhalb großer Länder angepasst. In Ländern mit großer Ost-West-Ausdehnung – wie zum Beispiel Russland, Kanada, China oder den USA – gelten mehrere Zeitzonen. M 3 zeigt beispielsweise, dass es in Russland 11 unter-

Die Zeitzonen der Erde

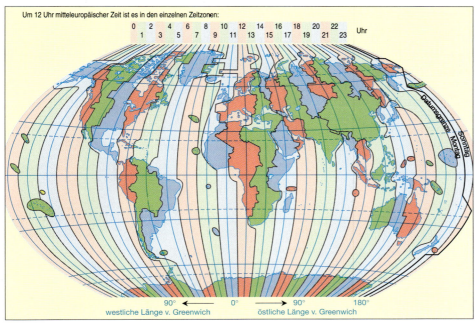

M 3 Zeitzonen der Erde

schiedliche Zeitzonen gibt. So beginnt im Osten Russlands bereits ein neuer Tag, während im Westen des Landes der alte Tag erst zur Neige geht.

Zeitzonen in Europa. Wendet man die Einteilung der Zeitzonen nach Meridianen an, dann müsste es in Europa 4 Zeitzonen geben (0° bis 60° O). In Wirklichkeit gibt es aber 6 Zeitzonen in Europa, weil man sich bei deren Festlegung sehr stark nach dem Verlauf von Ländergrenzen und auch nach innerstaatlichen Ansprüchen gerichtet hat. Deutschland liegt in der Zone mit mitteleuropäischer Zeit (kurz: MEZ), die auf den 15°-Meridian (Görlitz) bezogen ist.

Im deutschen „Zeitgesetz" ist festgelegt, dass in Deutschland die mitteleuropäische Zeit gilt.
Außerdem ist geregelt, dass aus wirtschaftlichen Gründen (bessere Ausnutzung des Tageslichts) in Deutschland und in anderen europäischen Ländern vom letzten Sonntag im März bis zum letzten Sonntag im Oktober die mitteleuropäische Sommerzeit gilt. In diesem Zeitraum werden die Uhren um eine Stunde vorgestellt.

M 4 Zeitzonen in Europa

AUFGABEN

1. In Görlitz ist es Ortszeit 10 Uhr vormittags.
   a) Gib weitere Orte in Europa an, in denen es auch 10 Uhr Ortszeit ist (M 2, Atlas).
   b) Welche Ortszeit haben zu diesem Zeitpunkt die Städte London, Rom, Sofia, Lissabon, San Francisco (M 3, Atlas).
2. Erkläre die Einteilung der Erde in 24 Zeitzonen (Text, M 3)
3. Notiere 10 Länder, die in der gleichen Zeitzone wie Deutschland liegen (M 3, M 4, Atlas).
4. Überlege: Hat der Nullmeridian eine Bedeutung für die Einteilung der Erde in Zeitzonen (Text)?

Aus der erdgeschichtlichen Entwicklung Europas

Vor uns liegen zwei Gesteinsstücke: ein Gneis aus dem Skandinavischen Gebirge in Nordeuropa und ein Kalkstein aus den Alpen.

Wissenschaftler können den Gesteinen „ablesen", wann und unter welchen Bedingungen sie entstanden sind. Sie sagen, dass der eine Stein 600 Millionen Jahre alt ist, der andere dagegen erst 70 Millionen Jahre. Stammt das ältere Gestein aus Skandinavien oder aus den Alpen? Hat das Alter der Gesteine auch etwas mit dem Aussehen von Landschaften zu tun?

Ur-Europa. Der Kontinent Ur-Europa war viel kleiner als das heutige Europa. Er lag etwa da, wo sich heute Finnland und der Nordwesten Russlands befinden. Die heutige Gestalt Europas wurde vor allem durch drei große Gebirgsbildungen herausgeformt (M 1). Diese Gebirge entstanden in unvorstellbar langen Zeiträumen.

In Millionen Jahren bewirkten erdäußere Kräfte, wie Wasser oder Eis, die Abtragung der Gebirge. Große Gebirgsteile wurden sogar völlig eingeebnet.

Altes Gebirge. Vor 600 Millionen Jahren (siehe *Erdaltzeit*, S. 19) kam es zu einer ersten Gebirgsbildung, die Millionen Jahre andauerte. Am nördlichen Rand Ur-Europas entstand das kaledonische Gebirge.

Mittelaltes Gebirge. Die variskische Gebirgsbildung erfolgte am Ende der Erdaltzeit vor über 300 Millionen Jahren. Sie führte zur Vergrößerung Europas im Südwesten und Süden. In einem großen Bogen bildete sich vom heutigen Frankreich bis zum Uralgebirge in Russland ein riesiges Gebirge, dass Europa und Asien miteinander verband.

Junges Gebirge. Vor etwa 70 Millionen Jahren (siehe *Erdneuzeit*, S. 19) begannen sich die Alpen (alpidische Gebirgsbildung) aus dem Meer herauszuheben. Dieser Hebungsvorgang dauert heute immer noch an.

M 2 Gneis aus dem Skandinavischen Gebirge

M 3 Kalkstein aus den Alpen

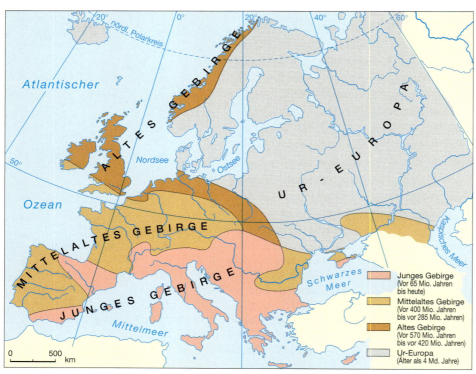

M 1 Europa wurde durch 3 große Gebirgsbildungen aufgebaut (Karte stark vereinfacht)

Aus der erdgeschichtlichen Entwicklung Europas 17

M 4 Im Skandinavischen Gebirge

M 5 In den Vogesen

M 6 In den Alpen

Im Norden Europas. Altes Gebirge befindet sich z. B. in Norwegen oder im Norden Großbritanniens (Schottland). Diese Gebirge reichen heute nur noch bis in etwa 2 000 m Höhe. Im dortigen Landschaftsbild sind heute 600 Millionen Jahre alte Gesteine an der Oberfläche des Gebirges zu sehen, z. B. Gneis (M 2). Das Skandinavische Gebirge oder das Schottische Hochland haben in weiten Teilen abgerundete und gleichmäßige Formen.

In der Mitte Europas. Das mittelalte Gebirge entstand vor über 300 Millionen Jahren. Es ist nicht mehr als Ganzes vorhanden. Bereits weitgehend eingeebnet, zerbrach es vor ca. 70 Millionen Jahren in einzelne Schollen. Manche Schollen wurden emporgehoben (Harz), manche schräg gestellt (Erzgebirge) oder abgesenkt (Oberrheinische Tiefebene). Darum hat die heutige Mittelgebirgslandschaft ein so abwechslungsreiches Landschaftsbild.

Im Süden Europas. Das junge Gebirge, erst 70 Millionen Jahre alt, befindet sich im Süden Europas. In den Alpen erreicht es seine größten Höhen mit 4 807 m. Regen, Eis und Wind konnten die Berge noch nicht so stark abtragen. Sie sind schroff, die Täler häufig tief und steil.

AUFGABEN
1. Betrachte M 1. Finde mithilfe des Atlas heraus, welche heutigen Gebirge in den Gebieten der alten, mittelalten und jungen Gebirgsbildungen Europas liegen (M 1, Atlas).
2. Überlege, welches Gestein älter ist: Der Gneis aus dem Skandinavischen Gebirge oder der Kalkstein aus den Alpen (M 2, M 3). Begründe deine Meinung.
3. Bildet drei Gruppen. Jede Gruppe stellt eine Gebirgsbildung (alte, mittelalte, junge Gebirgsbildung) vor: Wo und wann entstand das Gebirge? Wie veränderte es das Aussehen Europas?
4. Beschreibe die Gebirgslandschaften in M 4 bis M 6. Ordne sie den Gebirgsbildungen in M 1 zu.

Aus der Erdgeschichte

Die Entwicklungsgeschichte der Erde reicht über etwa 5 000 000 000 (5 Milliarden) Jahre zurück. Das ist ein Zeitraum, den man sich kaum vorstellen kann. Da hilft es auch nicht viel weiter, diese Zeitspanne am Lebensalter des Menschen zu messen, denn der wird beispielsweise in Deutschland im Durchschnitt nur zwischen 74 und 78 Jahre alt.

Wagen wir deshalb einen anderen Vergleich: Stellen wir uns eine erdgeschichtliche Uhr vor, auf der die 5 Milliarden Jahre Erdgeschichte genau als ein Tag – also 24 Stunden – abgebildet werden: Die Erde entstand um 0 Uhr und wir leben heute um 24 Uhr.

Die Entstehung von fester Erdkruste und der Ur-Kontinente hätte dann etwa um 7.00 Uhr morgens begonnen. Erst abends um 21.00 Uhr setzte die kaledonische Gebirgsbildung ein, die variskische Gebirgsbildung dann um 22.00 Uhr und die alpidische Gebirgsbildung folgte um 23.00 Uhr. Sie dauert auch um 24.00 Uhr noch an.

Aber erst kurz vor 24.00 Uhr gab es erste Menschen in Afrika und Europa.

Zeit der jungen Gebirgsbildung. Es existierten schon die meisten Pflanzen- und Tierarten: Laub- und Nadelbäume, Vögel, Fische, Säugetiere. Die jungen Gebirge wachsen seit 70 Millionen Jahren. Das können wir nicht sehen, weil die Hebung nur etwa 1 mm pro Jahr beträgt. Ohne die abtragenden erdäußeren Kräfte, wie Wasser und Eis, wären sie inzwischen viel höher geworden.

Zeit der mittelalten Gebirgsbildung. Pflanzen und Tiere, z. B. Reptilien, besiedelten vom Meer aus das Land. In vielen Millionen Jahren wuchs das mittelalte Gebirge. Vor etwa 300 Millionen Jahren erreichte es seine größte Höhe. Dort, wo heute das Erzgebirge liegt, war das mittelalte Gebirge wahrscheinlich über 2 000 m hoch.

Zeit der alten Gebirgsbildung. In der Erdaltzeit hatte sich in den Meeren eine Vielzahl wirbelloser Tiere, wie Quallen, Korallen und Muscheln, entwickelt. Auf dem Land wuchsen bereits Pflanzen. Tiere gab es hier noch nicht. Mit der Hebung des 600 Millionen Jahre alten Gebirges begann auch dessen Abtragung.

Zeit der Ur-Kontinente. Die Erde entstand vor etwa 5 Milliarden Jahren aus einer Feuerkugel. Vor etwa 3,5 Milliarden Jahren war sie so weit abgekühlt, dass sich eine Kruste aus festem Gestein bilden konnte. Es entstanden die Ur-Kontinente.

M 1 Gebirgsbildungen und Entwicklung des Lebens auf der Erde (1 Präkambrium, 2 Kambrium, 3 Perm, 4 Quartär)

Aus der Erdgeschichte

Schon gewusst?

In Gesteinsschichten, die vor Millionen Jahren im Meer abgelagert wurden, sind Reste von Pflanzen und Tieren erhalten geblieben. In den langen Zeiträumen wurden sie zu Stein. Das „Versteinerte" heißt lateinisch Fossilie. Auch Überreste von Sauriern versteinerten. Über 65 Millionen Jahre alte versteinerte Saurier sind bis heute erhalten geblieben.

AUFGABEN

1. Lies den Text zur erdgeschichtlichen Uhr auf Seite 18. Zeichne danach solch eine Uhr in dein Geografieheft. Beschrifte folgende Zeiten: Entstehung der Ur-Kontinente, Beginn der kaledonischen Gebirgsbildung, der variskischen Gebirgsbildung, der alpidischen Gebirgsbildung, erste Menschen in Afrika und Europa.
2. Orientiere dich in der erdgeschichtlichen Zeittafel (M 2). a) In welche Zeitalter teilt man die Entwicklungsgeschichte der Erde ein? Wie lange dauerten diese Zeitalter? b) Ordne ihnen die drei Gebirgsbildungen zu.
3. Beschreibe die Pflanzen- und Tierwelt in der Erdneuzeit und in der Erdaltzeit (M 1). Welche Entwicklung kannst du erkennen?

Beginn vor Mio. Jahren	Erdzeitalter	Untergliederung	Große Gebirgsbildungen in Europa
heute bis 65	Erdneuzeit	Quartär	vor etwa 1,5 Millionen Jahren erste Menschen in Europa Entstehung der heutigen Oberflächenformen Wechsel von Kalt- und Warmzeiten (Pleistozän)
65 ↑ 225	Erdmittelzeit	Tertiär	Höhepunkt der alpidischen Gebirgsbildung: (z. B. Alpen, Pyrenäen, Karpaten) Entstehung der Bruchschollengebirge. Beginn der jungen (alpidischen) Gebirgsbildung
225 ↑ 570	Erdaltzeit	Kreide	
		Jura	
		Trias	
		Perm	Einebnung des mittelalten (variskischen) Gebirges durch Abtragung
		Karbon	Höhepunkt der mittelalten (variskischen) Gebirgsbildung
570 ↑ 3 500	Erdfrühzeit	Devon	Beginn der mittelalten (variskischen) Gebirgsbildung (mittleres und westliches Europa) Einebnung des alten (kaledonischen) Gebirges durch Abtragung
		Silur	
		Ordovizium	Höhepunkt der alten (kaledonischen) Gebirgsbildung
		Kambrium	Beginn der alten (kaledonischen) Gebirgsbildung (nördliches Europa)
3 500 ↑ 5 000	Erdurzeit	Präkambrium	Entstehung von Ur-Kontinenten Entwicklung von fester Erdkruste
			Entstehung der Erde

M 2 Gebirgsbildungen Europas in der Erdgeschichte (stark vereinfacht). Die grüne Farbe kennzeichnet Zeiten zwischen den großen Gebirgsbildungen.

Die Oberflächengestalt Europas

Etwa 1 800 km liegen zwischen Kopenhagen und Marseille. Ein Flugzeug bewältigt diese Entfernung in annähernd drei Stunden. Wir wählen aber die etwa 20 Stunden dauernde Bahnfahrt, weil uns die Landschaften interessieren. Welche Unterschiede in der Oberflächengestalt stellen wir fest?

1. Ebene Landschaft, weite Sicht, Weiden, Getreidefelder, kleine Hügel: Wir sind im Tiefland. Häufig führen Brücken über breite Flüsse. Über eine Strecke von etwa 200 km verändert sich das Landschaftsbild nur wenig.
Auch von West nach Ost, über 4 000 km, vom Atlantischen Ozean bis zum Gebirgsrand des Ural, ist das Landschaftsbild des europäischen Tieflands ähnlich.

M 1 In Dänemark

2. Nach etwa 700 km führt die Strecke bergan, das Landschaftsbild wird abwechslungsreicher. Die Berge sind bis in ihre Höhen mit Wäldern bestanden. Der Weg führt durch Täler und manchmal sehr nah an Berghängen vorüber.
Die Mittelgebirgslandschaft setzt sich aus einer Vielzahl einzelner Gebirge zusammen und erstreckt sich auf unserer Fahrt von Nord nach Süd über 400 km.

3. Wie Wolken sehen die schneebedeckten Gipfel des Hochgebirges in der Ferne aus. Es sind die Alpen. Steile Felswände ragen aus den grünen Tälern auf. Uns wird klar, dass wir dieses gewaltige Gebirge nicht mit dem Zug überqueren können. Die Fahrt führt über hohe Brücken und durch viele Tunnel. Die Alpen sind ein Teil des europäischen Hochgebirgsgürtels, der sich am südlichen Rand Europas von Südeuropa bis nach Mitteleuropa und Südosteuropa erstreckt.

M 2 Im Schwarzwald

Ein Blick auf die Karte (M 4) zeigt, dass die Oberflächengestalt Europas vielfältiger ist als die Nord-Süd-Abfolge der Profillinie erkennen lässt. Gebirge im Norden Europas erreichen Höhen um 2 000 m. Im Süden und Südosten rahmen junge Hochgebirge mit bis zu 4 000 m Höhe *Beckenlandschaften* (↑) ein.

M 3 Am Montblanc

Die Oberflächengestalt Europas 21

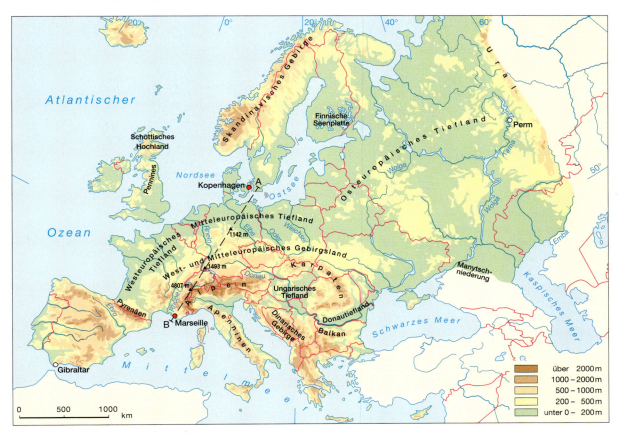

M 4 Die Oberflächengestalt Europas

M 5 Nord-Süd-Profil durch Europa von Kopenhagen nach Marseille

Schon gewusst?

In den Westalpen liegt der höchste Berg Europas. Es ist der Montblanc. Er hat eine Höhe von 4 807 m. Neuere Messungen ergaben sogar 4 810 m. Im Jahre 1786 haben Bergsteiger den Montblanc zum ersten Mal bestiegen. Durch das Gebirgsmassiv des Montblanc führt ein 11,6 Kilometer langer Straßentunnel. Er verbindet die Länder Frankreich und Italien miteinander.

AUFGABEN

1. Beschreibe die Bilder (M 1 bis M 3). Welche Landschaftsmerkmale lassen sich dem Tiefland, dem Mittelgebirgsland und dem Hochgebirgsland zuordnen?
2. Ordne die Fotos M 1 bis M 3 der Karte und der Profillinie zu. (M 4, M 5).
3. Suche im Atlas je 3 Beispiele für die Landschaftsformen Tiefland, Mittelgebirge und Hochgebirge in Europa.
4. Lege in M 4 ein Lineal zwischen Marseille und Kopenhagen. Miss die Entfernung zwischen beiden Orten mit dem Maßstab. Beschreibe die Oberflächengestalt entlang dieser Linie.

Gewässer Europas

Will man beispielsweise mit dem Schiff von der Nordsee zum Schwarzen Meer fahren, dann kann man den Weg über Meere oder den Weg über Flüsse und Kanäle wählen. Welche Merkmale kennzeichnen die Gewässer Europas?

Meere. Verfolgt man auf einer Karte den Weg über die Meere, dann fallen besonders die vielen Meeresbuchten auf, die in das Festland hineinragen. Sie gliedern die Küste Europas sehr stark.
Halbinseln und Inseln sind dem Festland vorgelagert. Manchmal trennen sie auch Meeresteile vom Ozean ab. Je nachdem, ob die Zugänge zum Ozean breit oder schmal sind oder wie der Meeresteil zum Kontinent liegt, unterscheidet man nach *Randmeeren, Mittelmeeren* und *Binnenmeeren.*

M 2	Einteilung der Meere
Ozean	ein durch Kontinente abgetrennter Teil des Weltmeeres.
Randmeer	ein durch Inseln oder Halbinseln vom Ozean abgetrennter größerer Meeresteil, der an Kontinente grenzt; an Küsten von Randmeeren wirken die Gezeiten.
Mittelmeer	ein zwischen zwei Kontinenten gelegener Teil eines Ozeans, Meerengen trennen es vom Ozean ab. Gezeiten sind weniger spürbar.
Binnenmeer	ein im Inneren eines Kontinents liegendes Meer, das nur eine schmale Verbindung zum Ozean hat; Gezeiten sind nur ganz schwach.

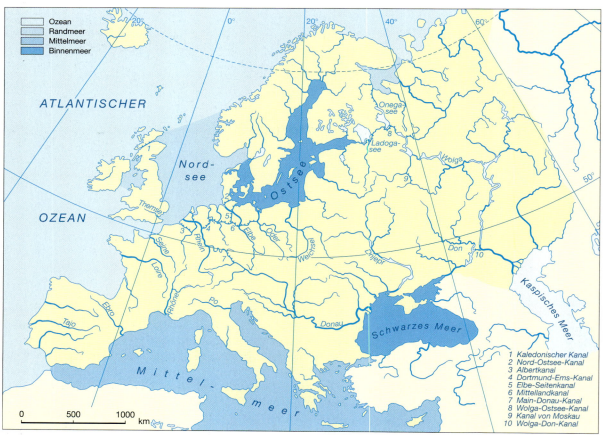

M 1 Meere und Küstengliederung Europas

1 Kaledonischer Kanal
2 Nord-Ostsee-Kanal
3 Albertkanal
4 Dortmund-Ems-Kanal
5 Elbe-Seitenkanal
6 Mittellandkanal
7 Main-Donau-Kanal
8 Wolga-Ostsee-Kanal
9 Kanal von Moskau
10 Wolga-Don-Kanal

Gewässer Europas

Flüsse und Kanäle. Wählen wir den Wasserweg von der Nordsee zum Schwarzen Meer quer durch den Kontinent Europa, so müssen wir zahlreiche Flüsse und Kanäle benutzen.

Flüsse sind – wie auch Kanäle – fließende Gewässer. Die Quelle und der Oberlauf von Flüssen liegen häufig in Gebirgen. Dem Oberflächengefälle folgend fließen sie von höher gelegenen Gebieten zu tiefer gelegenen. Durch das große Gefälle im Gebirge haben Gebirgsflüsse eine starke Strömung.

Große Flüsse münden meist ins Meer. Auf ihrem Weg von der Quelle zur Mündung nehmen sie im Mittellauf und im Unterlauf häufig Nebenflüsse auf. Flüsse mit großer Wasserführung werden als **Strom** bezeichnet. Die längsten Flüsse Europas gibt es in Ost- und Mitteleuropa.

Kanäle sind vom Menschen angelegt. Als Wasserwege verbinden sie Flüsse und Seen miteinander. Dadurch entsteht ein Netz von Wasserstraßen, auf dem Schiffe besonders kostengünstig schwere Güter (Massengüter) transportieren können.
Höhenunterschiede zwischen Wasserstraßen werden mithilfe von Schleusen, Schleusentreppen oder Schiffshebewerken überwunden.

M 4 Am Oberlauf eines Flusses im Mittelgebirge

M 5 Am Unterlauf eines Flusses im Tiefland

M 3 Die längsten Flüsse und größten Seen Europas

Flüsse (Länge in km)

Wolga	3 685	Loire	1 020
Donau	2 858	Tajo	1 007
Dnepr	2 285	Theiß	966
Don	1 970	Maas	933
Rhein	1 320	Ebro	910
Elbe	1 165	Oder	860
Weichsel	1 086	Rhône	813
		Seine	776

Seen (Fläche in km²)

Ladogasee	18 135	Plattensee	591
Onegasee	9 700	Genfer See	581
Vänersee	5 585	Bodensee	539
Peipussee	3 550	Gardasee	370
Vättersee	1 912	Müritz	115

AUFGABEN

1. Belege anhand von Beispielen die Aussage: „Europas Küste ist stark durch Meeresbuchten und Halbinseln gegliedert." (M 1, Atlas).
2. Sucht in Partnerarbeit zwei Schiffsrouten vom Ruhrgebiet nach Konstanza am Schwarzen Meer (Atlas): a) Route über Meere, b) Route über Flüsse und Kanäle.
3. Erläutere an zwei Beispielen die Zusammenhänge zwischen einem Flusslauf und der Oberflächengestalt (Text, M 4, M 5).
4. Wähle aus M 3 je einen Fluss aus Ost-, Mittel-, Süd- und Westeuropa aus. Stelle die Flusslängen in einem Stabdiagramm dar (100 km entsprechen 2 mm). Eine Anleitung findest du im Kapitel „Schlag nach".
5. Handelt es sich bei der „Ostsee" um einen See oder ein Meer? Ist das „Kaspische Meer" ein Meer oder ein See? Begründe deine Antwort (M 2).

Englisch als Weltsprache

Jedes Jahr werden international erfolgreiche Musiker und Bands von MTV-Europe ausgezeichnet. Bei der Preisverleihung hören wir: Best Hiphop in Germany ... Best Electropop in France ... Best Solostar in Poland ... Warum wählt man Englisch als Verständigungssprache?
Wie heißen die Länder Europas und ihre Hauptstädte auf Englisch?

Weltsprache Englisch. Noch vor 300 Jahren sprachen nur die Einwohner Irlands und Großbritanniens Englisch. Beginnend im 16. Jahrhundert weitete das englische Königreich seinen Einfluss aus. Es errichtete in der Folgezeit weltweit Handelsstützpunkte und eroberte fremde Gebiete (Kolonien).
Die englische Sprache ist heute weltweit verbreitet. Außerhalb Europas ist Englisch heute zum Beispiel in den USA, in Teilen Kanadas, in Australien und in Neuseeland Muttersprache. In etwa 40 Ländern der Erde gilt Englisch als Amtssprache. Man nutzt sie im Umgang mit Behörden, in Urkunden, Schulbüchern oder in Funk und Fernsehen. Englisch ist nach Chinesisch die am meisten gesprochene Sprache auf der Welt.

Wissenschafts- und Konferenzsprache. Wissenschaftler verbreiten ihre Forschungsergebnisse nicht nur in ihrer Landessprache, sondern auch in Englisch. Auf internationalen Konferenzen wird meist Englisch gesprochen.
Es wäre nicht möglich sich unter 140 Völkern zu verständigen, wenn jeder Teilnehmer nur seine eigene Sprache benutzen würde.
Man einigt sich auf eine Konferenzsprache, oft Englisch, weil es die meisten Menschen verstehen.

Englisch im Alltag. E-Mail, Internet, Joystick – wer den Computer benutzt, kommt ohne Englisch nicht aus. Auch im Alltag begegnen wir der englischen Sprache, z. B. in Spielanleitungen oder in Gebrauchsanweisungen. Viele Musiktitel haben englische Texte. Und wenn beim MTV-Music-Award Musiker und Länder in englisch aufgerufen werden, dann wissen die meisten Zuschauer Bescheid.

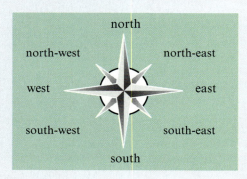

M 2 Windrose

F	L	G	S	P	R	G	T	E
B	T	G	S	A	E	S	H	N
E	A	E	I	I	E	W	E	M
L	F	R	A	N	C	E	R	A
G	O	M	A	L	E	D	L	R
I	T	A	L	Y	P	E	A	K
U	L	N	P	K	O	N	N	U
M	R	Y	T	M	L	B	D	C

M 1 Europe puzzle

Europe is one of the seven .... of the world. It is the ...... smallest continent. Europe has an area of about 10,532 000 sq km and about 728 million ...... live there. It has long been a centre of great cultural and economic achievement.
Europe's longest ..... is the Volga and the biggest .... is Lake Ladoga.
The highest .... is in the Alps. Its name is Mont Blanc with a heigh of 4807 m.
The lowest point of Europe is along the North shore of the Caspian Sea, about 28 m below sea level.

M 3 Europe

Englisch als Weltsprache 25

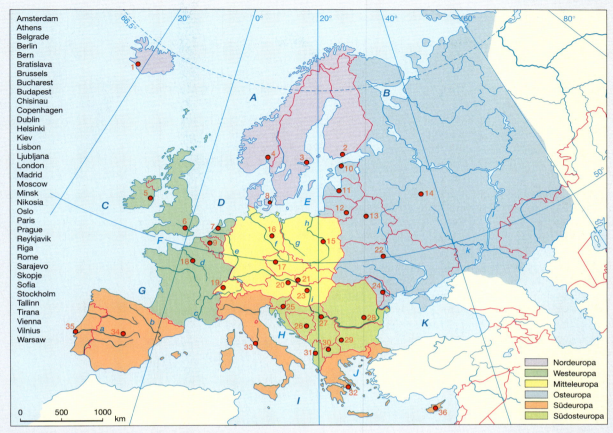

Amsterdam
Athens
Belgrade
Berlin
Bern
Bratislava
Brussels
Bucharest
Budapest
Chisinau
Copenhagen
Dublin
Helsinki
Kiev
Lisbon
Ljubljana
London
Madrid
Moscow
Minsk
Nikosia
Oslo
Paris
Prague
Reykjavik
Riga
Rome
Sarajevo
Skopje
Sofia
Stockholm
Tallinn
Tirana
Vienna
Vilnius
Warsaw

Nordeuropa
Westeuropa
Mitteleuropa
Osteuropa
Südeuropa
Südosteuropa

M 4 Cities of Europe

Albania	Liechtenstein
Andorra	Lithuania
Austria	Luxemburg
Belarussia	Malta
Belgium	Macedonia
Bosnia	Moldova
Bulgaria	Monaco
Croatia	Netherlands
Cyprus	Norway
Czech. Republic	Portugal
Denmark	Poland
Estonia	Romania
Finland	Russia
France	San Marino
Germany	Sweden
Great Britain	Switzerland
Greece	Spain
Hungary	Slovakia
Ireland	Slovenia
Iceland	Ukraine
Italy	Vatican
Lativa	Yugoslavia

M 5 States of Europe

AUFGABEN

1. Begründe, warum Englisch zur Weltsprache wurde (Text).
2. In M 1 sind die englischen Bezeichnungen von fünf europäischen Ländern versteckt. Finde die Namen dieser Länder heraus und schreibe sie in dein Heft.
3. Ein Segler plant eine Tour: We want to start from the german coast at the North Sea. We will sail in the direction north-west about 2 000 km. Welche Insel ist sein Ziel? Nutze dazu M 2 und M 4.
4. Auf einer internationalen Konferenz berichtet ein Forscher über Europa (M 3). Ergänze in deinem Text die fehlenden Worte: lake, mountain, people, second, continents, river.
5. Ordne den in der Legende genannten Hauptstädten die jeweils richtige Zahl aus der Karte zu (M 4).
6. Prüfe, ob du für alle in M 5 genannten Länder den deutschen Namen weißt. Schlage in einem Wörterbuch nach, wenn du es nicht weißt.
7. Bildet Gruppen und sammelt Argumente, warum es von Vorteil ist, wenn man die englische Sprache beherrscht. Macht Vorschläge, wie man das Sprachenlernen erleichtern könnte (Text).

Kulturelle Vielfalt und Gemeinsamkeiten Europas

Katharina war in einem internationalen Feriencamp. Als Begrüßung erklang ein vielstimmiger Chor unterschiedlicher Sprachen: „Bonjour", „Buenos dias", „Guten Tag", „Jo reggelt", „Welcome", „Dobroje utro" … Katharina staunte, wie viele Sprachen es in Europa gibt und fragte sich: Welche Gemeinsamkeiten verbinden die Menschen Europas?

Was ist Europa? Der europäische Kontinent ist im Süden, Westen und Norden durch Küstenlinien begrenzt. Im Osten erstreckt er sich bis zum Ural; östlich dieses großen Gebirgszuges liegt Asien. Europa ist heute in über 40 verschiedene Staaten gegliedert, in denen etwa 70 Sprachen gesprochen werden. Dennoch gibt es viele Gemeinsamkeiten der europäischen Völker. Man spricht von einer gemeinsamen *europäischen Kultur* (↑): Dazu gehören der gemeinsame Schatz der Geschichte, viele Übereinstimmungen in der Lebensweise der Menschen, in der Religion, in den Schriftzeichen sowie gemeinsame Entwicklungen in der Kunst (z. B. Malerei, Musik, Architektur), in Naturwissenschaften und Technik.

Geschichtliche und religiöse Wurzeln Europas. Über die Grenzen der Staaten und der verschiedenen Sprachen hinweg gibt es in Europa seit vielen Jahrhunderten einen regen wirtschaftlichen und kulturellen Austausch. Entlang der alten Handelsstraßen und über Schifffahrtswege sorgten Händler nicht nur für den Warentransport. Auch die Verbreitung von Informationen, von wissenschaftlichen Entdeckungen und der Handel mit Kunstgegenständen gehörte zu ihrem Geschäft. Doch die Wurzeln der gemeinsamen europäischen Kultur reichen noch weiter zurück: in die Zeit der Antike, in die Zeit der Griechen und Römer.

Von den Griechen stammt die wohl wichtigste Errungenschaft unserer europäischen Kultur: die *Demokratie* (↑). Mit Demokratie bezeichnet man die Herrschaft des Volkes im Staat. Sie unterscheidet sich von der Adelsherrschaft (Aristokratie), der Alleinherrschaft eines Königs (Monarchie) oder der Gewaltherrschaft Einzelner (Diktatur) dadurch, dass alle Bürger im Staat gleichberechtigt mitbestimmen können.
Auch die Kunst und die Wissenschaft der antiken Griechen haben bis heute großen Einfluss auf die Kultur Europas.

Von den Römern, die etwa drei Jahrhunderte lang in weiten Teilen Europas herrschten, haben die Europäer die lateinischen Schriftzeichen, das Rechtssystem und die christliche Religion übernommen. Das *Christentum* (↑) hatte, zusammen mit der jüdischen Religion, prägenden Einfluss auf die Entwicklung der gemeinsamen europäischen Kultur.

Der Name Europa geht auf eine antike Sage zurück. Danach hatte der griechische Göttervater Zeus in Gestalt eines Stiers die phönizische Königstochter EUROPA in das Gebiet entführt, das heute ihren Namen trägt: Europa.

M 1 Der Grieche PERIKLES über die Verfassung Athens, um 430 v. Chr.:
1 Unsere Verfassung heißt Demokratie (Volksregierung), weil sie nicht zum Vorteil weniger, sondern aller Bürgern eingerichtet ist. Bei Rechtsstreitigkeiten
5 genießen alle das gleiche Recht. Das Ansehen eines Bürgers wird durch seine Leistungen bestimmt und nicht durch seine Herkunft. Auch der Ärmste kann zu öffentlichen Ehren und Würden kom-
10 men, wenn er für den Staat etwas leistet. […] Unsere Bürger kümmern sich um die Staatsangelegenheiten genauso wie um ihre Geschäfte. […] Unser Volk entscheidet selbst in allen politischen Fragen,
15 und bevor man einen Beschluss fasst, wird die Sache diskutiert.

M 2 Die Erklärung der Menschen- und Bürgerrechte, 1789:
1 Art. 1: Alle Menschen sind und bleiben von Geburt an frei und gleich an Rechten.
Art. 2: Das Ziel jeder politischen Vereinigung ist die Erhaltung der natürlichen, unveräußerlichen Menschenrechte […] Freiheit,
5 Eigentum, Sicherheit, Widerstand gegen Unterdrückung.
Art. 4: Freiheit besteht darin, alles tun zu können, was Anderen nicht schadet.
Art. 6: Das Gesetz soll für alle gleich sein, mag es beschützen, mag es bestrafen.
10 Art. 10: Niemand darf wegen seiner Meinung oder Religion bedrängt werden.
Art. 11: Freie Meinungsäußerung ist ein kostbares Menschenrecht.

Kulturelle Vielfalt und Gemeinsamkeiten Europas 27

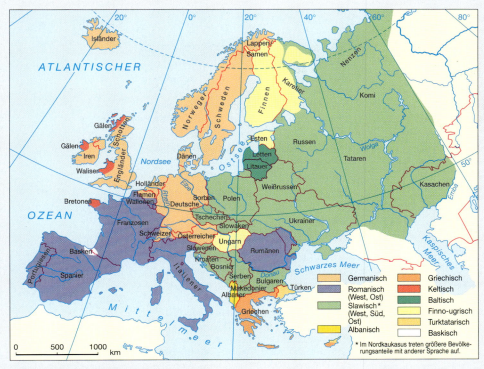

M 3 Sprachgruppen und Völker in Europa

Bereits im Mittelalter gab es große europäische Reiche. Der fränkische Kaiser KARL DER GROSSE herrschte von 771 – 814 n. Chr. über ein riesiges Gebiet in der Mitte Europas. Es umfasste die heutigen Länder Frankreich, Belgien, die Niederlande, Luxemburg, Deutschland, die Schweiz sowie Teile von Dänemark, Italien, Tschechien, Österreich, Slowenien und Kroatien.

Die Freiheits- und Menschenrechte. Die Demokratie musste von den Völkern Europas erst erkämpft und oft verteidigt werden. Gegen die Macht und Willkürherrschaft von Königen, Adligen, Diktatoren haben sich die Menschen wichtige Freiheitsrechte gesichert. Diese Rechte müssen auch heute immer wieder gestärkt und gegen die Feinde der Demokratie verteidigt werden. Für die demokratische Geschichte Europas spielte die Französische Revolution von 1789 eine große Rolle. Damals wurden die *„Menschen- und Bürgerrechte"* (↑) verkündet, die jedem Menschen Freiheit und Rechtssicherheit garantieren sollen. Diese Freiheits- und Bürgerrechte sowie die Gleichberechtigung von Frauen und Männern sind für die heutige europäische Kultur von grundsätzlicher Bedeutung.

Der politische Einigungsprozess Europas. Europa war oft Schauplatz schrecklicher Kriege. Allein im vergangenen Jahrhundert starben Millionen Menschen in den Kämpfen des Ersten und Zweiten Weltkrieges. Zur Sicherung des Friedens, aber auch zur Stärkung ihrer Wirtschaft, streben die Völker Europas seit den 1950er Jahren zahlreiche Formen der wirtschaftlichen und politischen Zusammenarbeit an. 1992 haben sich 15 weiterhin selbstständige Staaten Europas, darunter auch Deutschland, in der Europäischen Union (EU) zusammengeschlossen.

AUFGABEN

1. Ordne den Großräumen Süd-, West, Nord-, Mittel-, Südost- und Osteuropa in einer Tabelle die Sprachgruppen und Völker zu (M 3).
2. Lege eine Tabelle an mit Unterschieden und Gemeinsamkeiten der Europäer.
3. Überlege, ob du lieber in einem einzigen großen Staat „Europa" oder wie bisher in der Bundesrepublik Deutschland leben möchtest. Nenne Vor- und Nachteile eines großen europäischen Staates.
4. Der antike Politiker PERIKLES schildert in M 1 die griechische Demokratie. Schreibe in Stichworten auf, welche Merkmale er nennt. Ergänze deine Stichwortliste um weitere Merkmale, die du aus unserer heutigen Demokratie kennst.
5. Die Menschen- und Bürgerrechte (M 2) haben für uns große Bedeutung. Erkläre in eigenen Worten, welche Bedeutung diese Rechte für dich und deine Familie haben.

Europa wächst zusammen

Noch vor etwa 20 Jahren hörte man vor dem Überqueren der Grenzen zwischen allen europäischen Ländern: „Grenzkontrolle! Bitte Ihre Ausweise vorzeigen! Haben Sie etwas zu verzollen?"
Bei 15 europäischen Ländern sind heute von den Grenzen nur noch die Schilder übrig geblieben. Kontrollen finden dort meist nicht mehr statt. Was hat zu dieser Veränderung geführt?

Die Europäische Union. Im Jahre 1992 unterzeichneten die Staatschefs von 15 europäischen Ländern einen Unionsvertrag. Diese Länder schlossen sich zur *Europäischen Union* (↑), abgekürzt EU, zusammen. Auch Deutschland ist Mitglied der EU. Alle 15 Mitgliedsstaaten blieben zwar als Staaten selbstständig, aber sie vereinbarten in vielen Bereichen ein gemeinsames Handeln. Beispielsweise wird innerhalb der EU der freie Verkehr von Waren, Dienstleistungen, Kapital (Geld) und Personen gewährleistet. Darüber hinaus stimmen die Mitgliedsländer ihre Außen- und Sicherheitspolitik ab.

Freier Personenverkehr	Freier Warenverkehr
– Wegfall von Grenzkontrollen – Niederlassungsfreiheit für EU-Bürger	– Wegfall von Grenzkontrollen – gegenseitige Anerkennung von Normen und Vorschriften
Freier Verkehr von Dienstleistungen	**Freier Kapitalverkehr**
– Öffnung von Finanz-, Telekommunikations- und Transportmärkten	– größere Freizügigkeit für Geldbewegungen – gemeinsame Währung

Freier Warenverkehr
Abschaffung der Zölle, die bei Grenzüberschreitung bestimmter Waren entrichtet werden mussten;
Freies Angebot von Dienstleistungen
einzelner Betriebe in allen EU-Ländern;
Einführung einer gemeinsamen Währung, des Euro (seit dem 1.1.2002 in 12 Ländern);
Freier Personenverkehr, freie Wahl des Wohn-, Aufenthalts- und Arbeitsortes in allen EU-Ländern.

M 1 Wirtschaftliche Ziele der EU

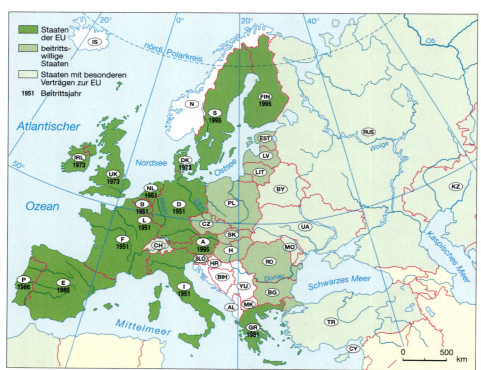

M 2 Europa wächst zusammen

Europa wächst zusammen

Europäische Kommission
Sitz: Straßburg
unterbreitet Gesetzesvorschläge, erlässt Durchführungsvorschriften, verwaltet den EU-Haushalt

Rat der EU
Sitz: Brüssel
Vertretung der Regierungen aller EU-Länder, zuständig für Zusammenarbeit der Regierungen

Europäischer Gerichtshof
Sitz: Luxemburg
zuständig für Einhaltung des Gemeinschaftsrechts der EU

Europäischer Bürgerbeauftragter
Sitz: Straßburg
geht den Beschwerden von EU-Bürgern über Mängel in der Verwaltung nach

Europäisches Parlament
Sitz: Straßburg
Volksvertretung der EU, kontrolliert die EU-Kommissionen, wird von den EU-Bürgern alle 5 Jahre direkt gewählt

Europäische Zentralbank
Sitz: Frankfurt am Main
regelt die Währungspolitik im Währungsbereich des Euro

Europäischer Rechnungshof
Sitz: Luxemburg
überwacht die Einnahmen und Ausgaben der EU

M 3 Wichtige Organe der Europäischen Union

Erweiterung der EU. Eine ganze Reihe europäischer Staaten bewirbt sich darum, Mitglied der Europäischen Union zu werden.

Für die Aufnahme eines Landes in die EU müssen bestimmte Grundvoraussetzungen erfüllt sein. Dazu gehört, dass es die Ziele der Europäischen Union anerkennt, die demokratischen Grundrechte, die Menschenrechte sowie die Achtung und den Schutz von Minderheiten sichert. Aber auch der Zustand der Wirtschaft spielt eine Rolle. Sie muss gut entwickelt sein, damit sie dem Wettbewerbsdruck innerhalb der EU standhalten kann.

Für die Vorbereitung der beitrittswilligen Länder auf ihre Mitgliedschaft in der Europäischen Union leistet sie diesen Ländern „Heranführungshilfen".

Schon gewusst?

Der 9. Mai ist der Europatag, weil am 9. Mai 1950 durch den französischen Außenminister ROBERT SCHUMAN zum ersten Mal die Forderung nach einem „Vereinten Europa" gestellt wurde. Er nannte es „die unerlässliche Voraussetzung" für friedliche Beziehungen zwischen den Ländern Europas. An diesem Tag finden Veranstaltungen und Festlichkeiten statt, die die Völker einander näher bringen sollen.

– Erhaltung des Friedens
– Gemeinsame Außen- und Sicherheitspolitik
– Schaffung eines Raumes der Freiheit, der Sicherheit und des Rechtes
– Achtung der Menschenwürde und Rechtsstaatlichkeit
– Gestaltung solidarischer Beziehungen zwischen den Ländern
– Förderung des wirtschaftlichen und sozialen Fortschritts

M 4 Politische Ziele der Europäischen Union

AUFGABEN

1. Stelle eine kleine EU-Statistik zusammen. Erfasse dazu in einer Tabelle die Länder, die bereits EU-Mitglied sind und die Länder, die der EU beitreten wollen. Ordne sie nach den Großräumen Europas (S. 8/9, M 1).
2. Informiere dich in M 3 über wichtige Organe der Europäischen Union und über deren Aufgaben.
3. Begründe als Botschafter eines europäischen Landes, warum dein Land EU-Mitglied werden will (oder bereits ist). Stelle deine Argumente der Klasse vor (M 1 bis M 4).
4. Wie stellt ihr euch ein „Vereintes Europa der Zukunft" vor. Stellt eure Ideen in einem Poster zusammen und diskutiert in der Klasse darüber.

Euregios an der östlichen Grenze Deutschlands

Eine Zeitungsmeldung lautete: „In Hoyerswerda finden die internationalen Kinder- und Jugendsportspiele ‚Euregio' statt. Mehr als 2 000 Teilnehmer und Teilnehmerinnen aus der Euregio Nisa-Neiße-Nysa messen sich in über 15 Sportarten." Euregio – ein neues Wort. Was verbirgt sich dahinter?

Euregios entstehen. Nach der Gründung der Europäischen Wirtschaftsgemeinschaft im Jahre 1958 kam es bald zur Zusammenarbeit zwischen Städten und Landkreisen beiderseits der deutschen Westgrenze. Den Beginn machte man an der deutsch-niederländischen Grenze bei Enschede. Seither entwickeln Niederländer und Deutsche gemeinsam die Gebiete beiderseits der Grenze. Für die Benennung des Gebietes wurde der Begriff Europaregion oder kurz *Euregio* (↑) verwendet, der heute für alle diese Entwicklungsräume genutzt wird.
Inzwischen gibt es an fast allen deutschen Außengrenzen Euregios, in denen politische, wirtschaftliche und kulturelle Entwicklungen zum Vorteil für beide Seiten aufeinander abgestimmt werden.

Öffnung im Osten. An den Grenzen Mecklenburg-Vorpommerns und Brandenburgs zu Polen sowie Sachsens zu Polen und Tschechien wurden nach 1990 ebenfalls Euregios gegründet. Auch sie verfolgen das Ziel, Aufgaben und Probleme grenzübergreifend zu lösen. Trotz unterschiedlicher Sprache und unterschiedlichen wirtschaftlichen Bedingungen arbeiten Deutsche, Polen und Tschechen erfolgreich zusammen.

Seit 1991 bereiten sich Polen und Tschechen auf den Beitritt zur Europäischen Union vor. In beiden Staaten werden dann – wie in den anderen Staaten der Europäischen Union – die vier Freiheiten des europäischen Binnenmarktes gelten. Die Euregios tragen heute schon dazu bei, Vorbehalte der Menschen gegenüber einer offenen Grenze abzubauen.

Euregio Neisse. Am 31. 12. 1991 gründeten deutsche, polnische und tschechische Politiker grenznaher Städte und Landkreise die Euregio Nisa-Neiße-Nysa. Auf deutscher Seite gehören dazu die Kreisfreien Städte Görlitz und Hoyerswerda, der Landkreis Niederschlesischer Oberlausitzkreis sowie Gebietsteile der Landkreise Kamenz, Bautzen und Löbau-Zittau.

M 1 Euregios an Deutschlands Grenze zu Polen und Tschechien

Euregios an der östlichen Grenze Deutschlands

M 2 Organisation der Euregio Neiße-Nysa-Nisa

M 3 Euregios an den Ländergrenzen von Mecklenburg-Vorpommern, Brandenburg und Sachsen		
Euregion	Fläche (km²)	Einwohner
Pomerania	18 752	1 749 000
Pro Europa Viadrina	13 408	820 000
Spree-Neiße Bober (Sprewa-Nysa-Bobr)	5 000	750 000
Neiße/Nysa/Nisa	11 291	1 620 000
Elbe/Labe	5 547	1 430 000
Erzgebirge/Krusnohory	4 673	770 000
Egrensis/Egerland	17 000	2 000 000
Zum Vergleich		
Mecklenburg-Vorpommern	23 170	1 800 000
Sachsen	18 413	5 000 000
Thüringen	16 171	2 500 000

M 4 Kinder- und Jugendsportspiele der Euregio in Hoyerswerda

AUFGABEN

1. Ordne in einer Tabelle die Euregios nach den deutschen Bundesländern, die an ihnen Anteil haben (M 1, Atlas).
2. Untersuche anhand von M 2, zu welchen Lebensbereichen Arbeitsgruppen gebildet wurden und welche Aufgaben sie zu lösen haben.
3. Die Organisation von Kinder- und Jugendtreffen in Euregios ist sehr aufwändig. Warum werden sie trotzdem durchgeführt (Text, M 4)?
4. Vergleiche die Flächengröße und Einwohnerzahl der Euregios in M 3 mit denen deines Heimatbundeslandes.

Zusammenfassung

M 1 Sarajevo

M 2 Moskau

M 3 Amsterdam

Das Gradnetz der Erde und die Zeitzonen. Breitenkreise und Längenkreise bilden das Gradnetz der Erde. Der Äquator ist der längste Breitenkreis. Die Erde ist in 24 Zeitzonen eingeteilt. Europa reicht von 20 °W bis 60 °O. Es hat Anteil an 6 Zeitzonen.

Oberflächengestalt Europas. Die Gestaltung des Kontinents Europa erfolgte im Laufe von Jahrmillionen. Wesentlich trugen dazu Gebirgsbildungen und Abtragungsprozesse bei. Die heutigen Oberflächenformen entstanden im jüngsten Erdzeitalter, der Erdneuzeit. Der Kontinent weist eine Grundgliederung in Tiefland, Mittelgebirgsland und Hochgebirgsland auf, die sich wie Gürtel von West nach Ost erstrecken.

Geografische Großräume. Europa kann in 6 geografische Großräume gegliedert werden: Nordeuropa, Westeuropa, Mitteleuropa, Osteuropa, Südeuropa und Südosteuropa.

Europäische Union. Die Europäische Union (EU) ist ein freiwilliger Zusammenschluss von derzeit 15 europäischen Ländern. Hauptziele der EU sind: Erhaltung des Friedens, Gewährleistung von Freiheit, Sicherheit und Demokratie sowie Förderung des wirtschaftlichen und sozialen Fortschritts.

AUFGABEN

1. Beschreibe den Kontinent Europa a) entlang 60 °N, b) entlang 50 °N, c) entlang 45 °N und d) entlang 40 °N nach der Oberflächengestalt, der Zuordnung zu Großräumen (einschließlich Ländern) und zu Zeitzonen.
2. Ordne M 1 bis M 3 in den jeweiligen Großraum Europas ein.
3. Sammelt Informationen über die Europäische Union. Gestaltet damit ein Poster für eure Schule.
   Hinweis: Formuliert selbst Arbeitsthemen, die ihr in Gruppenarbeit untersuchen wollt.

Nordeuropa

Wir orientieren uns in Nordeuropa

M 1 Am Geirangerfjord in Norwegen

M 2 Orientierung in Nordeuropa

Lege in deinem Arbeitsheft eine Tabelle mit vier Spalten an (Länder, Hauptstädte, Gewässer, Landschaften).
Schreibe anschließend die Namen für diejenigen Objekte in die Tabelle, die in der Karte mit Buchstaben benannt sind. Nutze als Orientierungshilfe die Atlaskarte.

Wo findest du in der Karte M 2 den Geirangerfjord? (M 2, Atlas)

Schären, Fjord und Fjell

Die Oberflächenformen Nordeuropas wurden ebenso wie der Norden Deutschlands im Eiszeitalter geformt. Trotzdem treffen wir auf der Skandinavischen Halbinsel auf ganz andere Oberflächenformen als in Norddeutschland.
Worauf sind diese Unterschiede zurückzuführen?

M 1 *Eine Schifffahrt im Sognefjord.*
Unser Schiff nähert sich der norwegischen Küste. Vor uns ragen die Berge des Skandinavischen Gebirges wie eine Wand auf. Langsam gleitet das Schiff zwischen unzähligen kleinen Inseln hindurch.
Eng ist die Einfahrt in den Sognefjord. Es ist, als ob man durch ein Tor fährt. Steil erheben sich die hohen Felswände aus dem Wasser. Wasserfälle stürzen an ihnen herab. Sie kommen von den Schnee- und Eisfeldern, die auf den Hochflächen des Gebirges liegen. Der Fjord ist überall tief genug für unser Hochseeschiff. Nach fünf Stunden Fahrt erreichen wir den Hafen.
Von hier aus geht es mit einem Jeep ins Gebirge. In vielen Windungen führt die Straße auf die Hochfläche hinauf. Die kahle Hochfläche wirkt wie abgehobelt. Gewaltige Gesteinsblöcke gibt es hier genug zu sehen. Der felsige Boden weist Schrammen und Risse auf. In der Ferne kann man die Schnee- und Eisfelder des Gletschers Jostedalsbre erkennen.

Skandinavien – ein Abtragungsgebiet.
Versetzen wir uns einige Zehntausend Jahre zurück. Wir sind im Eiszeitalter. Das Klima ist kälter und niederschlagsreicher als heute. Die Temperaturen sind auch im Sommer so niedrig, dass Schnee und Eis nicht abschmelzen können.
Das Festland wird von einem dicken Eispanzer, dem *Inlandeis* (↑), überzogen. Häufige Schneefälle führen dazu, dass das Inlandeis immer mehr anwächst. Unter ihrem eigenen Druck bewegt sich die Eismasse langsam nach Süden. Sie überquert dann das Gebiet, das heute von der Ostsee ausgefüllt wird, und gelangt bis in das heutige Norddeutschland.

M 2 Schären

M 3 Im Sognefjord

M 4 Auf dem Fjell

Schären, Fjord und Fjell 35

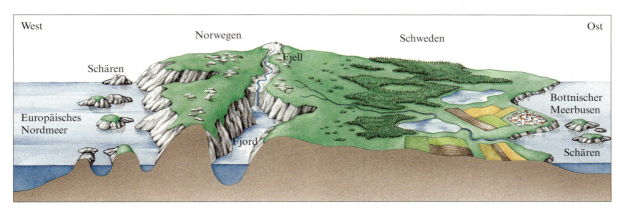

M 5 Schnitt durch Skandinavien

Bei dieser Bewegung nach Süden bearbeitete das Inlandeis an seinem Grunde und am Eisrand die Oberfläche Skandinaviens wie mit einem riesigen Hobel. Es schürfte den Untergrund ab, rundete und ritzte die Felsen. Es formte eine wellige Hochfläche, das *Fjell* (↑).

Enge Flusstäler weitete das Eis zu *Trogtälern* (↑), die einen U-förmigen Querschnitt haben. Als nach der Eiszeit das Inlandeis schmolz, stieg der Meeresspiegel um etwa einhundert Meter an. Die Trogtäler wurden überflutet. Sie sind heute die *Fjorde* (↑), deren steile Talwände oft bis zu 1 000 Meter hoch aufragen.

Tiefer gelegene und vom Eis abgerundete Felsen wurden beim Ansteigen des Meeresspiegels vom Wasser umspült. Sie liegen heute als kleine Felseninseln, den *Schären* (↑), vor der skandinavischen Küste.

Der Süden Skandinaviens und Norddeutschland – ein Ablagerungsgebiet. Die vom Inlandeis herausgebrochenen Gesteine wurden durch die Bewegung und den großen Druck der Eismasse teilweise zu Kies, Sand und Ton zerrieben. Viele Gesteinsblöcke blieben aber auch erhalten. Im Eis eingefroren, wurden sie mit nach Süden transportiert.

In wärmeren Zeiten drang das Inlandeis nicht weiter nach Süden vor. Es taute ab. Dabei wurden die mittransportierten

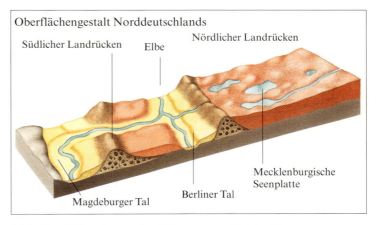

M 6 Oberflächenformen im Ablagerungsgebiet des Eises

Gesteinsblöcke und zerkleinerten Gesteinsteile aus dem Eis herausgespült, am Grunde des Inlandeises und vor dem Eisrand abgelagert.
Es entstanden die typischen Oberflächenformen *Grundmoräne* (↑), *Endmoräne* (↑) und *Sander* (↑). In weiten, flachen Tälern, den *Urstromtälern* (↑), sammelte sich das Schmelzwasser und floss in ihnen zum Meer ab.

AUFGABEN
1. Suche auf einer Atlaskarte den Sognefjord und miss seine ungefähre Länge. Vergleiche sie mit einer Entfernung in deinem Heimatgebiet (M 1, Atlas).
2. Beschreibe die Oberflächenformen Schäre, Fjord und Fjell (M 2 bis M 5). In welchen Teilen Skandinaviens sind sie verbreitet?
3. Stelle in einer Tabelle eiszeitliche Abtragungs- und Ablagerungsgebiete gegenüber und ordne diesen Oberflächenformen zu (M 5, M 6).

Polartag und Polarnacht

M 1 Tromsö. Das Foto wurde nachts um 24.00 Uhr aufgenommen.

M 2 Tromsö. Das Foto wurde am Tag um 12.00 Uhr aufgenommen.

Julius erhält von seinem norwegischen Brieffreund Ole Post aus Tromsö. Beim Betrachten der Fotos stutzt Julius. Hat Ole etwa die Texte zu den Bildern vertauscht? Falls aber die Bilder und Texte dazu übereinstimmen, warum ist das denn so anders als bei uns?

M 3 *Aus einem Brief von Ole aus Tromsö.*
„... *In Tromsö ist es keine Seltenheit, dass der Schnee ein halbes Jahr liegen bleibt. Fast alle haben sich an sechs Monate Winter gewöhnt, auch wenn es den ganzen Tag über dunkel bleibt. Und trotzdem wartet jeder sehnsüchtig auf das erste Sonnenlicht.*
Besonders schön ist es bei uns in der Zeit vom 20. Mai bis zum 22. Juli. Denn dann ist die Sonne wieder da. Und sie geht nicht unter. Täglich ist es 24 Stunden lang hell. Während dieser Zeit kommen alle mit weniger Schlaf aus und sind viel fröhlicher.
An dem Wochenende, das dem 21. Juni am nächsten liegt, feiern wir Mittsommernacht mit einem großen Lagerfeuer, mit Gesang und Tanz ...".

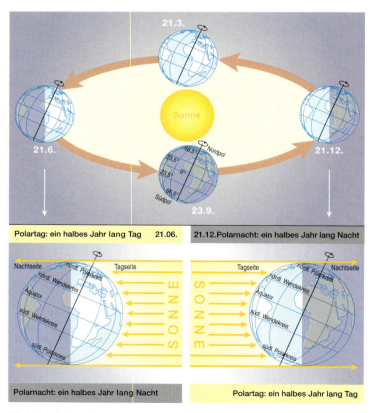

M 4 Die Beleuchtung der Erde während eines Jahres

Polartag und Polarnacht

M 5 Der Sonnenbogen am Polartag

Die Beleuchtung der Erde. Im Laufe eines Jahres umrundet die Erde einmal die Sonne. Durch die immer gleich bleibende Schrägstellung der Erdachse ändert sich bei diesem Umlauf die Beleuchtung der Erde. Von Mitte März bis Mitte September ist die Nordhalbkugel mehr der Sonne zugewandt, von Mitte September bis Mitte März mehr die Südhalbkugel.

Polartag. In der Zeit vom 21. März bis zum 23. September wird das Gebiet zwischen dem nördlichen Polarkreis und dem Nordpol immer von der Sonne beleuchtet. Ihr Tagbogen sinkt nie unter den Horizont. Es ist immer hell. Diese Zeit nennt man den *Polartag* (↑). Weil es sogar um Mitternacht hell ist, spricht man auch von der *Mitternachtssonne*.
In den Gebieten, die südlich des nördlichen Polarkreises liegen, verschwindet während dieser Zeit die Sonne zwar kurz unter den Horizont, aber der Himmel wird trotzdem nicht dunkel. Es ist die Zeit der *hellen Nächte*.

Polarnacht. Im Winterhalbjahr (23. September bis 21. März) steigt im Nordpolargebiet die Sonne auch zur Mittagszeit nicht über den Horizont. Es ist die Zeit der *Polarnacht* (↑). Täglich bleibt es 24 Stunden lang dunkel. Meist zeigt sich nur gegen Mittag etwas Dämmerlicht.

> **Schon gewusst?**
> In Nordeuropa kann man nachts mitunter farbige Lichterscheinungen am Himmel beobachten. Sie leuchten glühend rot, blauviolett oder grün auf und sehen wie eigentümlich geformte Blitze aus. Dieses Licht wird als Polarlicht bezeichnet.

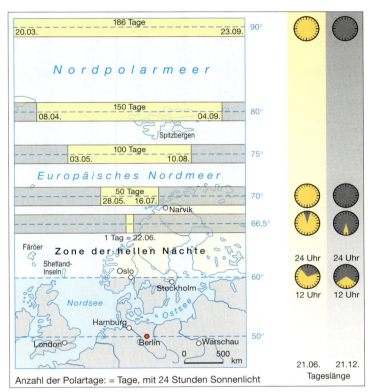

M 6 Die Länge des Polartages

AUFGABEN

1. Vergleiche die Fotos M 1 und M 2 miteinander. In welchem Monat könnte das Foto M 1 gemacht worden sein, in welchem Monat das Foto M 2? Beziehe auch den Brief von Ole mit ein (M 3).
2. Beschreibe den Sonnenbogen im Nordpolargebiet während eines Polartages (M 5).
3. Weise anhand von M 6 nach, dass im Nordpolargebiet der Polartag nicht überall gleich lang ist. Formuliere eine Regel über die Länge des Polartages. Überlege: Gilt diese Regel auch für die Polarnacht.
4. Suche auf der Weltkarte die Länder der Erde, in denen es Polartag und Polarnacht gibt (Atlas).

Wachstumsbedingungen der Pflanzen in Nordeuropa

Die elfjährige Joanni Inkala wohnt in Mittelfinnland. Sie kennt Gärten mit blühenden Obstbäumen nur von Bildern. Ein Foto des Obstgartens ihres Onkels, der bei Lahti in Südfinnland zuhause ist, hat sie sich eingerahmt und in ihr Kinderzimmer gehängt. Joanni fragt: Warum wachsen bei uns keine Obstbäume?

Wachstumsansprüche von Pflanzen. Alle Pflanzen benötigen für ihr Wachstum ausreichend Licht und Wärme, und dies während der gesamten **Wachstumszeit**. Doch je weiter man nach Norden kommt, umso ungünstiger werden diese Bedingungen.
Es gibt eine **Kältegrenze** (↑) für den Pflanzenwuchs. Für viele Pflanzen liegt sie bei 5 °C, die meisten Pflanzen wachsen jedoch erst bei Temperaturen über 10 °C. Deshalb haben sich in Nordeuropa Zonen mit unterschiedlicher natürlicher Vegetation entwickelt: Laub- und Mischwald, Nadelwald und Tundra (Moose, Gräser, Flechten).

Besondere Temperaturbedingungen bestehen an der Westküste Skandinaviens. Hier fließt eine warme Meeresströmung (*Golfstrom*), die aus dem Golf von Mexiko kommt, an der Küste entlang nach Norden. Das wärmere Meerwasser erwärmt die Luft wie eine Warmwasserheizung. Dadurch liegen hier die Lufttemperaturen das ganze Jahr über höher.

Pflanzenanbau in der Landwirtschaft. Auch die landwirtschaftliche Produktion muss sich dem Klima Nordeuropas anpassen. Das führt dazu, dass der Ackerbau eine untergeordnete Rolle spielt. Getreide und Kartoffeln werden nur für den Eigenbedarf produziert. Der größte Teil der Landwirtschaftsfläche wird für die Viehhaltung genutzt. Wiesen, Weiden und Ackerflächen mit Futtergetreide (Gerste) umgeben die kleinen Höfe. Neben der Arbeit auf ihren Höfen arbeiten die Bauern oft noch in der Forstwirtschaft.

M 1 Landwirtschaft in Mittelfinnland

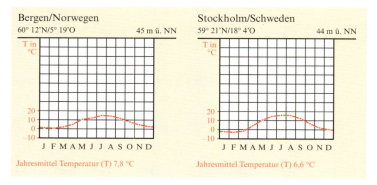

M 2 Temperaturdiagramme der Städte Bergen und Stockholm

M 3 Bodennutzung der Länder Nordeuropas (Fläche in km²)

Land	Landwirtschaft	Forstwirtschaft	Sonstiges	Gesamtfläche
Island	24 000	1 000	78 000	103 000
Norwegen	9 700	87 000	227 000	323 700
Schweden	36 000	306 000	108 000	450 000
Finnland	27 000	257 000	54 000	338 000
Dänemark	28 000	4 000	11 000	43 000
zum Vergleich:				
Deutschland	181 000	104 000	72 000	357 000

Wachstumsbedingungen der Pflanzen in Nordeuropa 39

M 4 Anbaugrenzen in Nordeuropa

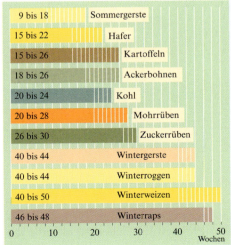

M 5 Wachstumsdauer ausgewählter Kulturpflanzen (in Wochen)

AUFGABEN

1. Suche in der Karte M 4 die Zonen unterschiedlicher natürlicher Vegetation Nordeuropas. Benenne sie und beschreibe ihre Lage.
2. Informiere dich über die Begriffe Kältegrenze und Wachstumszeit (Text). Erkläre anschließend beide Begriffe am Beispiel einer Pflanzenart (M 4, M 5).
3. Beschreibe Unterschiede in der Flächennutzung von Dänemark und Finnland (M 3, M 4). Überlege Gründe für diese Unterschiede (Text).
4. a) Suche Bergen und Stockholm auf einer Atlaskarte und beschreibe die Lage beider Städte. b) Vergleiche den Jahresgang der Temperatur und die Jahresmitteltemperatur beider Stationen (M 2). Welche Unterschiede erkennst du und worauf führst du sie zurück? Hinweis: Informationen zum Klimadiagramm findest du im Kapitel „Schlag nach" auf Seite 160.
5. Erkläre Joanni, warum in ihrem Heimatraum (M 1) keine Obstbäume wachsen können.

Leben zwischen Tundra und Nadelwald

Nördlich des Polarkreises sind die Lebensbedingungen für Menschen besonders hart: Lange und sehr kalte Winter, kurze und kühle Sommer, weite Entfernungen zwischen den Siedlungen. Wie haben Menschen hier ihr Leben eingerichtet?

Das Volk der Samen. Im mittleren und nördlichen Skandinavien leben die Samen. Sie sind ein kleines Volk. In der Vergangenheit hatten sie es oft schwer, sich gegenüber größeren Völkern zu behaupten. So waren beispielsweise lange Zeit ihre Sprache und Religion verboten. Ein besonderes Merkmal ihres Lebensraumes ist es von jeher, dass er über mehrere Ländergrenzen hinwegreicht.

Die Samen früher. Jahrhunderte lang lebten die Samen überwiegend von der Rentierhaltung. Rene sind eine Hirschart, die sehr genügsam ist. Sie ernähren sich von Gräsern, Moosen und Flechten, die auf dem kargen Boden wachsen.
Da die Weideflächen von den Renen in kurzer Zeit abgegrast wurden, zogen die Herden auf Nahrungssuche immer weiter. So pendelten sie im Laufe eines Jahres zwischen der Nadelwaldzone im Süden und den waldlosen Gebieten (der *Tundra* ↑), die nördlich der Nadelwaldzone liegt. Die Samen zogen als Hirtenfamilien immer mit den Herden mit. Sie lebten als *Nomaden* (↑).

Die Samen heute. Das Leben der Samen hat sich gegenüber früher grundlegend gewandelt. Die etwa 50 000 Samen leben als gleichberechtigtes Volk in den Ländern Norwegen (31 500), Schweden (15 000) und Finnland (4 000). Auch in den Parlamenten dieser Länder sind sie vertreten. Aber nur noch ein sehr kleiner Bevölkerungsanteil lebt wie seine Vorfahren von der Rentierhaltung. Die meisten Samen sind inzwischen sesshaft. Sie wohnen in festen Siedlungen. Ihre Arbeitsplätze sind vor allem in den Bereichen Bergbau, Fischfang und -verarbeitung sowie im Dienstleistungswesen.

M 1 *Hannu ist Rentierhalter.*
Den Sommer verbringt Hannu mit seiner Rentierherde in der Tundra. Dort hat er einen Wohncontainer. Die Herde umfasst 2 500 Rene. Davon gehören ihm aber nur 600, die anderen hütet er im Auftrag anderer Samenfamilien gegen Bezahlung. Seine Familie lebt das ganze Jahr über in einem Dorf in der Nadelwaldzone. Da gibt es einen Supermarkt und kleine Geschäfte, eine Tankstelle, eine Diskothek und eine Schule. Alle Häuser haben Strom- und Wasseranschluss.

M 2 Weidegang der Rentierherden im Jahreswechsel

AUFGABEN
1. Suche auf einer Karte die Verbreitungsgebiete von Tundra und Nadelwald in Nordeuropa (Atlas).
2. Beschreibe mithilfe von M 2 den jährlichen Weidegang der Rentierherden und begründe ihn.
3. Zeige am Beispiel von Hannu auf, wie sich das Leben der Samen gewandelt hat (Text, M 1).

Island – Insel aus Feuer und Eis

Island gehört auch zu Nordeuropa, obwohl die Insel mehr als 1 000 Kilometer vom europäischen Festland entfernt im Atlantischen Ozean liegt. Ihren Namen hat sie von norwegischen Seefahrern vor über 1 000 Jahren erhalten. Er bedeutet „Eisland". Aber Island ist zu allererst eine Insel des Feuers.

Land aus Feuer. Erdgeschichtlich gesehen ist die Insel ein junges Land. Sie ist nicht älter als 20 bis 30 Millionen Jahre. Untermeerische *Vulkane* (↑) haben sie aufgebaut. Die Vulkane häufen immer mehr Lava an, bis die Insel aus dem Atlantik auftauchte. Heute gibt es auf Island etwa 200 Vulkane. Manche liegen auch vor der Küste. Über 30 von ihnen sind aktive Vulkane. Fast jedes fünfte Jahr bricht ein Vulkan aus.

Aus dem vulkanischen Untergrund der Insel dringen Quellen mit heißem Wasser an die Erdoberfläche. Über 700 solcher Quellen wurden gezählt. Manche von ihnen stehen so unter Druck, dass das dampfende Wasser wie bei einer Fontäne in die Höhe geschleudert wird. Diese heißen Quellen werden *Geysire* (↑) genannt. Das Wasser des Geysirs Strokkur zum Beispiel ist über 60 °C heiß. Er presst das Wasser über 40 Meter hoch.

Das heiße Wasser der Geysire wird über Rohrleitungen zum Beheizen von Wohn- und Gewächshäusern, von Freibädern, aber auch in Kraftwerken zur Gewinnung von Elektroenergie genutzt.

Land aus Eis. Während der Eiszeit lag Island unter einer dicken Decke von Inlandeis. Noch heute sind weite Teile der Insel von Gletschern bedeckt. Der *Vatnajökull* ist sogar der größte Gletscher Europas. Er nimmt eine Fläche von etwa 8 300 km² ein. Damit ist er etwa so groß wie die Insel Korsika im Mittelmeer und größer als alle Alpengletscher zusammen. Das Schmelzwasser der Gletscher speist viele Flüsse, die zwar nur kurz, aber wasserreich sind.

M 1 Der Geysir Strokkur

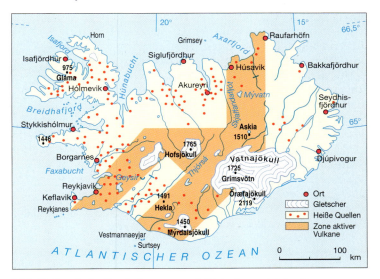

M 2 Vulkanische Erscheinungen und Gletscher auf Island

AUFGABEN

1. „Island – Land aus Feuer und Eis". Begründe, weshalb die Insel den Namen zurecht trägt (Text, M 1, M 2).
2. Besucher der isländischen Hauptstadt wundern sich meist, dass die Häuser keine Schornsteine haben. Erkläre ihnen das.
3. Prüfe anhand einer Atlaskarte, wo die meisten Siedlungen auf Island liegen. Überlege, weshalb sich die Menschen in diesen Gebieten ansiedelten.

Holzwirtschaft in Finnland

Nordeuropa wird von weit ausgedehnten Wäldern bedeckt. Allein in Finnland nimmt der Wald Dreiviertel der Landesfläche ein. Damit entfallen rein rechnerisch auf jeden Bürger Finnlands 5 ha Wald. Wie nutzt Finnland diesen Holzreichtum?

Verwendung von Holz. Papier und Papierprodukte gehören mit zu den wichtigsten Ausfuhrgütern Finnlands. Sie stehen nach elektronischen Produkten an zweiter Stelle. Weltweit gesehen stammt über ein Viertel der Produktion von Schreib- und Druckpapier aus Finnland. Ausgangsrohstoff hierfür ist Holz.

Die Wochenendausgabe einer Zeitung wiegt etwa 400 Gramm. Beim Druck von 500 000 Exemplaren macht das 200 Tonnen Papier aus. Für diese Menge müssten über vier Hektar Fichtenwald geschlagen werden. Um Holz zu schonen wird Zeitungspapier heute hauptsächlich aus Altpapier gewonnen. Trotzdem braucht man doch zuerst einmal Holz als Ausgangsrohstoff.
Andere wichtige Erzeugnisse, die die finnische Holzindustrie liefert, sind beispielsweise Bauholz, Möbel, ja sogar komplette Häuser.

Holzgewinnung. In Finnland wird jährlich eine doppelt so große Menge Holz geschlagen wie in Deutschland. Diese schwere Arbeit wird heute zumeist mithilfe moderner Technik geleistet.

„Haupterntezeit" des Holzes ist der Winter, wenn der Boden gefroren ist und die schweren Maschinen nicht im aufgeweichten Boden einsinken können. So genannte Vollerntemaschinen ersetzen die schwere Arbeit der Holzfäller. Sie führen alle Arbeitsgänge aus: Fällen der Bäume, Entfernen der Äste. Anschließend schneiden sie die Stämme nach den vom Holzkäufer gewünschten Maßen und schichten sie zu großen Stapeln auf. Lkw transportieren das Holz zu den Verarbeitungsbetrieben.

M 1 Holzgewinnung im finnischen Nadelwald

Wachstumsbedingungen der wichtigsten Nadelbaumarten

	Kiefer	Fichte	Lärche
Wachstum pro Jahr (in cm)	23	30	27
Schlagreife (nach Jahren)	140	120	140
Stammdurchmesser (in cm)	43	44	43
Baumhöhe (in m)	31	36	37

Waldfläche insgesamt etwa 240 000 km²
davon etwa 100 000 km² mit Kiefernbestand
etwa 140 000 km² mit Fichtenbestand

Holzvorrat etwa 1 500 Mio. m³
Holzzuwachs pro Jahr etwa 56 Mio. m³
Holzeinschlag pro Jahr etwa 44 Mio. m³

M 2 Wichtigste Nadelbaumarten für die Holzgewinnung

Holzwirtschaft in Finnland 43

Holztransport. Neben dem Lkw-Transport spielt traditionell auch der Transport des Holzes auf dem Wasserweg noch eine Rolle. Im Winter wird das geschlagene Holz auf den zugefrorenen Flüssen gestapelt und zu Flößen zusammengekoppelt. Wenn im Frühjahr das Eis schmilzt, schwimmen die Holzflöße zu den Verarbeitungsbetrieben, die an den Ufern von Flüssen oder Seen liegen.

Schutz der Wälder. Aufgrund der klimatischen Bedingungen benötigen die Nadelbäume in Nordeuropa eine längere Wachstumszeit. Sie ist doppelt so lang wie in Mitteleuropa. Durch das langsame Wachstum wird das Holz aber fester und damit wertvoller für die Verarbeitung.

Mit dem Einsatz von Vollerntemaschinen wurde der Holzeinschlag enorm gesteigert. Große zusammenhängende Waldflächen wurden in kurzer Zeit zu Kahlschlägen, auf denen der Wirtschaftswald nicht mehr von allein nachwachsen kann.

Seit vielen Jahren gibt es deshalb in Finnland ein Programm, das die Nutzung, Pflege und den Erhalt des Waldes zum Inhalt hat. Mit seiner Hilfe soll die *Übernutzung* der Wälder vermieden und die Wiederaufforstung geregelt werden. Außerdem sieht es auch vor, neue Flächen der forstwirtschaftlichen Nutzung zuzuführen. So sollen beispielsweise Moore und Sümpfe trockengelegt und aufgeforstet werden.

Mithilfe von Luftbildaufnahmen und deren Auswertung an Computern werden die Rodungen, Wiederaufforstungen und die Gewinnung neuer Forstflächen gesteuert. Insgesamt wird damit eine *nachhaltige Nutzung* (↑) der Wälder verfolgt.
Wichtigste Ziele einer nachhaltigen Nutzung der Wälder sind: die Erhaltung der Waldflächen und eines gesunden Baumbestandes sowie der Schutz und die Erhaltung der vielen Pflanzen- und Tierarten des Waldes.

Von 100 Baumstämmen werden verarbeitet

▶ 45 in der *Zellstoff- und Papierindustrie* — Zellstoff, Papier, Wellpappe, Karton

▶ 45 in *Sägewerken, Holzplattenwerken* — Schnittholz, Furnierholz, Platten für Sperrholz, Faserplatten,

▶ 10 zu *Brennstoffen* — Energie- und Wärmeerzeugung

M 3 Holzwirtschaft in Finnland

M 4 In einer Papierfabrik

AUFGABEN

1. Wo liegen die Standorte der finnischen Holzindustrie (Atlaskarte). Überlege Gründe hierfür.
2. Bereite einen Kurzvortrag vor: Wozu wird das Holz der finnischen Wälder genutzt (M 3, M 4)?
3. Erläutere den Begriff „nachhaltige Nutzung" am Beispiel der Forstwirtschaft Finnlands (Text, M 3). Hinweis: Denke an die Bedeutung der Holzwirtschaft und an die besonderen Wachstumsbedingungen der Wälder in Nordeuropa.

Fischereiwirtschaft in Norwegen

Die Küste Norwegens ist über 57 000 Kilometer lang. Schon deshalb hat das Meer immer eine große Bedeutung für die Norweger gehabt. Das zeigt sich auch in der langen Tradition des Fischfangs. Wie sieht die Fischereiwirtschaft Norwegens heute aus? Mit welchen Problemen ist sie verbunden?

Fanggebiet Europäisches Nordmeer. Vor der Küste Norwegens trifft das Wasser einer warmen Meeresströmung (*Golfstrom*) auf das kalte Wasser des Nordatlantik und mischt sich mit diesem. Fische finden in diesen Gewässern besonders reichlich Nahrung (Kleinstlebewesen wie Algen, Larven, Krebse). Das Europäische Nordmeer ist deshalb eines der fischreichsten Meere der Erde.

Verwendung des Fischfangs. Von dem gefangenen Fisch wird nur ein kleiner Teil frisch verkauft. Die größere Menge wird in Fischfabriken der Hafenstädte tiefgefroren, getrocknet, geräuchert, zu Fischmehl (Tierfutter) oder zu Fischöl verarbeitet. Zur Fischereiflotte gehören auch „Schwimmende Fischfabriken". Das sind Schiffe, auf denen der gefangene Fisch gleich auf Hoher See zu Gefrierfisch oder zu Fischkonserven verarbeitet wird.

Gefahr der Überfischung. Die Nachfrage nach Fisch wuchs ständig. Folglich wurden auch die Fangmengen immer größer. Die Fischbestände von Kabeljau, Seelachs, Rotbarsch und Heringen nahmen sehr schnell ab. Selbst Jungfische blieben in den engmaschigen Netzen hängen. Die Fischbestände konnten gar nicht so schnell nachwachsen.

Um das Aussterben vieler Fischarten zu verhindern, wurde ein Fischfang-Abkommen innerhalb der Europäischen Union beschlossen. Darin sind u.a. Festlegungen über Fangmengen, über die Nutzung von Treib- und Schleppnetzen und über ein Fangverbot während der Laichzeit der Fische getroffen worden.

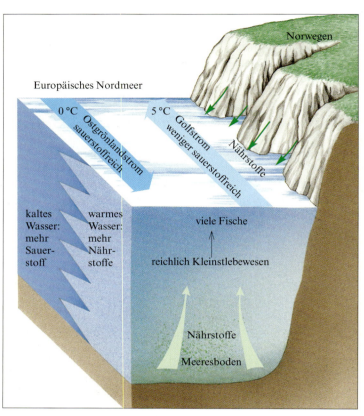

M 1 Lebensbedingungen der Fische im Europäischen Nordmeer

M 2 Ålesund – ein Standort der Fischwirtschaft Norwegens

Fischereiwirtschaft in Norwegen 45

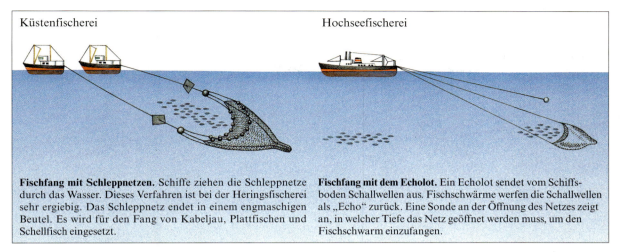

Fischfang mit Schleppnetzen. Schiffe ziehen die Schleppnetze durch das Wasser. Dieses Verfahren ist bei der Heringsfischerei sehr ergiebig. Das Schleppnetz endet in einem engmaschigen Beutel. Es wird für den Fang von Kabeljau, Plattfischen und Schellfisch eingesetzt.

Fischfang mit dem Echolot. Ein Echolot sendet vom Schiffsboden Schallwellen aus. Fischschwärme werfen die Schallwellen als „Echo" zurück. Eine Sonde an der Öffnung des Netzes zeigt an, in welcher Tiefe das Netz geöffnet werden muss, um den Fischschwarm einzufangen.

M 3 Küstenfischerei und Hochseefischerei

Fische nach Plan. An der buchtenreichen Küste Norwegens wird eine andere Art der Fischwirtschaft betrieben, das „fish-farming".
Wertvolle Speisefische, wie z. B. Lachse oder Forellen, werden in großen Netzkäfigen gezüchtet, die in den flachen Küstengewässern verankert sind. Die Fische werden regelrecht gemästet.

M 4 *In einer Lachsfarm.*
Die Farm liegt bei Ålesund im Nordfjord. Die Fische werden in sechseckigen Käfigen gehalten, über die Netze gespannt sind. Tausende von Fischen drängen sich dicht aneinander. Zur Vermeidung von Krankheiten der Fische werden sie sogar geimpft.
Ein Computer prüft ständig den Zustand des Wassers. Abweichende Wassertemperaturen oder Verunreinigungen des Wassers meldet er sofort. Er berechnet auch genau die erforderliche Futtermenge. Das Futter besteht vorwiegend aus Fischmehl. Mit seiner Zusammensetzung wird der Geschmack und der Fettgehalt der Zuchtfische beeinflusst.
Wir erfahren auch, dass es bereits Proteste der Bevölkerung gegen diese Massentierhaltung gegeben hat. Dabei ging es nicht nur um die artfremde Haltung der Tiere in Käfigen, sondern auch gegen die Verwendung von Chemikalien zur Reinigung der Käfige und die Überdüngung des Fjordwassers durch das Fischfutter.

M 5 Eine Lachsfarm im Nordfjord

AUFGABEN

1. Suche auf einer Atlaskarte Fischereihäfen in Norwegen. In welchem Küstenabschnitt liegen sie vorwiegend (Atlas)?
2. Erläutere, weshalb es im Europäischen Nordmeer reiche Fischfanggebiete gibt (Text, M 1).
3. Unterscheide Küstenfischerei und Hochseefischerei voneinander. Berücksichtige dabei auch die unterschiedlichen Arten des Fischfangs (M 3).
4. Diskutiert in der Klasse Vor- und Nachteile der Fischzucht in Fischfarmen (Text, M 4, M 5). Bildet drei Arbeitsgruppen: Betreiber von Fischfarmen, Verbraucher, Umweltschützer. Fasst das Ergebnis eurer Diskussion in einem Kurzbericht zusammen.

Erdölwirtschaft vom Meeresgrund

Im Jahre 1959 entdeckten Geologen Erdöl- und Erdgasvorkommen vor der norwegischen Küste. Binnen kurzer Zeit nahm die Förderung dieser Bodenschätze einen gewaltigen Aufschwung, weil heute keine moderne Wirtschaft ohne sie auskommt.

Weltweit gehört Norwegen inzwischen mit zu den führenden Ländern in der Erdöl- und Erdgasförderung. Wie wird das Erdöl in der Nordsee gefördert? Welche Auswirkungen hat diese Entwicklung auf die Wirtschaft Norwegens?

M 1 *Auf einer Bohrinsel vor der norwegischen Küste.*

Wir starten mit dem Hubschrauber in Stavanger. Nach eineinhalb Stunden Flug landen wir auf einer Bohrplattform, die wie eine Insel im Erdölfeld Ekofisk liegt. Von oben sieht diese Insel wie eine Riesenspinne aus.

Dicht unter dem Landedeck des Hubschraubers schäumen in 40 m Tiefe die Meereswellen. Eiskalte Regenböen fegen über das Deck. Im Winter gibt es hier Stürme mit Windgeschwindigkeiten von 240 km/h und mehr. Die Wellen schlagen dann bis zu 30 Meter hoch.

Auf dem von Bohrschlamm verschmierten Arbeitsdeck schrauben Männer am Bohrgestänge. Sie tragen alle Schutzhelme. Aber ihre Gesichter sind völlig verdreckt. Wegen des Krachs der Dieselmotoren, die das Bohrgestänge antreiben, verständigen sie sich nur mit Handzeichen.

Insgesamt arbeiten auf der Insel 50 Männer, immer in zwei Schichten zu je 12 Stunden täglich. Trotz moderner Technik und strenger Sicherheitsbestimmungen ist die Arbeit sehr gefährlich.

Die Bohrinsel ist wie eine kleine Stadt. Hier gibt es Werkstätten, ein Kraftwerk, Labors, eine Wetter- und Funkstation, Unterkünfte und Aufenthaltsräume wie in einem guten Hotel, eine Großküche, eine Krankenstation und ein Freizeitheim.

Nach sieben Tagen Arbeit haben die Arbeiter eine Woche lang Landurlaub. Ein Hubschrauber kommt dann vom Festland und bringt sie zur Hafenstadt Stavanger.

M 2 Eine Bohr- und Förderinsel in der Nordsee

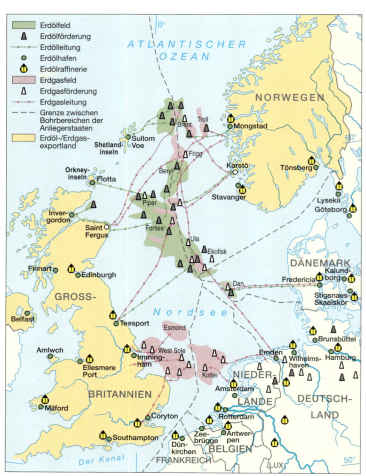

M 3 Erdöl- und Erdgasfelder in der Nordsee

Erdölwirtschaft vom Meeresgrund 47

Daten einer Bohrinsel

Zahl der Pfeiler	4
Fläche des Arbeitsdecks	114 m x 55 m
Höhe	271 m
Gewicht	835 000 t
Unterkünfte	278
Baukosten	rd 3 Md. Euro

Beachte:
Es gibt Bohrinseln, die auf dem Meeresboden fest stehen und schwimmende Bohrinseln, die im Meeresboden verankert sind.

Höhenvergleiche: Bohrinsel in der Nordsee 271 m, Eiffelturm in Paris 300 m, Brandenburger Tor in Berlin 20 m

M 4 Eine Bohrinsel im Vergleich

Auswirkungen der Förderung von Erdöl und Erdgas. Die Erdöl- und Erdgasfunde in der Nordsee lösten einen **Strukturwandel** (↑) in der Wirtschaft Norwegens aus. Die Erdölwirtschaft wurde zum führenden Wirtschaftszweig. Der wirtschaftliche Aufschwung brachte viele neue Arbeitsplätze.

Nach dem Erdölfeld Ekofisk wurden weitere Lagerstätten erschlossen. An der norwegischen Küste entstanden vor allem Betriebe der chemischen Industrie. Einer davon ist der Erdölverarbeitungsbetrieb Mongstad nördlich von Bergen. Die norwegische Firma Seismik, die geologische Untersuchungen vornimmt, entwickelte sich zum drittgrößten Unternehmen dieser Art in der Welt. Norwegen liefert aber auch die Rohstoffe Erdöl und Erdgas an andere Länder. Deutschland ist ein Hauptabnehmer.

Stavanger – Stadt im Aufwind. Die Hafenstadt Stavanger entwickelte sich in wenigen Jahren zum Zentrum der Erdölwirtschaft. Zahlreiche Erdölgesellschaften ließen sich hier nieder. Der Hafen wurde zum Versorgungshafen für die Erdölerkundung und Erdölförderung ausgebaut. Wichtigste Industriezweige sind die Erdöl verarbeitende Industrie und die Werftindustrie (Bau von Versorgungsschiffen, Tankern, Bohrinseln).

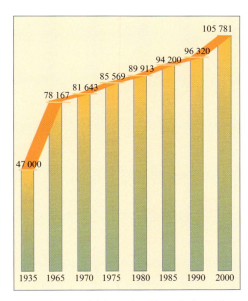

M 5 Die Entwicklung der Einwohnerzahl von Stavanger

AUFGABEN
1. Suche Erdöl- und Erdgasfördergebiete in der Nordsee. Welche Länder bauen diese Bodenschätze ab (M 3, Atlas)?
2. Miss die Länge der Erdgasleitung vom Ekofiskfeld zum Erdölhafen Karsto bei Stavanger (M 3). Vergleiche sie mit einer Entfernung in deinem Heimatgebiet.
3. Begründe, warum es strenge Sicherheitsvorkehrungen auf einer Bohrinsel geben muss (M 1, M 2).
4. Weise am Beispiel der Stadt Stavanger nach, dass sie zu einer Stadt des Erdöls wurde (Text, M 5).

Zusammenfassung

Länder Nordeuropas. Zum Großraum Nordeuropa gehören die Länder Norwegen, Schweden, Finnland, Dänemark und Island. Die drei erstgenannten Staaten liegen auf der Halbinsel Skandinavien. Island ist ein Inselstaat im Nordatlantik.

Oberflächengestalt. Das Skandinavische Gebirge durchzieht von Südwest nach Nordost die Halbinsel Skandinavien. Es fällt an seiner Westseite steil zum Atlantischen Ozean ab, während es sich nach Osten allmählich zur Ostsee abdacht. Durch die abtragende Tätigkeit des Inlandeises entstanden die Oberflächenformen Fjell, Fjord und Schäre.
Auf Island gibt es Vulkane, heiße Quellen und Gletscher.

Wirtschaft. Die Landwirtschaft Nordeuropas findet nach Norden zunehmend ungünstigere Anbaubedingungen (Kältegrenze = Anbaugrenze). Tundra und Nadelwald sind natürliche Vegetationszonen Nordeuropas.
In der Industrie Schwedens und Finnlands haben die Holz- und Papierindustrie eine große Bedeutung, in Norwegen vor allem die Erdöl- und Erdgasindustrie sowie die Fischwirtschaft.

AUFGABEN

1. Die Bilder 1 bis 3 wurden in Nordeuropa aufgenommen. Formuliere zu jedem Foto eine Bildunterschrift. Wähle danach ein Bildthema aus und berichte deinen Mitschülern darüber.
2. Wie beeinflussen Polartag und Polarnacht das Leben der Menschen in Nordeuropa?
3. Die Formung der Oberflächengestalt Skandinaviens im Eiszeitalter hatte auch Auswirkungen auf den Landschaftsraum Norddeutschland. Nenne Beispiele dafür.

Westeuropa

Wir orientieren uns in Westeuropa

M 1 Kreideküste östlich von Brigthon (Großbritannien)

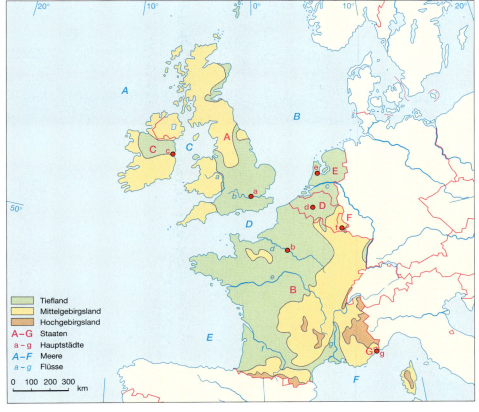

M 2 Orientierung in Westeuropa

Lege in deinem Arbeitsheft eine Tabelle mit drei Spalten an (Länder, Hauptstädte, Gewässer). Schreibe dann die Namen der Objekte in die Tabelle, die in der Karte mit Buchstaben benannt sind. Nutze als Orientierungshilfe die Atlaskarte.
Wo findest du die in M 1 gezeigte Landschaft auf der Atlaskarte?

Westeuropa 49

Hauptstädte in Westeuropa

Die Namen westeuropäischer Hauptstädte hörst du häufig in Nachrichtensendungen. Die britische Hauptstadt London und die französische Hauptstadt Paris stehen dabei weit vorn. Die belgische Hauptstadt Brüssel folgt dicht auf, manchmal sogar mit dem Beinamen „heimliche Hauptstadt" Europas. Weshalb stehen die drei Städte so im Blick?

London und Paris – Hauptstädte. In den Hauptstädten London und Paris haben die Regierung und das Parlament des Landes ihren Sitz. Damit sind diese Städte von zentraler Bedeutung für das politische und wirtschaftliche Leben des eigenen Landes sowie für die Zusammenarbeit mit anderen Ländern. Außerdem sind sie auch Mittelpunkte für das kulturelle Leben ihres Landes.
London und Paris sind Millionenstädte. Die Bevölkerungsdichte ist die größte im ganzen Land. In den Hauptstädten und deren *Umland* (↑) (= Region) haben sich viele Wirtschaftsunternehmen angesiedelt. Dienstleistungs- und Verwaltungseinrichtungen sind meist die größten Arbeitgeber.

London und Paris – Weltstädte. Die Bedeutung beider Hauptstädte reicht zugleich weit über die Grenzen ihrer Länder hinaus. Hier haben viele Industrie- und Dienstleistungsunternehmen, Banken und Versicherungen ihren Sitz, die weltweit tätig sind. So werden beispielsweise viele internationale Finanzgeschäfte an der Londoner *Börse* (↑) getätigt. Aber auch internationale Organisationen lenken ihre Tätigkeit von London oder Paris aus. So hat zum Beispiel die UNO-Organisation für Erziehung, Wissenschaft und Kultur (UNESCO), der 188 Staaten angehören, in Paris ihren Sitz.

Die Hauptstädte London und Paris werden auch als *Metropolen* (↑) bezeichnet, weil sie politische, kulturelle und wirtschaftliche Zentren von überragender Bedeutung sind.

M 1 In der Londoner Börse

M 2 Der Louvre in Paris – ein Museum von weltweiter Bedeutung

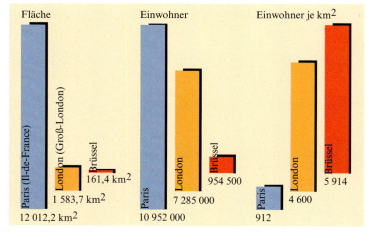

M 3 Hauptstadtregionen im Größenvergleich

Brüssel und die Europäische Union. Nachdem sich die Länder Niederlande, Luxemburg, Belgien, Italien, Frankreich und Deutschland im Jahre 1957 zur Europäischen Wirtschaftsgemeinschaft (kurz: EWG) zusammengeschlossen hatten, erklärten sie die belgische Hauptstadt Brüssel zum Sitz der Gemeinschaft (1959).

Die Gemeinschaft von damals sechs Ländern ist inzwischen zur Europäischen Union (EU) mit 15 Mitgliedsländern herangewachsen. Weitere Länder haben sich um Mitgliedschaft beworben. Die Europäische Union ist heute auch mehr als nur eine Wirtschaftsvereinigung: Sie ist ein Verbund weiterhin selbstständiger Staaten, die neben der wirtschaftlichen Zusammenarbeit mehr und mehr eine Abstimmung in wichtigen Fragen der Außen- und Sicherheitspolitik anstreben.

Mit dem Wachsen der Europäischen Union sind auch die Aufgaben größer geworden, die die EU-Einrichtungen in Brüssel zu erfüllen haben. Brüssel hat damit fast schon die Aufgaben einer Hauptstadt Europas übernommen. Obwohl auch in Luxemburg und Straßburg weiterhin einzelne EU-Behörden angesiedelt sind, ist Brüssel längst zum Zentrum der Gemeinschaft geworden. Das sieht man fast überall im Stadtbild. Es wird zunehmend von neuen Bürohochhäusern und Verwaltungsgebäuden, von Schnellstraßen und vor allem durch die Vielfalt der Bevölkerung bestimmt.

M 4 *Völkervielfalt in Brüssel.*
Fremde Kulturen und Einheimisches gehören in Brüssel zur Normalität des Zusammenlebens. In der Stadt und ihrem Umland leben mehr als 10 000 Deutsche und fast eben so viele Franzosen, Engländer, Italiener und Spanier. Etwa jeder dritte Einwohner von Brüssel hat einen ausländischen Pass. Darunter sind aber nicht nur Europäer. Die einzelnen Bevölkerungsgruppen bevorzugen unterschiedliche Stadtviertel, in denen sie auch ihren traditionellen Lebensgewohnheiten nachgehen.

Zwei Drittel der Berufstätigen Brüssels sind im Dienstleistungsbereich tätig. Über 16 000 Beamte arbeiten in den Verwaltungsgebäuden der EU. Insgesamt hängen mehr als 55 000 Arbeitsplätze direkt von der EU ab. Darüber hinaus sind mehr als 250 Vertretungen von Regionen und Ländern sowie etwa 2 000 Organisationen und Verbände vertreten.

M 5 Während einer Tagung des Europa-Parlaments in Brüssel

M 6 Im Justus-Lipsius-Gebäude tagt der Ministerrat der Europäischen Union

AUFGABEN
1. Vergleiche die Hauptstadtregionen Groß-London, Paris und Brüssel miteinander (M 3). Finde Gemeinsamkeiten und Unterschiede.
2. Begründe, weshalb Brüssel zu Recht mit dem Beinamen „heimliche Hauptstadt Europas" bezeichnet wird.
3. Sammle Informationen über eine andere Hauptstadt Westeuropas und gestalte damit eine Seite in deinem Geografieheft.

Landschaften in Westeuropa

Westeuropa erstreckt sich über fast 2 000 Kilometer: von den Schottischen Hochlanden im Norden Großbritanniens bis zu den Pyrenäen im Süden Frankreichs. Welche Formenvielfalt weisen die Landschaften dieses Großraumes auf?

Großbritannien – von Nord nach Süd. Die Oberflächenformen im Norden Großbritanniens werden von den *Schottischen Hochlanden* (Highlands) bestimmt. Sie sind Reste eines alten Gebirges, das vor mehr als 420 Millionen Jahren entstanden war (kaledonische Gebirgsbildung). Die höchsten Erhebungen liegen bei 1 300 m. Sie sind zugleich die höchsten in Großbritannien.

Südlich der Southern Uplands erstreckt sich in Mittelengland die Gebirgskette der Pennines. Sie sind ebenfalls ein altes Gebirge. In den Pennines liegen auf dem Sockel des alten Gebirges Gesteine jüngerer Zeiten auf. Je nach Beschaffenheit der oberen Gesteinsschicht entstanden weichere oder schroffere Landschaftsformen. Die fast baumlose Oberfläche wird von Heiden und Mooren eingenommen. Am Gebirgsrand erstreckten sich reiche Kohlelagerstätten.

Eine Hügellandschaft leitet zum *Ostenglischen Becken* über. Die Beckenlandschaft besteht aus Kreide-, Ton- und Sandsteinschichten, die leicht verwittern und nur niedrige Höhenzüge bilden. Das dazwischen liegende Tiefland wurde wie in Norddeutschland von der Eiszeit geformt. Die Ablagerungen sind aber weniger mächtig.

M 2 Landschaftsräume Großbritanniens

M 3 Am Ben Nevis in den Schottischen Hochlanden

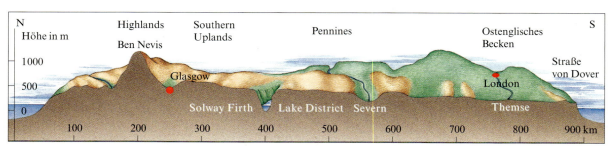

M 1 Nord-Süd-Profil durch Großbritannien

Der Kanal. Großbritannien und Frankreich sind durch den Kanal voneinander getrennt. An der engsten Stelle beträgt die Entfernung aber nur 31 Kilometer. Bei klarem Wetter kann man die gegenüberliegende Küste sehen. Bis vor etwa 6 000 Jahren bestand eine Landverbindung zwischen beiden Teilen Westeuropas. Erst Absenkungen des Landes und das Ansteigen des Meeresspiegels am Ende der letzten Kaltzeit führten zur Überflutung dieser Verbindung.

Frankreich – von der Kanalküste zum Mittelmeer. An der französischen Küste des Kanals setzen sich die Gesteinsschichten und Landschaftsformen der englischen Ostküste fort. Der nördliche und mittlere Teil Frankreichs hat Anteil am Tieflandsgürtel, der sich von der Atlantikküste bis zum Ural quer durch Europa zieht.

Im Landschaftsraum des *Pariser Beckens* lagern unterschiedlich harte Gesteinsschichten übereinander. Sie wurden vor Millionen von Jahren schüsselförmig aufgebogen. Während die Gesteinsschichten zum Inneren des Beckens hin nur schwach geneigt sind, fallen sie nach außen treppenartig steil ab. Die Ränder der Gesteinsschichten treten als Höhenzüge in der Landschaft auf. Das Pariser Becken ist eine *Schichtstufenlandschaft.*

Südlich des Pariser Beckens erstreckt sich das *Zentralmassiv.* Es ist ein ausgedehntes Bergland, das im Osten bis zum Fluss Rhône reicht. Die größten Höhen liegen über 1 800 m. Das Zentralmassiv fällt ganz allmählich nach Westen ab. Zum Rhônetal hin endet es mit einem schroffen Rand.

Östlich des Rhônetales erheben sich die *Alpen* mit dem höchsten Berg Europas, dem Montblanc. Er liegt an der Grenze zwischen Frankreich und Italien. Die *Pyrenäen* bilden die Südgrenze Frankreichs zu Spanien und grenzen zugleich den Großraum Westeuropa gegenüber Südeuropa ab.

M 4 Landschaftsräume Frankreichs

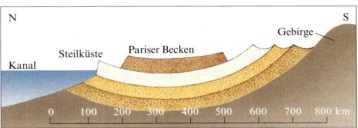

M 5 Schichtstufenlandschaft des Pariser Beckens

M 6 In der Provence

AUFGABEN

1. Verfolge die Nord-Süd-Abfolge der Landschaftsräume Großbritanniens in M 1 und M 2.
2. Beschreibe die in M 3 gezeigte Landschaft und ordne sie in die physische Karte von Großbritannien ein (Atlas).
3. Orientiere dich anhand M 4 über die Landschaftsräume Frankreichs. Suche sie anschließend in der physischen Karte von Frankreich (Atlas).
4. Beschreibe die Oberflächengestalt des Pariser Beckens und erkläre deren Entstehung (Text, M 5).

Das Klima Westeuropas

Ben wohnt in Wick (Schottland). Er hätte es ganz gern, dass die Olympischen Winterspiele auch einmal in seiner Heimat stattfinden, denn schließlich hat er auch Berge „fast vor seiner Haustür". Aber er weiß auch, dass in Großbritannien nie Olympische Winterspiele stattfinden werden. Warum ist das so?

Lufttemperatur. Wetter und Klima werden vor allem von der Sonneneinstrahlung bestimmt. Das besondere an Westeuropa ist jedoch die Lage am Meer. Sie beeinflusst die Wirkung der Sonnenstrahlen:
Im Sommerhalbjahr wird viel Energie der Sonnenstrahlen bei der Erwärmung der Wassermassen des Ozeans gebunden. Die Luft über dem Meer wird dadurch nur geringer erwärmt. Im Winterhalbjahr wird die im Meerwasser gespeicherte Wärme langsam an die Luft abgegeben. Dadurch kühlt sie auch im Winter nur wenig ab. Die Temperaturwerte liegen im Sommer bei 15 °C, im Winter immer noch bei 5 °C. Der Temperaturunterschied beträgt also nur etwa 10 °C.

Diese Wirkung des Atlantischen Ozeans auf die Lufttemperatur wird durch den *Golfstrom* (↑) verstärkt, der als warme Meeresströmung entlang der Küste Westeuropas nach Norden fließt. Der Golfstrom wirkt im Winterhalbjahr wie eine zusätzliche „Warmwasserheizung".

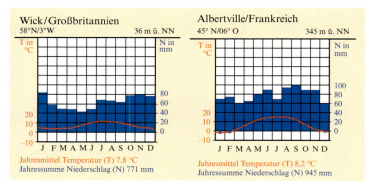

M 1 Klimawerte aus Großbritannien und Frankreich im Vergleich

Niederschläge. Über der erwärmten Meeresoberfläche bildet sich ständig Wasserdampf, der an die Luft abgegeben wird. Die Meeresluft ist dadurch immer feucht. Da über den Britischen Inseln und an der Nordwestküste Frankreichs die Winde vorwiegend aus westlicher Richtung wehen, wird die feuchte Luft in östlicher Richtung transportiert. Ein Teil der Luftfeuchtigkeit fällt als Niederschlag über Großbritannien und Frankreich herab, der andere Teil wird vom Wind weiter nach Osten transportiert. Westeuropa erhält die meisten Niederschläge, nach Osten nehmen sie ab.

Das Klima Westeuropas wird als *Seeklima* (↑) bezeichnet. Merkmale von Seeklima sind: ausgeglichene Temperaturen im Jahresablauf (Sommer kühl, Winter mild) und eine ganzjährig hohe Luftfeuchtigkeit.

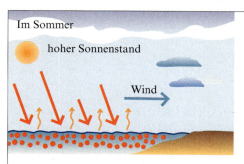

Sonnenstrahlen erwärmen das Meerwasser langsam, aber bis in größere Tiefe.
Meerwasser gibt weniger Wärme an die Luft ab.
Folge: Luft über dem Meer bleibt kühl.

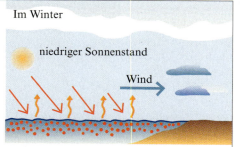

Sonnenstrahlen erwärmen das Meerwasser nur gering. Im Meerwasser gespeicherte Wärme wird an die Luft abgegeben.
Folge: Luft über dem Meer kühlt nicht so stark ab.

M 2 Die Abhängigkeit des Klimas von der Temperatur des Meerwassers und der Temperatur der Luft über dem Meer

Das Klima Westeuropas   55

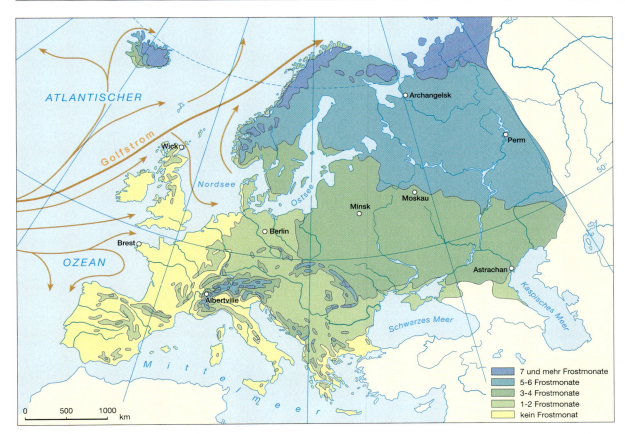

M 3 Unterschiedliche Frostdauer in Europa

Albertville – eine Wintersportregion. Die Olmpischen Winterspiele von 1992 wurden in Albertville (Französische Alpen) ausgetragen.
Die feuchten Luftmassen, die mit dem Westwind herangeführt werden, und die niedrigeren Temperaturen der Gebirgslagen führen dazu, dass die Niederschläge in den Wintermonaten meist als Schnee fallen und auch lange Zeit liegen bleiben. Deshalb gehört diese Region zu einer der schneesichersten in Europa. Sie ist ein internationales Wintersportgebiet.

Schon gewusst?
Südlich von Bordeaux befindet sich an der französischen Atlantikküste die höchste Wanderdüne Europas. Sie ragt bis über 100 m hoch. Aufgrund der günstigen Sonneneinstrahlung kann sich der Dünensand bis zu 60 °C erhitzen.

AUFGABEN

1. Suche die Orte Wick und Albertville auf der Karte (M 3, Atlas). In welchem geografischen Großraum Europas liegen sie? Suchhinweis: Nutze das Namenregister im Atlas.
2. Vergleiche die Temperaturen und Niederschläge von Wick und Albertville. (M 1). Welche Unterschiede bestehen?
3. Beschreibe die unterschiedliche Erwärmung von Meeresluft im Sommer und im Winter (M 2). Welche Auswirkungen hat das auf das Klima Westeuropas?
4. Bereite einen Vortrag zum Thema „Seeklima in Westeuropa" vor (Text, M 3). Erkläre darin deinen Mitschülern, warum in Großbritannien keine Olympischen Winterspiele stattfinden können.

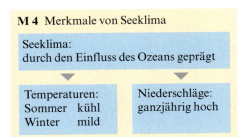

M 4 Merkmale von Seeklima

Seeklima: durch den Einfluss des Ozeans geprägt

Temperaturen: Sommer kühl, Winter mild
Niederschläge: ganzjährig hoch

Mittelengland – die Wiege der Industrie

Vor mehr als 200 Jahren setzte ein tief greifender Wandel in der Entwicklung Mittelenglands ein. In einer Region, in der traditionell Schafe gezüchtet und deren Wolle in Handarbeit zu Textilien verarbeitet wurde, übernahmen erstmals Maschinen die Arbeit des Menschen. Wie kam es dazu und wie wirkte sich dies auf die weitere wirtschaftliche Entwicklung Mittelenglands aus?

Textilherstellung. Mit dem starken Anwachsen der Bevölkerung im 18. und 19. Jahrhundert entstand ein zunehmender Bedarf an Textilerzeugnissen. Die althergebrachte Fertigung von Stoffen in Handarbeit konnte den Bedarf nicht mehr befriedigen.

Die Erfindung der mechanischen Spinnmaschine (1767) und des mechanischen Webstuhls (1785) ermöglichte eine enorme Steigerung der Produktion. Um 1790 wurde in gleicher Zeit etwa doppelt so viel produziert wie 1740. Die einheimischen Rohstoffe Schafwolle und Flachs reichten nicht mehr aus. Baumwolle aus anderen Ländern kam als neuer Rohstoff hinzu.

Mit dem Übergang zur Maschinenarbeit wurden die früher in Heimarbeit tätigen Spinner und Weber zu Fabrikarbeitern. Anfangs wurden Wassermühlen zu Textilfabriken umgerüstet, weil die Maschinen mit Wasserkraft angetrieben wurden. Nach der Erfindung der Dampfmaschine (1769) war man aber nicht mehr auf den Wasserantrieb angewiesen. Nun entstanden überall in Mittelengland Fabriken mit großen Maschinensälen.

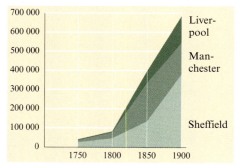

M 2 Bevölkerungsentwicklung Mittelenglands im 18./19. Jahrhundert

M 3 Einstiges Weideland für Schafe; es erweckt heute den Eindruck einer Parklandschaft

M 1 Standorte der Textilindustrie Mittelenglands im 19. Jahrhundert

Die „Spinning-Jenny" von JAMES HARGREAVES (1720–1778). Es war die erste funktionstüchtige mechanische Spinnmaschine.

Mittelengland – die Wiege der Industrie

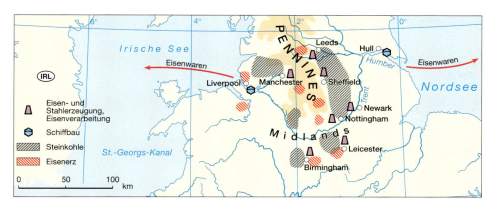

M 4 Standorte der britischen Eisen- und Stahlindustrie im 19. Jahrhundert

M 5 Mittelenglische Industrielandschaft im 19. Jahrhundert

Kohle, Eisen und Stahl. Neben der Herstellung von Textilien waren der Bergbau (Steinkohle, Eisenerz) und die Herstellung von Eisen traditionell in Mittelengland ansässig. Die Erfindung der Dampfmaschine löste auch in diesen Bereichen grundlegende Veränderungen aus.

Besonders der Maschinenbau entwickelte sich als aufstrebender Industriezweig enorm schnell. Er verbrauchte viel Eisen. Mit neuen Produktionsverfahren konnten bald immer größere Mengen Roheisen erzeugt werden. Auch die Veredelung von Roheisen zum viel härteren Stahl wurde erfunden.

Die für die Roheisengewinnung erforderliche Steinkohle wurde in tiefen Schächten abgebaut. Zum Abpumpen des Grubenwassers und zur Förderung der Steinkohle waren Pumpen und Transportanlagen erforderlich. Auch der Steinkohlenabbau förderte daher die Entwicklung des Maschinenbaus. Die in allen Industriezweigen massenweise benötigten Arbeitskräfte strömten in den rasch wachsenden Städten zusammen.

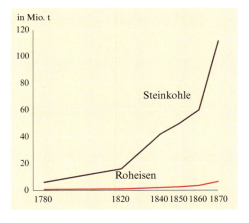

M 6 Steinkohleförderung und Roheisenproduktion in England (in Mio. t)

AUFGABEN

1. Suche die Städte Liverpool, Manchester und Sheffield auf der Atlaskarte und werte M 2 aus. Welche Ursachen führten zu dieser Entwicklung?
2. Werte M 1 und M 4 aus: Welche Industrien herrschten im 19. Jahrhundert in Mittelengland vor. Vergleiche mit der heutigen Situation (Atlas).
4. Beschreibe anhand des Bildes M 5, wie sich die Industrialisierung Mittelenglands auf die Entwicklung des Raumes auswirkte. Nutze auch M 3 und M 6.

Strukturwandel in Wales

Ähnlich wie im Mittelenglischen Industriegebiet lebten auch die meisten Menschen in Wales vom Bergbau oder von der Eisen- und Stahlindustrie. Heute sind die Berufe des Bergmanns oder des Stahlarbeiters selten geworden. Welche Veränderungen sind vor sich gegangen?

Ursachen des Wandels. Steinkohle aus anderen Ländern war billiger geworden als Steinkohle aus Wales. Folglich nutzte die Industrie ausländische Steinkohle. Der Abbau ging in Wales sehr stark zurück. Ähnlich war es auch in der Eisen- und Stahlindustrie. Viele der Industrieanlagen waren veraltet. Sie produzierten zu teuer. Ein Hochofen nach dem anderen wurde stillgelegt. Massenweise verloren walisische Bergleute und Hüttenarbeiter ihre Arbeitsplätze.

Die *Wirtschaftsstruktur* (↑) einer ganzen Industrieregion war in Veränderung. Innerhalb von 50 Jahren verschwanden 180 000 Arbeitsplätze in der Eisen- und Stahlindustrie. Etwa jeder 6. Arbeitnehmer war ohne Arbeit. Wales wurde zu einem Notstandsgebiet. Viele Jugendliche hatten keine Chancen für einen beruflichen Einstieg. Sie verließen ihr Heimatgebiet (*Abwanderung*) und suchten sich in anderen Gebieten Großbritanniens Beschäftigung. Ein Ziel der Abwanderung war der Großraum London.

Wirtschaftlicher Neubeginn. Die Entwicklung in der alten Industrieregion Wales war aber nicht nur durch Schließungen von Bergwerken und Betrieben der Eisenmetallurgie gekennzeichnet. In der Folgezeit kam es auch zu vielen Neugründungen von Firmen. Bis Ende der 1990er-Jahre entstanden dadurch über 300 000 neue Arbeitsplätze. Kennzeichnend für diese Prozesse war aber, dass die neuen Betriebe fast ausschließlich den Bereichen Elektrotechnik und Elektronik sowie Fahrzeugbau angehören. Solch ein Wandel in der Wirtschaftsstruktur einer Region wird als *Strukturwandel* (↑) bezeichnet.

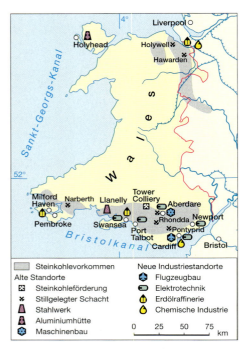

M 1 Alte und neue Industriestandorte in Wales

M 2 Entwicklung der Beschäftigtenzahlen in Wales

Beschäftigte der Eisen- und Stahlindustrie

1950	1970	1980	2000
200 000	120 000	60 000	20 000

Beschäftigte im Steinkohlenbergbau

Jahr	Anzahl der Bergleute	Anzahl der Bergwerke
1913	250 000	620
2000	200	1

M 3 Erzeugnisse der Elektronikindustrie von Wales

Strukturwandel in Wales

M 6 In einem Betrieb der Elektronik in Wales. Herstellung von Satellitenreciver.

M 4 *Die Walisische Entwicklungsgesellschaft (WDA).*
Zur Unterstützung des wirtschaftlichen Strukturwandels in Wales gündete die britische Regierung die Entwicklungsgesellschaft WDA. Für ihre Arbeit stehen 3 Ziele im Mittelpunkt:
1. Schaffung neuer Arbeitsplätze.
2. Förderung der Wettbewerbsfähigkeit walisischer Betriebe, damit sie gegenüber anderen Konkurrenten bestehen können.
3. Gewinnen ausländischer Firmen zur Ansiedlung von Zweigwerken in Wales.

Neue Betriebe siedeln sich an. Der Entwicklungsgesellschaft WDA gelang es, auf etwa 10 000 ha ehemaliger Industrie- und Bergbauflächen neue Industriebetriebe anzusiedeln. Es waren vor allem führende Wirtschaftsunternehmen aus dem Ausland, die auf diesen Flächen Zweigwerke einrichteten.

Vor dem Strukturwandel hatten lediglich 18 ausländische Firmen mit etwa 14 000 Arbeitskräften Zweigwerke in Wales (1950). Bis zum Jahre 2000 stieg die Zahl dieser Betriebe auf 450 mit über 100 000 Beschäftigten. Insbesondere im Zeitraum von 1980 bis 2000 erhöhte sich die Firmenanzahl sehr stark.
Auch deutsche Firmen siedelten sich mit Zweigwerken in Wales an. Seit 1980 stieg die Zahl von 19 auf über 65 Firmen. Jeder sechste deutsche Fertigungsbetrieb, der in Großbritannien Zweigwerke unterhält, siedelte sich in Wales an.

M 5 Beispiele für die Herkunftsgebiete neu angesiedelter Branchen und Firmen	
Branche	Land
Elektronische Industrie Fahrzeugbau	Japan
Maschinen- und Fahrzeugbau Elektronische Industrie Chemische Industrie	europäische Länder
Nahrungsmittelindustrie Fahrzeugbau	USA

M 7 Strukturwandel in Wales	
Standortvorteile im Industriegebiet Wales	Staatliche Hilfen zur Entwicklung der Wirtschaft in Wales
– viele erfahrene Industriearbeiter	– beim Verkauf der Erzeugnisse
– niedrige Lohnkosten	– durch Entwicklungsgesellschaften
– moderne Dienstleistungseinrichtungen	– durch Kredite für Unternehmen
– Zusammenarbeit von Forschung und Industrie	– bei der Ansiedlung ausländischer Betriebe

AUFGABEN

1. Nenne Ursachen für den Rückgang des Steinkohlenbergbaus und der Eisen- und Stahlindustrie in Wales (Text, M 2). Welche Auswirkungen hatte der Rückgang?
2. Welche Maßnahmen wurden zur wirtschaftlichen Entwicklung in Wales ergriffen (M 1, M 4 bis M 7). Gehe dabei auch auf die erzielten Ergebnisse ein.
3. Erkläre die Begriffe Wirtschaftsstruktur und Strukturwandel am Beispiel von Wales (Text).

Wirtschaftsräume in Großbritannien

Einerseits dicht beieinander liegende Industriestandorte und große Städte, andererseits weitverstreut liegende kleine Siedlungen in ländlich geprägten Räumen. Beides ist Großbritannien. Wie kommt es zu dieser unterschiedlichen Entwicklung von Räumen?

Verdichtungsräume. In Mittelengland und in Teilen von Wales entstanden vor mehr als 200 Jahren die ersten Fabriken der Textilindustrie, der Eisenmetallurgie und des Maschinenbaus. Betriebe dieser Industriezweige bestimmten über Jahrhunderte die Entwicklung dieser Region.

Heute haben in Mittelengland moderne Produktionsrichtungen diese alten Industriezweige verdrängt. Hightechindustrie (Elektronische Industrie) ist jetzt sehr stark vertreten. Auch Dienstleistungsunternehmen (Banken, Versicherungen, Handelseinrichtungen) sind hinzugekommen. Die über Jahrhunderte gewachsene Zusammenballung von Bevölkerung, Siedlungen und Industriebetrieben auf engem Raum hatte zwar ein neue wirtschaftliche Ausrichtung erhalten, blieb aber als wirtschaftlicher *Verdichtungsraum* (↑) erhalten. Ein engmaschiges Verkehrsnetz (Straße, Schiene) überzieht diesen Raum.

Verdichtungsräume europäischer Länder erstrecken sich in einer breiten Zone durch Europa. Ihrer Form wegen wird diese Zone mit einer Banane verglichen. Man nennt sie auch „blaue Banane".

Gebiete mit schwacher Wirtschaftskraft. Zu ihnen gehören meist ländlich geprägte Räume. Sie liegen oftmals weit entfernt von den wirtschaftlich starken Gebieten. Fehlende Rohstoffvorkommen oder eine ungünstige geografische Lage (Gebirge, Sümpfe o. a.) verhinderten in der Vergangenheit ihre Erschließung. Eine geringe Einwohnerzahl, wenige Siedlungen und fehlende Arbeitsmöglichkeiten erschweren das Leben in diesen Räumen. Sie sind deshalb oft Abwanderungsgebiete.

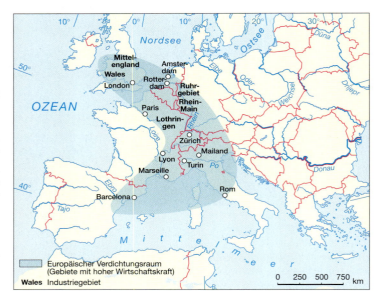

M 1 Wirtschaftlicher Verdichtungsraum in Europa („blaue Banane")

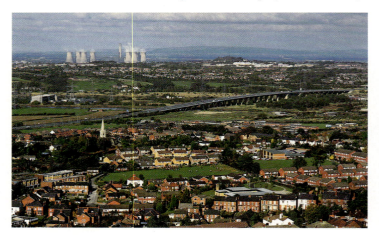

M 2 Industrielandschaft bei Manchester

M 3 Wichtige Merkmale von Gebieten mit unterschiedlicher Wirtschaftskraft

	Verdichtungs- raum	Gebiet mit schwacher Wirtschaftskraft
Städtische Entwicklung	+	–
Einwohnerdichte	+	–
Beschäftigte		
in der Industrie	+	–
in der Landwirtschaft	–	+
im Dienstleistungsbereich	+	–
Zuwanderung	+	–
Abwanderung	–	+

+ große Bedeutung   – geringere Bedeutung

Wirtschaftsräume in Großbritannien

Erdölförderung im Gebiet der Shetland-Inseln. Vor der Nordküste Großbritanniens liegen im Atlantischen Ozean die Shetland-Inseln. Jahrhunderte lang lebten die Menschen hier vom Fischfang und von der Schafzucht. Dies änderte sich um 1970, als man begann, nordöstlich der Inseln Erdöl aus dem Meeresboden zu fördern. Welchen Einfluss hat die Ölförderung auf die Landschaft und das Leben der Menschen?

Auf den Shetland-Inseln hat sich durch die nahe gelegene Erdölförderung vieles stark verändert: Erdölleitungen führen von den Bohrinseln im Meer zur Küstenstadt Sullom Voe. Hier nehmen riesige Tanklager das Öl auf. Rohrleitungen, Betonflächen, Hafenbecken für Tankschiffe, Pumpstationen, Verwaltungsgebäude, Lagerhallen und neue Siedlungen für die Erdölarbeiter prägen heute das Bild der Stadt.

Ein Fischer
Ich mache mir Sorgen wegen der Verschmutzung des Meeres durch Erdöl. Davon sind wir Fischer als erste betroffen, denn die Fischbestände gehen zurück. Vorteilhaft ist die Erdölförderung aber, weil jetzt mehr Menschen hier leben als früher. Dadurch kann ich mehr Fisch verkaufen.

Eine Naturschützerin
Man darf nicht nur an wirtschaftlichen Gewinn denken, den die Erdölförderung bringt. Zum Leben gehört auch die Natur und die wird stark belastet. Immer mehr Flächen werden verbaut. Unfälle bei der Förderung oder dem Transport des Erdöls könnten die Natur auf lange Zeit schädigen.

Ein Jugendlicher
Die Erdölindustrie bringt Arbeitsplätze. Ohne sie könnte ich hier nur sehr schwer Arbeit finden. Ich hätte wegziehen müssen. Aber hier gibt es meine Familie und meine Freunde. Ich lebe gern hier. Man verdient auch gar nicht so schlecht.

Ein Erdölarbeiter
Meine Vorfahren waren alle Fischer. Auch ich habe als Fischer gearbeitet. Auf der Bohrinsel verdiene ich viel mehr Geld. Davon kann ich meine Familie ernähren. Also habe ich meinen Fischkutter verkauft. Wir leben jetzt nicht schlecht. In meinem Inneren bin ich aber immer noch Fischer. Mein jüngster Sohn weiß heute kaum noch etwas vom Leben eines Fischers.

Der Bürgermeister
Unser Ort hat über die Jahre viel Nutzen von der Erdölindustrie gehabt. Die Firmen zahlen an uns Steuern, die Arbeitslosigkeit ist zurückgegangen. Die Jugendlichen zogen nicht mehr weg. Unser Ort ist größer und schöner geworden. Es gibt viele Freizeiteinrichtungen. Die Leute leben gern hier. Aber eine Sorge bleibt: die Belastung der Umwelt.

Ein Manager der Erdölindustrie
Manche Einwohner sind gegen uns. Sie sagen, dass wir mit unseren Industrieanlagen die Schönheit der Insel zerstören. Aber was wäre denn, wenn wir nicht hier wären? Dann würde doch kaum jemand hier noch wohnen; Jugendliche sowieso nicht.
Mit Fisch kann man doch heutzutage kein Geld mehr verdienen.

M 4 Meinungen von Bewohnern der Shetland-Inseln zur Erdölförderung

AUFGABEN

1. Beschreibe die Ausdehnung des europäischen Verdichtungsraumes (M 1) Beachte die betroffenen Großräume Europas.
2. Ordne mithilfe von Atlaskarten den Gebietstypen „Verdichtungsraum" und „Gebiet mit schwacher Wirtschaftskraft" je zwei Beispiele aus Großbritannien zu. Orientiere dich auch an M 1.
3. Vergleiche Verdichtungsräume und wirtschaftlich schwach entwickelte Gebiete anhand ihrer Merkmale (M 3).
4. Setzt euch in einem Rollenspiel mit den unterschiedlichen Meinungen zur Erdölförderung bei den Shetland-Inseln auseinander (M 4).

Wir erkunden Großbritanniens Hauptstadt

Die britische Hauptstadt London hat zusammen mit ihrem Umland mehr als 7 Millionen Einwohner. Das sind etwa doppelt so viele Einwohner wie Berlin hat. Was verstehen wir unter Stadt und Umland? Wie sieht es in der City von London aus?

Bevölkerung. London ist das politische Zentrum des Vereinigten Königreichs von Großbritannien und Nordirland. Die Stadt wirkt auf die Bevölkerung Großbritanniens wie ein Magnet. Aus allen Teilen des Landes ziehen viele Menschen nach London. Sie siedeln sich in der Stadt oder deren **Umland** an. Große Ströme von Zuwanderern ließen im Umland der Stadt viele neue Städte entstehen. Von da pendeln die Einwohner dann täglich zur Arbeit in die Innenstadt.

In London sind aber auch Menschen aus anderen Ländern zu Hause. Viele von ihnen sind Chinesen, Inder oder Jamaikaner. Sie kamen aus ehemaligen britischen Besitzungen (**Kolonien** ↑). Heute bewohnen Zuwanderer aus gleichen Herkunftsländern häufig dieselben Stadtteile, wie z. B. Inder den Stadtteil Southall oder Chinesen Soho.

Inner-London. Das zentrale Stadtgebiet Londons (Inner-London) ist der am dichtesten bebaute Teil der Stadt. Er gliedert sich in zwei Citys:
– die City of London. Sie ist der kleinste, aber älteste Teil der Stadt. Hier befinden sich Banken, die Börse, viele Firmensitze und auch der Hauptsitz von Lloyds, der ältesten Versicherungsgesellschaft der Welt.
– die City of Westminster. In diesem Teil befinden sich das Regierungsviertel und der Buckingham Palace, der Sitz der britischen Königsfamilie.
Das Parlamentsgebäude (Houses of Parliament) steht unmittelbar am Ufer der Themse. Zu ihm gehört der 96 Meter hohe Uhrturm Big Ben. Er ist das Wahrzeichen Londons.
Im Gebäude Downing Street Nr. 10 hat der Premierminister, das Oberhaupt der britischen Regierung, seinen Wohn- und Amtssitz.

M 1 Blick auf die St. Paul's Cathedral

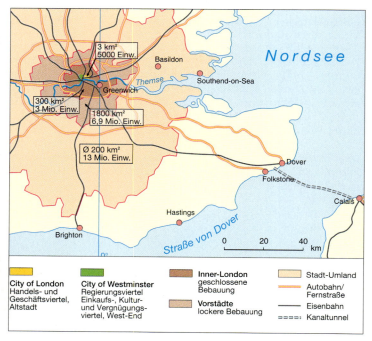

M 2 Stadtgebiet von London und sein Umland

Wir erkunden Großbritanniens Hauptstadt

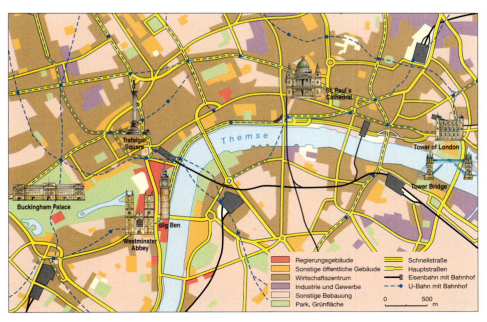

M 3 Inner-London (Ausschnitt)

Kultur und Verkehr. Der Trafalgar Square ist ein Ausgangspunkt für Stadtrundfahrten mit den roten Doppelstockbussen. An vielen Sehenswürdigkeiten befinden sich Haltestellen, so vor der St. Paul's Cathedral, der Westminster Abbey, der National Gallery und vor Madame Tussaud's Wachsfigurenkabinett.
In London gibt es sechs weltberühmte Orchester. Annähernd 100 Theater, Universitäten und Colleges, viele Fernseh- und Rundfunkanstalten, Zeitungs- und Buchverlage sind hier ansässig.
Auf den Straßen Inner-Londons gehört Stau zur Normalität. Taxis, Linienbusse und Privatautos verstopfen die Straßen. Wer schneller vorankommen will, nutzt eine der zahlreichen U-Bahnlinien. Die Londoner U-Bahn (Tube genannt) ist die älteste der Welt. Es gibt sie bereits seit 1863. Ihr Streckennetz hat eine Länge von 440 km mit 280 Bahnhöfen.
Auch das Umland der Stadt ist verkehrsmäßig eng mit der City verbunden. Die Menschen wohnen hier in Siedlungen mit meist kleineren Häusern, die von Gärten umgeben sind. Zur Arbeit pendeln viele von ihnen in die Innenstadt.

M 4 Stadt-Umland-Beziehungen

AUFGABEN
1. Weise nach, dass London und sein Umland das Bevölkerungszentrum Großbritanniens ist (M 2).
2. Beschreibe anhand M 2 und M 4 die Gliederung des Stadtgebietes von London. Berücksichtige auch die Beziehungen zwischen den Teilgebieten.
3. Lege in deinem Geografiheft eine Tabelle an und trage die im Text und in M 3 genannten Gebäude ein. Ordne sie nach ihrer Funktion: a) politische Funktion, b) kulturelle Funktion, c) wirtschaftliche Funktion.
4. Wählt euch ein Thema über London aus, über das ihr gern mehr wissen möchtet. Sammelt in Partnerarbeit Informationsmaterial zu diesem Thema und gestaltet damit ein Poster. Berichtet der Klasse anhand des Posters über eure Ergebnisse.

Waren und Personen auf dem Weg durch Westeuropa

Der Transport von Waren und Personen gehört zu unserem Alltag. Wir leben in einem mobilen Zeitalter. Alles und jeder ist in Bewegung. Viele Waren, die wir im Supermarkt angeboten bekommen, haben einen langen Weg vom Erzeuger zum Handel zurückgelegt. Täglich sind Personen mit dem Auto, der Bahn oder dem Flugzeug unterwegs. Nicht selten haben Reisende ferne Länder als Ziel.
Das Thema unserer Projektarbeit lautet deshalb „Waren und Personen auf dem Weg durch Westeuropa".

Ein Einkaufswagen in einem Supermarkt irgendwo in Westeuropa

Zur Eingrenzung des Themas
Weil dieses Thema sehr umfangreich ist, wollen wir es weiter eingrenzen. Die Materialien auf diesen beiden Seiten sollen euch dabei eine Hilfe sein. Beispiele für die Eingrenzung können sein:
– Warum werden Waren durch Europa transportiert?
– Warum sind Personen unterwegs?
Welche Verkehrsmittel werden für den Transport ausgewählt?
Welche Verkehrswege werden gewählt und wie lang sind die Transportzeiten?

Zum Vorgehen bei der Projektarbeit.
Zur Vorbereitung
1. Sammeln von Themenvorschlägen, aus denen das endgültige Thema ausgewählt wird
2. Festlegen der Teilnehmer
3. Aufstellen eines Zeitplans
4. Planen der Ergebnisvorstellung

Zur Durchführung
1. Bilden von Arbeitsgruppen
2. Festlegen und Zuordnen von Aufgaben
3. Besorgen des Materials, Durchführen von Erkundungen
4. Zusammenstellen der Arbeitsergebnisse und deren Überprüfung

Zum Vorstellen der Ergebnisse
Alle Mitschüler sollten über die Ergebnisse eurer Projektarbeit informiert werden. Deshalb solltet ihr die Ergebnisse möglichst interessant und anschaulich aufbereiten und vorstellen. Geeignet könnten sein:
1. ein sachlicher Vortrag
2. eine Bildergeschichte
3. eine Fotoreportage
4. ein Expertengespräch, in dem ihr selbst die Experten seid
5. ein Fernsehbericht, den ihr auf Video aufgezeichnet habt
6. ein Rollenspiel

Ihr solltet die Ergebnisse der Projektarbeit schriftlich festhalten, damit sie auch später noch genutzt werden können. Folgende Speicherformen wären möglich:
1. Wandzeitung oder Poster
2. Schaubild
3. Collage
4. Bildchronik
5. Mappe
6. Computeraufzeichnung

Welche Form ihr für die Zusammenstellung der Ergebnisse und für die Präsentation wählt, das hängt von euren Aufgaben und dem Ergebnismaterial ab.
Auf jeden Fall solltet ihr schon bei der Auswahl der Aufgaben überlegen, welche Ideen ihr verwenden könnt. Denkt auch an die Einbeziehung geeigneter Helfer (Lehrer, Eltern, Mitschüler u. a.).

Projektarbeit 65

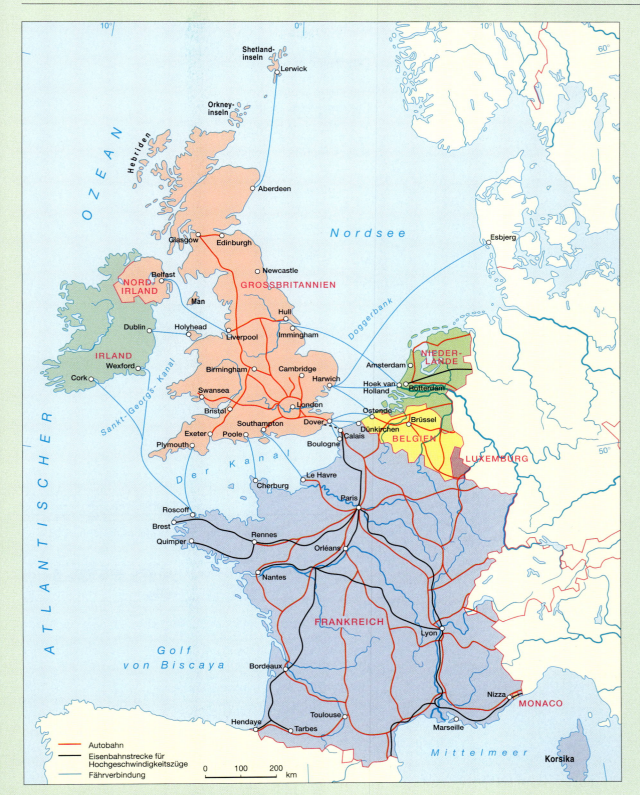

M 1 Wichtige Verkehrsverbindungen in Westeuropa

Der Euro-Tunnel

Seit mehr als 200 Jahren gab es den Wunsch, Großbritannien und das europäische Festland miteinander zu verbinden. Aber erst im 20. Jahrhundert wurde dieser Traum Wirklichkeit. Nach sieben Jahren Bauzeit fuhr im Mai 1994 der erste Zug durch den Euro-Tunnel.

Die Züge unterqueren mit einer Geschwindigkeit von 160 km/h die Straße von Dover (Kanal).
Die Länge des Tunnels beträgt 50,5 km, von denen 37,9 km unter dem Kanal verlaufen. Der tiefste Punkt wird 115 m unter dem Meeresspiegel erreicht.

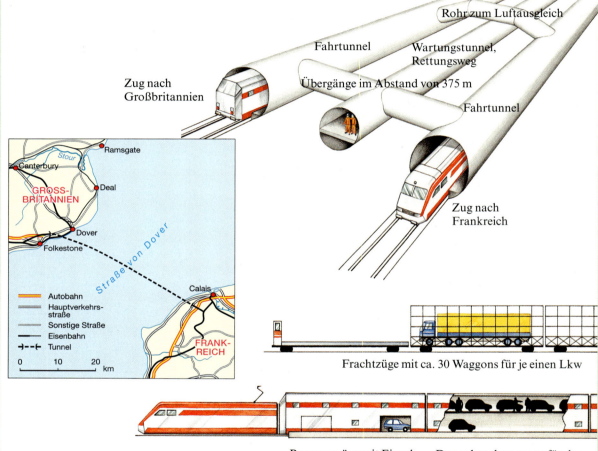

Frachtzüge mit ca. 30 Waggons für je einen Lkw

Personenzüge mit Einzelwaggons für je einen Bus

Doppelstockwaggons für den Transport von je 10 Autos.

M 2 Euro-Tunnel und Fährverkehr im Vergleich				
Verkehrsmittel	Fahrzeit	Zeit zum Ein- und Aus-Checken	Anzahl der Fahrten Sommer	Winter
Fähre	75 Minuten	50 Minuten	35 Fahrten/Tag	30 Fahrten/Tag
Schnellfähre (nur Pkw-Beförderung)	50 Minuten	50 Minuten	14 Fahrten/Tag	5 Fahrten/Tag
Bahn durch den Euro-Tunnel	35 Minuten	45 Minuten	6 Fahrten/Stunde	5 Fahrten/Stunde

Eisenbahnverkehr. Die großen Städte Frankreichs sind durch den Hochgeschwindigkeitszug TGV (Train á grande Vitesse) miteinander verbunden. Zentrum des TGV-Netzes ist die Hauptstadt Paris. Die durchschnittliche Reisegeschwindigkeit des TGV beträgt 300 km/h. Dazu benötigt er aber eine besonders ausgebaute Streckenführung mit wenig Kurven und Steigungen.

M 3 *Der TGV.*
Innerhalb von fünf Jahren wurde eine neue Bahnstrecke für den superschnellen TGV gebaut. Sie führt von Paris in das 783 km entfernte Marseille. Der neue Zug heißt „Méditerranné".
Am 10. Juni 2001 wurde die neue Zugverbindung in Paris eröffnet. Die Fahrzeit dauert nur drei Stunden, bis das Ziel an der Mittelmeerküste erreicht ist. Der TGV benötigt je Reisenden nur ein Drittel der Energie, die ein Auto für die gleiche Strecke verbrauchen würde bzw. ein Sechstel des Energieverbrauchs eines Flugzeugs. Damit der Zug die hohen Geschwindigkeiten ausfahren kann, musste die Streckenführung geradlinig gebaut werden. Ortschaften an der Bahnstrecke wurden abgerissen und ihre Einwohner umgesiedelt. Auch geschützte Vogelarten, Biber und seltene Froscharten mussten umziehen. Behutsam wurden sie in anderen Räumen ausgesetzt.
Eine andere TGV-Verbindung führt von Calais nach Marseille. Für die 1 076 km lange Strecke benötigt der Zug 4 Stunden und 20 Minuten. So ein System von superschnellen Zügen gibt es bisher nur in Frankreich. Pläne für weitere Fahrtziele in Europa bestehen bereits. TGV-Strecken sollen von Frankreich auch nach Italien, Spanien, Schweiz und Deutschland führen.
(Nach Zeitungsmeldungen im Juni 2001)

Autobahnen. Frankreich verfügt auch über ein gut ausgebautes Autobahnnetz, in dessen Zentrum ebenfalls Paris liegt. Ihre Benutzung ist – bis auf wenige Ausnahmen in der Umgebung größerer Städte – gebührenpflichtig. Die Höchstgeschwindigkeit beträgt 130 km/h.

M 4 Eröffnung der TGV-Strecke Paris – Marseille

M 5 Hochgeschwindigkeitsstrecken in Frankreich

AUFGABEN
1. Mr. McDurmont aus Edinburgh möchte mit seiner Familie den Sommerurlaub auf der Insel Korsika verbringen. Wie kann er zu seinem Ferienziel gelangen?
2. Welchen Transportweg muss Wein aus Bordeaux bis zu einem Supermarkt in Luxemburg zurücklegen?
3. Eine Speditionsfirma soll Verpackungsmaschinen von Köln nach Birmingham fahren. Stellt eine günstige Fahrtroute zusammen.

Paris und sein Umland

In Paris trifft man Menschen aus aller Welt. Als Touristen oder Geschäftsreisende sind sie Gast der französischen Metropole. Aber auch viele Franzosen kommen in ihre Hauptstadt. Nicht wenige von ihnen bleiben für immer hier. Weshalb hat Paris eine solche Anziehungskraft und wie wirkt sich das auf die Stadtentwicklung aus?

Metropole Paris. Paris entwickelte sich früh zu einer Handelsstadt, die sich zu beiden Ufern der Seine ausdehnte. Bereits um 1200 lebten mehr als 100 000 Menschen hier. Um diese Zeit wurde auch die Universität Sorbonne gegründet.
Mittelpunkt der Stadt war die Seineinsel (Île de la Cité). Um sie herum wuchs die Stadt nach außen. Regierungsviertel, Universitätsviertel, Wohn- und Industriegebiete entstanden. Bibliotheken, Kirchen, Museen, Theater, Varietés, Straßencafés, breite Boulevards und Parkanlagen – all das macht die besondere Atmosphäre der Stadt aus. Viele Weltausstellungen fanden hier statt. An die von 1889 erinnert der Eiffelturm – das Wahrzeichen der Stadt.

M 2 *Aus einem Brief von René aus Paris.*
Lieber Frank,
ich freue mich sehr auf deinen Besuch in den Sommerferien. Du findest auf dem Stadtplan einige Sehenswürdigkeiten meiner Heimatstadt, die ich dir zeigen möchte. Hast du Lust, die Mona Lisa im Louvre zu besuchen? Oder weißt du gar nicht, wer das ist? Wir können uns auch die Stadt aus 327 m Höhe vom Eiffelturm aus ansehen? Auch eine Bootsfahrt auf der Seine ist schön. Ganz toll gefällt es mir im Vergnügungspark Euro-Disney und im Parc Astérix.
Vielleicht besuchen wir auch deinen Bruder, der an der Sorbonne studiert. Schreibe bald, damit ich einen Besichtigungsplan entwerfen kann.
Dein René

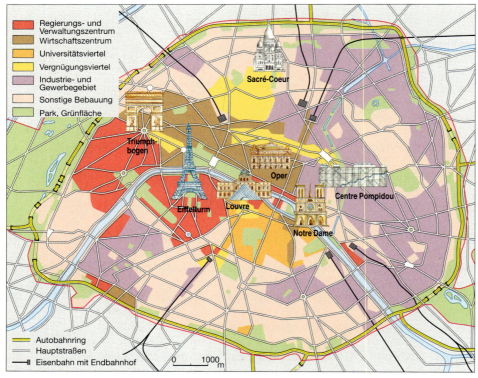

M 1 Plan der Innenstadt von Paris (Ausschnitt)

Paris und sein Umland

Stadt und Umland von Paris. Mit dem verstärkten Ausbau der Industrie entwickelte sich die Stadt Paris seit 1900 besonders schnell. Die Zahl der Groß- und Hochbauten wuchs. Etwa um 1950 wurde der massive Zuzug neuer Einwohner zu einem ernsten Problem. Trotz Ausdehnung der Stadtfläche standen nicht genug Wohnungen zur Verfügung. Die in Eile errichteten Wohngebiete dienten vorrangig als „Schlafstädte", denn tagsüber waren die meisten Einwohner an ihren Arbeitsstätten in der Stadt.

Zur Verbesserung der Situation beschloss der französische Staat ein Programm zum Aufbau völlig neuer Städte (Ville Nouvelle) im Umland von Paris, die im Gegensatz zu den bisherigen Wohngebieten auch über Arbeitsstätten, Schulen, Krankenhäuser, Dienstleistungseinrichtungen und Einkaufsstätten verfügen. Sie entstanden in einer Entfernung von 20 bis 60 km zum Zentrum von Paris. Autobahnen, Straßen und Schienenwege verbinden die neuen Städte mit der Metropole. Ein Autobahnring umschließt das Stadtzentrum.

Heute haben Paris und sein Umland etwa 11 Millionen Einwohner. Fast jeder 5. Einwohner Frankreichs lebt in diesem Verdichtungsraum. Und der Zuzug hält immer noch an. Seine Bedeutung wird auch dadurch unterstrichen, dass über die Hälfte der größten französischen Unternehmen hier ihren Sitz haben.

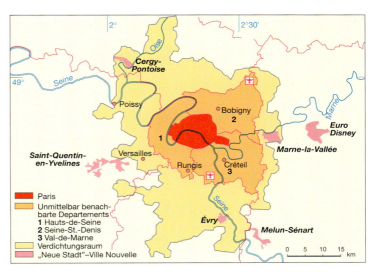

M 4 Paris und sein Umland

M 5 Paris. Blick von Notre Dame zum Eiffelturm.

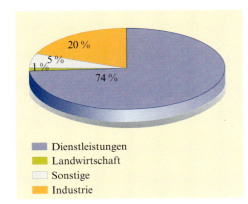

M 3 Beschäftigtenanteile in Paris (2000)

AUFGABEN

1. Beschreibe das Bild von Paris (M 5). Orientiere dich auch am Plan (M 1).
2. Sammle Bildmaterial und Informationen zu Sehenswürdigkeiten in Paris und schreibe einen Antwortbrief an René, in dem du deine Besichtigungswünsche nennst.
3. Erläutere, wie sich die massenweisen Zuzüge nach Paris auf die Entwicklung der Hauptstadtregion auswirken (Text, M 4).
4. Werte das Diagramm zur Beschäftigtenstruktur von Paris aus (M 3). Überlege, ob es auch auf London zutreffen könnte.

Industriegebiete in Frankreich

Französische Produkte haben auch in Deutschland einen guten Namen. Denken wir beispielsweise an Autos, Kosmetik, modische Kleidung oder Nahrungsmittel. Die Erzeugnisse lassen sich recht gut unterschiedlichen Industriegebieten Frankreichs zuordnen. Wo liegen wichtige Industriegebiete Frankreichs und weshalb haben sie sich da herausgebildet?

Herausbildung von Industriestandorten. Industriebetriebe werden nicht an beliebigen Standorten gegründet. Sie wählen immer den Produktionsstandort, an dem die wirtschaftlich günstigsten Voraussetzungen vorhanden sind. Diese Voraussetzungen, die für die Wahl eines Standortes von Bedeutung sind, nennt man *Standortfaktoren* (↑).
Standortfaktoren können sehr unterschiedlicher Art sein: Rohstoffvorkommen, ein gut ausgebautes Verkehrsnetz, gut ausgebildete Arbeitskräfte, in der Nähe befindliche Abnehmer für die Waren u. a.
Im Laufe von Jahrzehnten entstanden entsprechend den verschiedenartigen Standortansprüchen von Produktionsbetrieben Industriegebiete, in denen bestimmte Produktionen vorherrschen.

Gebiete mit vielseitiger Industrie. Dazu gehören der Verdichtungsraum in der Hauptstadtregion Paris (Île de France) sowie der Raum Lyon – St Étienne.
Wichtige Standortfaktoren für die Herausbildung des Wirtschaftsraums *Paris und Umland* waren das große Angebot an qualifizierten Arbeitskräften, an Forschungseinrichtungen und natürlich der in unmittelbarer Nähe befindliche große Absatzmarkt für die Waren. Dieser Wirtschaftsraum wächst immer noch stark an.
Die Stadt Paris gilt als das führende Modezentrum der Welt. Eng verbunden mit der Modebranche ist die Parfümherstellung, die ebenfalls traditionell in Paris zu Hause ist.
Neue Industriestandorte siedelten sich insbesondere im Umland von Paris an. Sie bieten viele Arbeitsplätze und fördern die wirtschaftliche Entwicklung dieses Raumes. Die Hauptstadtregion hat einen Anteil von über 15 % der gesamten Produktion in der mechanischen Industrie, der Elektroindustrie und der Elektronik, des Fahrzeugbaus sowie des Flugzeug- und Schiffbaus Frankreichs.
Der Raum *Lyon – St. Etienne* ist nach Paris traditionell der zweitwichtigste Industrieraum Frankreichs. Lyon ist seit

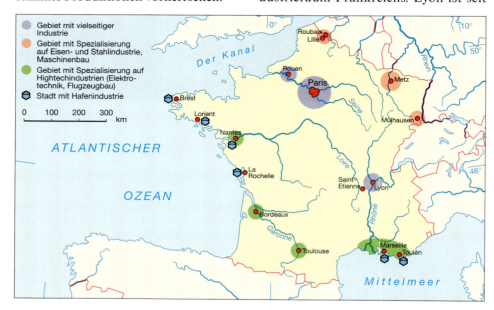

M 1 Industriegebiete in Frankreich

altersher der Hauptsitz der französischen Textilindustrie. Die Seidenweberei stand in enger Verbindung mit der Zucht von Seidenraupen in diesem Gebiet. Heute verarbeiten die großen Textilbetriebe fast ausschließlich Fasern aus der chemischen Industrie. Früher lieferten vor allem Wasserkraftwerke die Energie zum Betreiben der Maschinen. Heute produzieren Wasserkraftwerke, Wärmekraftwerke auf Erdölbasis sowie Kernkraftwerke (Atomkraftwerke) Elektroenergie.

St. Etienne ist das Zentrum des Kohlebergbaus im Loire-Becken. Heute sind vor allem Metallindustrie und Maschinenbau von Bedeutung.

Gebiete mit Spezialisierung auf Eisen- und Stahlindustrie. Zu ihnen gehören die alten Industriegebiete Frankreichs. Sie entstanden dort, wo die Rohstoffe Steinkohle und Eisenerz im Bergbau abgebaut wurden. Weil der Transport dieser Massengüter sehr aufwändig ist wurden die Rohstoffe in unmittelbarer Nähe der Bergbaustandorte aufbereitet: Roheisengewinnung, Veredlung des Eisens zu Stahl, Verarbeitung des Stahls zu Rohren, Trägern, Blechen, Drähten usw. Diese alten Industriestandorte liegen vor allem im Nordosten des Landes.

Standorte der Hafenindustrie. Für diese Industrien ist der Hafen der entscheidende Standortfaktor. Ein Beispiel dafür ist der Schiffbau. Die erforderlichen Bauteile (Bleche, Stahlgerüste, elektronische Geräte) stellen Zulieferbetriebe bereit, die nicht unbedingt in Hafennähe liegen. Andere Betriebe nutzen die unmittelbare Nähe des Warenumschlags. Sie verarbeiten die hier ankommenden Waren.

Standorte der Hightechindustrie. Neben Paris ist heute auch das Gebiet, das sich bogenförmig von Nantes im Westen über Bordeaux und Toulouse bis nach Marseille im Süden erstreckt, eine Wachstumsregion. Hier haben sich Standorte der Hightechindustrie angesiedelt. Sie stellen Produkte wie Computer oder Steuerungssysteme her, ohne die eine moderne Wirtschaft nicht mehr denkbar ist. Die Produktion erfolgt in enger Verbindung von Wirtschaft und Wissenschaft.

M 2 Ein Kernkraftwerk im Tal der Rhône

M 3 Flugzeugbau in Toulouse

AUFGABEN

1. Beschreibe die Lage der wichtigsten französischen Industriegebiete auf der Karte (M 1) und ordne ihnen mithilfe einer Atlaskarte Industriezweige zu.
2. Erkläre am Beispiel eines französischen Industriegebietes, wie die Standortfaktoren die Ansiedlung von Industriezweigen beeinflussen (Text, M 1).
3. Zeichne eine Kartenskizze von Frankreich und trage die Zone der ältesten und der modernsten Industriestandorte ein (Text, Atlas).

Wein, Käse und vieles mehr – die französische Landwirtschaft

Der Bürgermeister von Dijon hat Gäste aus europäischen Partnerstädten zum Essen eingeladen. Voller Stolz bietet er seinen Gästen ein Festessen an, das aus typisch französischen Landwirtschaftsprodukten besteht. Weshalb kann er so stolz auf die französische Landwirtschaft sein?

In weiten Landesteilen Frankreichs ermöglichen gute Böden hohe Ernteerträge. Außerdem begünstigt das Seeklima das Wachstum der Pflanzen. Sie erhalten in der Hauptwachstumszeit ausreichend Feuchtigkeit. Die einzelnen Regionen haben sich auf bestimmte Anbauprodukte spezialisiert.

Die Bretagne und die Normandie. Das Seeklima ermöglicht in diesen Gebieten den ganzjährigen Anbau von Gemüse im Freien. Vor allem Kohlarten und Artischocken gedeihen in der salzhaltigen Meeresluft. Sie werden dadurch sogar besonders lagerfähig.
Ein spezielles Erzeugnis dieser Gebiete ist der Cidre, ein Apfelwein. Da die Temperaturen für den Anbau von Weintrauben nicht ausreichen keltert man hier eben einen Wein aus Äpfeln, denn Obst gedeiht hier gut.

Die Täler der Loire, der Garonne und der Rhône. In den Tallagen herrscht ein mildes Klima, das für den Anbau von Sonderkulturen besonders gut geeignet ist. Hier sind die Gebiete des Weinanbaus.
Im Raum Bordeaux und im Burgund sind die Sommertemperaturen nicht so hoch wie am Mittelmeer. Rote Weinsorten bevorzugen dieses Klima. Die hier angebauten Weine tragen die Namen ihrer Anbaugebiete: Bordeaux und Burgund.
Die Stadt Cognac ist das Zentrum der Weinbrandherstellung. Nur Weinbrand aus Cognac darf auch den Markennamen Cognac tragen.
Im Tal der Loire und der Rhône werden bevorzugt Obst und Gemüse, zum Teil auch Reis und Oliven angebaut.

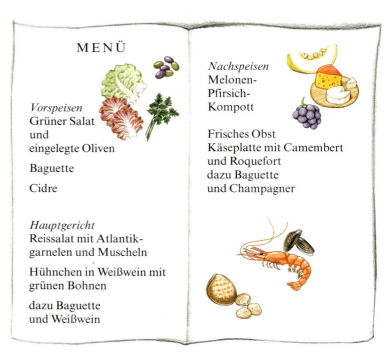

M 1 Die Karte des Festmenüs

M 2 Weinanbau an der Loire

Wein, Käse und vieles mehr – die französische Landwirtschaft

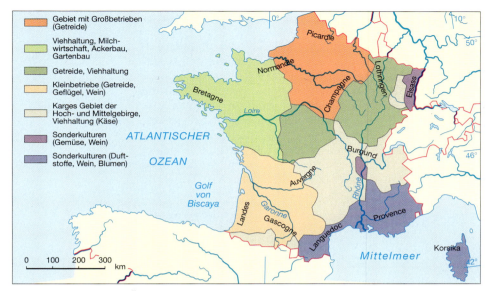

M 4 Landwirtschaftsgebiete in Frankreich

Legende:
- Gebiet mit Großbetrieben (Getreide)
- Viehhaltung, Milchwirtschaft, Ackerbau, Gartenbau
- Getreide, Viehhaltung
- Kleinbetriebe (Getreide, Geflügel, Wein)
- Karges Gebiet der Hoch- und Mittelgebirge, Viehhaltung (Käse)
- Sonderkulturen (Gemüse, Wein)
- Sonderkulturen (Duftstoffe, Wein, Blumen)

Der Norden und das Zentrum Frankreichs. Hier sind die Hauptanbaugebiete für Getreide. Die Landwirtschaftsbetriebe sind meist über 200 ha groß. Sie bauen Weizen und Mais, aber auch Zuckerrüben und Futterpflanzen an. Der Weizen ist das Brotgetreide Frankreichs.

Viele Landwirtschaftsbetriebe sind auch auf die Milchviehhaltung spezialisiert. In Betrieben der Nahrungsmittelindustrie wird die Milch vor allem zu Butter und Käse verarbeitet.

Camembert, Brie und viele andere Käsesorten sind französische Spezialprodukte, die es auch bei uns zu kaufen gibt.

M 5 Weizenanbau in der Normandie

M 3 Landwirtschaftliche Produktion im Vergleich (2000)

Produkt	Frankreich	Deutschland
Fleisch	6,3 t	5,8 t
Rinder	20,3 St.	16,7 St.
Schafe	10,1 St.	2,3 St.
Schweine	14,9 St.	24,3 St.
Getreide	67,7 St.	44,6 t
Mais	14,4 t	2,7 t
Reis	0,1 t	–
Weizen	39,8 t	20,0 t
Milch	24,9 t	28,7 t
Käse	1,6 t	1,5 t
Trauben	7,1 t	1,3 t
Wein	5,1 t	0,8 t

Die Angaben erfolgen in Mio. t bzw. Stück.

AUFGABEN

1. Lies die Menü-Karte vom Festempfang des Bürgermeisters. Finde heraus, aus welchen Regionen Frankreichs die Produkte stammen könnten (M 1).
2. Stellt für eine Klassenfeier selbst ein französisches Menü zusammen. Erkundet, welche französischen Produkte ihr im Supermarkt kaufen könnt. Prüft, aus welchen Regionen sie kommen (Text, M 1, M 4, Atlas)?
3. Suche die in M 2 und M 5 gezeigten Anbaugebiete auf einer Atlaskarte. Überlege, weshalb gerade diese Pflanzen hier angebaut werden.
4. Vergleiche die landwirtschaftliche Produktion Frankreichs und Deutschlands. Notiere die Unterschiede in deinem Heft (Atlas, M 3).

Rotterdam – Europas Tor zur Welt

An der Mündung von Rhein und Maas in die Nordsee befindet sich der größte Handelshafen Europas – Rotterdam. Weshalb hat der Rotterdamer Hafen eine große Bedeutung für Europa?

Noch vor hundert Jahren war der Rotterdamer Hafen ein unbedeutender Binnenhafen am Zusammenfluss von Maas, Schie und dem Flüsschen Rotte. Erst mit dem Durchstich des Nieuwe Waterweg erhielt der alte Hafen einen direkten Zugang zur Nordsee. Nun konnten Hochseeschiffe bis nach Rotterdam fahren. Das war von großer Bedeutung für die Industriestandorte im Binnenland. Konnten doch nun beispielsweise Maschinen und Stahlerzeugnisse, die auf Binnenschiffen aus dem Ruhrgebiet nach Rotterdam gebracht wurden, ohne langes Zwischenlagern auf Seeschiffe umgeladen werden.

M 1 Im Hafen von Rotterdam

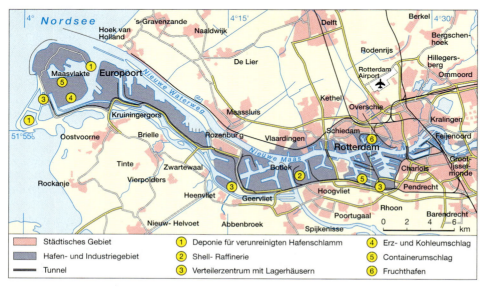

M 2 Der Rotterdamer Hafen mit dem Europoort

Rotterdam – Europas Tor zur Welt

Im Rotterdamer Hafen. Zwischen 1945 und 1968 wurde das Hafengelände ständig erweitert und ausgebaut. Mit der Errichtung des Europoort nahe der Mündung des Nieuwe Waterweg in die Nordsee hat das Hafengebiet seine bisher größte Ausdehnung erreicht. Heute werden im Hafen jährlich etwa 36 000 Hochseeschiffe und 120 000 Binnenschiffe abgefertigt.

Hafenanlagen. Die Rotterdamer Hafenanlagen sind ähnlich wie im Hamburger Hafen spezialisiert. Im Unterschied zum Hamburger Hafen gibt es aber keine Schleusen oder Tore vor den Hafenbecken, weil der Tidenhub hier nur 1,50 Meter beträgt. Probleme für den Schiffsverkehr bereitet jedoch immer wieder die Versandung der Fahrrinne durch die Maas. Sie muss in regelmäßigen Abständen ausgebaggert werden. Schiffe mit 20 Meter Tiefgang könnten sonst nicht bis zu den Hafenbecken gelangen. Der abgesaugte Sand und Schlamm wurde zur Aufschüttung von Hafenflächen genutzt.

Moderne Umschlagverfahren (Container, Roll on – Roll off) ermöglichen ein gleichzeitiges Be- und Entladen. Damit verkürzen sich die Liegezeiten der Schiffe im Hafen. Hochseeschiffe fahren oft als so genannte Trampschiffe. Sie nehmen ihre Ladung an Bord, bringen sie zum Bestimmungshafen, nehmen dort wieder Ladung auf und fahren zum nächsten Hafen. Trampschiffe kehren manchmal nur einmal im Jahr nach Rotterdam zurück.

Hafenindustrie. Im Hafengelände haben sich sehr viele Industriebetriebe angesiedelt. Sie verarbeiten gleich hier die ankommenden Rohstoffe. Das spart viele Kosten, weil zusätzliche Transporte des Rohstoffs zum Verarbeitungsbetrieb entfallen. Die Fertigwaren werden dann an ein Verteilerzentrum im Hafengelände geliefert. Von den Lagerhäusern werden die Güter auf dem Straßen-, Schienen- oder Wasserweg direkt zum Abnehmer transportiert.

M 3 Im Containerhafen

M 4 Im Ölhafen

AUFGABEN
1. Vergleiche Foto und Karte vom Rotterdamer Hafen (M 1, M 2). Welcher Teil des Hafens ist im Foto zu sehen?
2. Ordne die Bilder (M 3, M 4) in die Karte vom Hafen ein (M 2). Was fällt dir bei der Einordnung von M 4 auf?
3. Auf dem Wasserweg sollen Waren von Rotterdam nach Wien transportiert werden. Stellt in Partnerarbeit eine Transportroute zusammen (Atlas) und vergleicht eure Ergebnisse.
4. Begründe, warum der Rotterdamer Hafen eine günstige Lage hat. Nutze dazu Europakarten im Atlas (physische Karte, Wirtschaftskarte).

Land unter dem Meeresspiegel

Die Geografie und Geschichte der Niederlande sind von jeher eng mit dem Meer verbunden. Über das Meer kam Reichtum ins Land. Vom Meer kam aber auch ständig Gefahr. Sturmfluten bedrohen auch heute noch den Lebensraum der Menschen an der Küste. Wie gehen die Niederlande mit dieser Gefahr um?

Niederlande – niedrig Land. Bereits der Name sagt, dass die Niederlande ein niedrig bzw. tief gelegenes Land sind. Sie sind Teil des Westeuropäischen Tieflandes. Das Besondere ist, dass annähernd ein Drittel der Landesfläche sogar tiefer als der Meeresspiegel liegt.

Deichbau. Die Menschen mussten in zurückliegenden Jahrhunderten oft erleben, dass das Meer ihren Lebensraum zerstörte. Noch im letzten Jahrhundert versanken bei einer Sturmflut annähernd 160 000 Hektar Land im Meer. Das entspricht etwa der doppelten Fläche der Stadt Berlin. 1 800 Menschen fielen dieser Sturmflut zum Opfer. Deichbauten sollen das Land schützen. Doch jede Sturmflut brachte neue Schäden. Sie führte aber auch zu neuem Wissen über bessere Schutzmaßnahmen, wie zum Beispiel über wirksamere Deichhöhen und günstigere Deichformen. Nach jeder Katastrophe wurden beispielsweise die Deiche höher gebaut. Waren sie um 1200 nur etwa 2,00 m hoch, so lag ihre Höhe um 1600 schon bei 3,50 m. Gegenwärtig haben Deiche Höhen von 6,00 bis 8,00 m.

Neues Land. Die Niederländer nutzen die Deichbauten aber nicht nur zum Schutz vor Sturmfluten. Sie dienen auch der Neulandgewinnung. Dem Meer wird das hinter den Deichen liegende Land abgerungen. Es wird „trocken gelegt". In Gräben und Kanälen wird das aus dem Boden fließende Wasser gesammelt und über Pumpanlagen wieder ins Meer geleitet. Im Ergebnis dieser Arbeit wächst die Landfläche der Niederlande.

Mündungsgebiete von Flüssen. Der Mündungsbereich von Rhein, Maas und Schelde war besonders stark von Überflutungen bedroht. Bei Sturmfluten drang das Meer flussaufwärts. Das zum Meer fließende Wasser der Flüsse wurde zurückgedrückt. Es staute sich zu großer Höhe auf. Riesige Überschwemmungen waren die Folge.

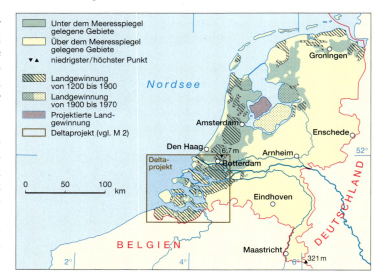

M 1 Landgewinnung in den Niederlanden

M 2 Das Delta-Projekt

M 3 *Das Delta-Projekt.*
Das Delta-Projekt wurde von 1958 bis 1985 umgesetzt. Es umfasst ein System von Schutzbauwerken.
Dämme riegeln das Mündungsgebiet von Rhein, Maas und Schelde vom offenen Meer ab. Durch die Dämme verkürzte sich die Küstenlinie von vorher 800 Kilometern auf jetzt 80 Kilometer. Schleusen ermöglichen die Schifffahrt und die Entwässerung des Gebietes hinter den Dämmen. Die Zufahrt zum Rotterdamer Hafen (Nieuwe Waterweg) wird durch ein spezielles Wehr gesichert.

Auswirkungen der Dammbauten.
– Die Gewässer im Hinterland der Dämme führen nun vorwiegend Süßwasser. Dadurch verringerte sich der Salzgehalt im Boden. Das Land kann nun besser landwirtschaftlich genutzt werden.
– Speicherbecken regulieren den Wasserstand. Sie verbessern auch die Trinkwasserversorgung der Menschen.
– Weil es keine Gezeiten mit ihren unterschiedlichen Strömungen mehr gibt, wird das Gebiet stärker von Wassersportlern genutzt.
– Dämme verbinden Inseln miteinander und schließen diese ans Festland an. Verkehrswege über die Dämme ersparen weite Umfahrungen.

Doch die Dammbauten haben nicht nur positive Folgen. Durch die Verringerung des Salzgehalts im Wasser der Seen nehmen die Bestände von Aalen, Krabben und Muscheln ab.
Auch die Überwinterungsplätze von annähernd 200 000 Zugvögeln sind bedroht. Sie kamen bisher in den Wintermonaten hierher und lebten auf den Salzwiesen. Im Schlick des Wattenmeeres fanden sie ihre Nahrung.

Um den Lebensraum der Tiere nicht zu zerstören, wurde an der Oosterschelde ein Damm mit 61 Toren errichtet. Mit ihrer Hilfe konnte der Tidenhub um ein Viertel verringert werden. Trotzdem gingen seit 1986 mehr als die Hälfte der Salzwiesen und fast die Hälfte der Schlickwatten verloren.

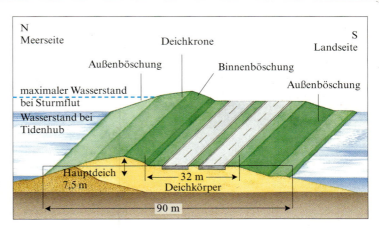

M 4 Querschnitt durch einen Seedeich

M 5 Ein Teilabschnitt des Delta-Projekts

AUFGABEN
1. Suche das Gebiet des Delta-Projekts (M 2, M 3) in der Karte (M 1) und beschreibe seiner Lage innerhalb der Niederlande.
2. Beschreibe den Aufbau eines Deiches (M 4). Überlege: Wovon hängt die Sicherheit eines Deiches ab? Hinweis: Sieh dir den Querschnitt des Deichs genau an.
3. Begründe, weshalb die Niederländer als „Meister des Deichbaus" bezeichnet werden (Text)? Denke auch an den mehrfachen Nutzen von Deichen.
4. Stellt in einem Rollenspiel unterschiedliche Meinungen zum Delta-Projekt dar. Diskutiert anschließend das Thema in der Klasse.

Landgewinnung in der Zuidersee

Schaut man heute auf eine Landkarte der Niederlande, dann wird man vergeblich die Zuidersee suchen. Sie fiel dem Menschen „zum Opfer". An ihrer Stelle lesen wir jetzt IJsselmeer (sprich: Eisselmeer). Wie und warum wurde die Zuidersee zum IJsselmeer?

Zuidersee. Bei Sturmfluten drang vor 700 Jahren die Nordsee weit in die Niederlande hinein. Sie überflutete dabei einen Süßwassersee und dessen Uferland. Das Gebiet wurde zu einer Meeresbucht, der Zuidersee.

IJsselmeer. In der ersten Hälfte des 20. Jahrhunderts wurde der Plan gefasst, der Zuidersee wieder Land abzuringen. Dazu wurde ein 30 Kilometer langer Damm errichtet, der sie von der Nordsee abriegelte. Die abgetrennte Meeresfläche erhielt den namen IJsselmeer.

Neulandgewinnung. Der große Abschlussdamm war aber erst der Anfang für die Neulandgewinnung. Im IJsselmeer bestimmten fortan ringförmig angelegte Deiche, Entwässerungsgräben, Kanäle und Pumpanlagen das Landschaftsbild. Die Ringdeiche umschließen die Gebiete, die trocken gelegt werden sollen. Diese Form der Landgewinnung wird **Einpolderung** (↑) genannt.

M 2 Windmühlen treiben Entwässerungsanlagen an

M 3 *Landgewinnung durch Einpolderung*
1. Bau eines Ringdeiches, der das neu zu gewinnende Land umschließt
2. Entwässerung (Trockenlegung) des eingedeichten Gebietes mithilfe von Gräben, Kanälen und Pumpen
3. Ausbringen von Gräsern zur Festigung und Entsalzung des Bodens
4. Anpflanzen von Schilf zur weiteren Festigung des Bodens
5. Nutzung des trocken gelegten und gefestigten Landes (Land- und Forstwirtschaft, Siedlungen, Verkehrswege)

Schematische Darstellung zur Arbeitsweise einer Windmühle

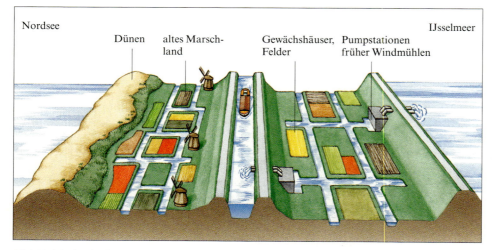

M 1 Polderlandschaft

Landgewinnung in der Zuidersee 79

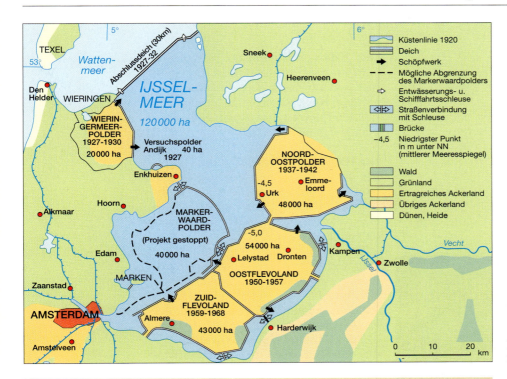

M 4 Landgewinnung im IJssel-Meer

M 5 Nutzung der Polderflächen (in %)				
Nutzungsart	Wieringermeerpolder	Noordoostpolder	Ostflevoland	Südflevoland
Landwirtschaft	87	87	75	50
Wald (Naturschutzgebiet)	3	5	11	25
Wohngebiet	1	1	8	18
Deiche, Straßen, Gewässer	9	7	6	7

Nutzung des Neulandes. Nach der Trockenlegung und Festigung des Bodens werden die Polderflächen für die wirtschaftliche Nutzung freigegeben. Ein Hauptnutzer ist die Landwirtschaft. Sie wird mit dem Ziel betrieben, auf möglichst kleiner Fläche hohe Erträge zu erzielen. Spezielle Anbauformen und Anbausorten werden dazu genutzt.

In riesigen Gewächshauskomplexen werden Blumen und Gemüsesorten angebaut, die vor allem an Abnehmer in anderen Ländern geliefert werden. Diese Form des Anbaus ist auch mit Gefahren für den Menschen und die Umwelt verbunden. Pflanzenschutz- und Düngemittel belasten die Pflanzen, den Boden, das Wasser und die Luft. Besonders anfällig ist die Blumenzucht.

AUFGABEN

1. Beschreibe eine Polderlandschaft (M 1, M 2).
2. Erläutere die Schritte der Neulandgewinnung durch die Einpolderung ehemaliger Meeresflächen (M 3).
3. Vergleiche die Nutzung der Polderflächen (M 4, M 5). Finde Gemeinsamkeiten und Unterschiede heraus. Beachte auch die Entstehungszeiträume der Polder.
4. In M 4 kann man lesen, dass die Trockenlegung des Markerwaard-Polders gestoppt wurde. Welche Gründe könnten zu dieser Entscheidung geführt haben? Stelle deine Meinung in der Klasse zur Diskussion.

Westeuropa

Zusammenfassung

K	A	A	S	T	P	A	R	I	S	L	O	N	P	I
O	L	R	U	X	T	W	V	Z	H	N	K	E	X	S
R	U	E	P	E	L	O	N	D	E	I	A	H	T	L
S	X	L	U	K	L	H	I	L	T	S	N	E	F	E
I	E	B	R	U	E	S	S	E	L	T	A	B	G	O
K	M	T	M	I	T	M	O	R	A	P	L	R	S	F
A	B	O	R	D	U	B	L	I	N	X	I	I	Z	M
U	U	M	W	Z	Y	L	O	N	D	O	N	D	V	A
B	R	I	T	I	S	C	H	E	I	N	S	E	L	N
T	G	I	L	V	L	X	E	S	N	R	E	N	T	O
T	O	R	K	N	E	Y	I	N	S	E	L	N	G	L
O	R	T	L	A	I	N	O	U	E	Z	N	N	Q	U
A	M	S	T	E	R	D	A	M	L	A	X	T	E	R

Das Klima Westeuropas. Westeuropa wird von Seeklima beeinflusst. Die Sommer sind nur mäßig warm und die Winter mild. Niederschläge sind gleichmäßig über das ganze Jahr verteilt. Frostperioden treten nur selten auf.

Die Hauptstädte. Brüssel ist der Hauptsitz der Europäischen Union. Die Metropolen London und Paris sind Millionenstädte mit internationaler Bedeutung. Sie liegen im Zentrum von Verdichtungsgebieten.

Wirtschaft. Westeuropa ist ein geografischer Großraum mit hoher Wirtschaftskraft.
In Mittelengland eröffneten Mitte des 18. Jahrhunderts technische Erfindungen das Zeitalter der maschinellen Produktion (Industrie). In alten Industriegebieten setzte inzwischen ein wirtschaftlicher Strukturwandel ein. Moderne Industrien (Hightechindustrien) bestimmen zunehmend die Entwicklung in diesen Gebieten. Viele neue Standorte der Hightechindustrie entstanden im Süden Frankreichs.
In Westeuropa gibt es hoch spezialisierte Landwirtschaftsgebiete (Niederlande, Frankreich). In Frankreich erzeugt die Landwirtschaft eine Vielfalt an Produkten. Das Seeklima begünstigt den Anbau von Sonderkulturen wie Wein, Gemüse und Obst.

AUFGABEN

1. Löse das topografische Rätsel. Finde 13 geografische Namen zu Westeuropa heraus. Sie können in waagerechten Zeilen oder in senkrechten Spalten stehen.
2. Wähle eine Landschaft Westeuropas aus und beschreibe sie. Denke z. B. an das Klima, an die Oberflächenformen, an die Pflanzenwelt oder an das Leben der Menschen in diesem Gebiet.
3. Bereite einen Kurzvortrag über zwei unterschiedliche Wirtschaftsräume Westeuropas vor. Beachte dabei die Standortfaktoren, die Industriezweige und den Strukturwandel in der Wirtschaft. Stelle Unterschiede und Gemeinsamkeiten beider Gebiete heraus. Hinweis: Nutze die Bilder 1 und 2.

Mitteleuropa

Wir orientieren uns in Mitteleuropa

M 1 Die Stadt Linz an der Donau

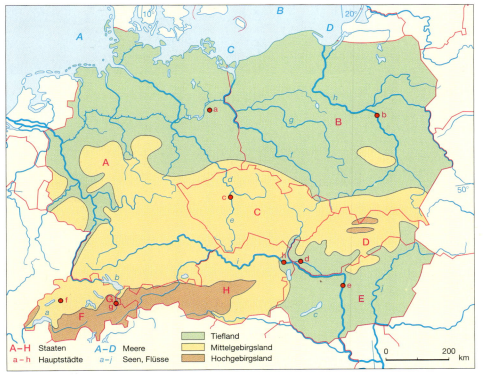

M 2 Wir orientieren uns in Mitteleuropa.

Lege in deinem Arbeitsheft eine Tabelle mit drei Spalten an (Länder, Hauptstädte, Gewässer). Schreibe anschließend die Namen der Objekte in die Tabelle, die in der Karte mit Buchstaben benannt sind. Nutze als Orientierungshilfe die Atlaskarte.
Wo findest du die Stadt Linz in der Karte?

Dreimal Mitteleuropa

Die Dreiteilung der Oberflächengestalt Europas in Tiefland, Mittelgebirgsland und Hochgebirge findet sich auch im Großraum Mitteleuropa wieder. Trotz dieser durchgängigen Nord-Süd-Abfolge besitzt die Oberfläche Mitteleuropas aber eine große Vielfalt.
Von einem Flugzeug aus gesehen wirkt das Landschaftsbild wie ein zusammengewürfeltes Mosaik. Diese Vielfalt erstreckt sich über eine Fläche von etwa 1 000 Kilometer von Nord nach Süd sowie von Ost nach West.

M 1 Oberflächengliederung Mitteleuropas

M 2 *In der Niederung des Flusses Narew (Polen).*
Im Tieflandsgebiet Polens windet sich bei Byalystok der Fluss Narew durch eine sumpfige, waldreiche Landschaft. Der Narew ist ein breiter, aber sehr flacher Fluss. Aufgrund des hohen Grundwasserstandes kann dieses Gebiet kaum landwirtschaftlich genutzt werden kann.
Seit 1993 gehört ein großer Teil dieser einzigartigen Landschaft zum polnischen Narew-Nationalpark. Landschaftsschutz und sanfter Tourismus wurden vereint. Es gibt keine großen Hotels. Das flache Land ist ideal zum Wandern, Rad- oder Bootfahren. Mit etwas Glück kann man Wisente, Elche oder sogar Wölfe sehen.

M 3 *Im Böhmerwald (Tschechien).*
Kuppige Bergformen mit meist sanft auslaufenden Berghängen prägen die Mittelgebirgslandschaft des Böhmerwaldes. Noch vor 250 Jahren wuchsen hier Urwälder mit Laub- und Nadelbäumen. Heute überwiegen Nadelwälder.
Frühzeitig entstanden kleine Betriebe, die Glas- und Eisenwaren herstellten. Mit der wirtschaftlichen Entwicklung des Raumes wuchs der Bedarf an Rohstoffen.
Für die Schmelzöfen wurden große Mengen Brennholz benötigt. Viele Bäume wurden gerodet. Pferdefuhrwerke transportierten das Holz ab. Sogar auf einem eigens angelegten Kanal wurde Holz zu den Verarbeitungsbetrieben geflößt. Die gerodeten Waldflächen wurden fast ausnahmslos mit Nadelbäumen aufgeforstet.

M 4 *In der Hohen Tatra bei Strebské Pleso (Slowakei).*

Im Grenzgebiet von Polen und der Slowakei liegt das kleinste Hochgebirge Europas – die Hohe Tatra. Die Länge des Gebirgskammes beträgt nur etwa 26 Kilometer. Der höchste Berg ist die Gerlsdorfer Spitze mit 2 663 Metern.

Das Gebirge besteht vorwiegend aus Granitgestein. Im Westen wird es von eher rundlichen Bergformen und im Osten von Kalksteinwänden begrenzt.

Die Hohe Tatra ist ein waldreiches Hochgebirge, Ziel vieler Wanderer und Bergsteiger sowie ein beliebtes Wintersportgebiet.

1987 wurde das gesamte Gebiet der Hohen Tatra zu einem Nationalpark.

Das *Tiefland* (↑) Mitteleuropas reicht von den Küstengebieten an der Nord- und Ostsee bis zu den Mittelgebirgen im mittleren Teil des Großraumes. Die Oberflächengestalt des Tieflandes wurde wesentlich durch die Eiszeit geprägt (Grundmoräne, Endmoräne, Sander, Urstromtal). Die Hügel der Endmoränengebiete erreichen teilweise Höhen zwischen 200 und 400 m. In Kilometer breiten Urstromtälern fließen heute Flüsse zur Nord- und Ostsee.

Das *Mittelgebirgsland* (↑) schließt sich südlich an das Tiefland an. Es formte sich in der Erdneuzeit heraus (↑ Seite 29). Abgerundete, meist bewaldete Berge, Täler und Hochflächen prägen das Landschaftsbild. Im südlichen Teil des Mittelgebirgslandes liegen *Beckenlandschaften* (↑), die von Mittelgebirgen umrahmt sind.

Die Alpen, als größter Teil des *Hochgebirgslandes* (↑) in Mitteleuropa, grenzen den Großraum zu Südeuropa ab. Höhenlagen über 4 000 Meter werden hier erreicht. Nach Osten setzt sich der Hochgebirgszug in den Karpaten fort, zu denen auch die Hohe Tatra gehört.

M 5 Einige Landschaften Mitteleuropas

AUFGABEN

1. Suche die in M 2 bis M 4 dargestellten Landschaften und beschreibe ihre Lage im Großraum Mitteleuropa (M 1, Atlas).
2. Lege eine Tabelle an und ordne die in M 5 genannten Landschaften den Ländern des Großraumes Mitteleuropa sowie den Landschaftsformen (Tiefland, Mittelgebirgsland, Hochgebirge) zu (Atlas).
3. Wähle fünf Landschaften von M 5 aus und veranschauliche ihre Höhenlage in einem Diagramm. Nutze Höhenangaben im Atlas. Falls du Hilfe benötigst, kannst du im Kapitel „Schlag nach" auf Seite 159 nachlesen.

Prag und Warschau – Hauptstädte und Touristenziele

Prag und Warschau sind unter den Städten Mitteleuropas etwas Besonderes. Zum einen sind sie Hauptstädte: Prag ist die Hauptstadt Tschechiens, Warschau die Polens. Zum anderen sind sie auch Ziel vieler Touristen. Was zeichnet die beiden Städte als Hauptstädte aus und weshalb werden sie Touristenziele?

Hauptstädte und Touristenziele. Als Hauptstädte sind Prag und Warschau Sitz der Regierung und des Parlaments (der politischen Volksvertretung) ihres Landes. In beiden Städten haben auch die Vertretungen der Regierungen anderer Länder (die Botschaften) ihren Sitz.

Prag und Warschau sind darüber hinaus die größten Städte dieser Länder. Historische Bauwerke, Museen, Theater und andere kulturelle Einrichtungen, Universitäten und Hochschulen machen diese Städte für ihre Einwohner und Gäste besonders attraktiv.

Prag – die „Goldene Stadt". Die Stadt liegt zu beiden Seiten der Moldau inmitten des Böhmischen Beckens. Der mittelalterliche Stadtkern ist heute noch fast vollständig vorhanden. Am linken Ufer der Moldau liegt auf einem Hügel die Prager Burg (Hradschin), die heute Sitz des tschechischen Präsidenten ist.

Reisende des Mittelalters gaben Prag den Namen „Goldene Stadt". Beim Aufstieg zum Hradschin sahen sie, dass die Kuppeln, Dächer und Türme der Stadt wie Gold im Sonnenlicht glänzten. Prächtige Paläste, reich verzierte Bürgerhäuser, kunstvoll gestaltete Kirchen und Rathäuser künden vom jahrhundertelangen Wohlstand der Stadt.

Prag entstand aus vier Teilstädten mit eigenem Wappen und Rathaus, die sich mit Mauern und Wassergräben voneinander abgrenzten. Erst 1784 verschmolzen sie zu einer Stadt. Touristen besuchen vor allem die Altstadt (Stare Mesto) und den Hradschin. Große Teile Prags stehen heute unter Denkmalschutz.

M 1 Blick auf Karlsbrücke, Prager Burg und St. Veits-Dom

M 2 Die Teynkirche in der Altstadt von Prag

M 3 Einwohner von Prag und Warschau

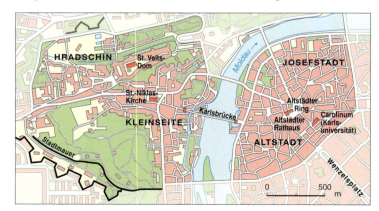

M 4 Ausschnitt aus dem Stadtplan von Prag

Prag und Warschau – Hauptstädte und Touristenziele

Warschau – eine neue alte Stadt. Im Jahr 1945, am Ende des Zweiten Weltkriegs, war die polnische Hauptstadt ein Trümmerfeld. Der Krieg, den Deutschland begonnen hatte, hatte den Polen unermessliches Leid zugefügt und im ganzen Land große Zerstörungen verursacht. Nach der Niederlage Deutschlands hat das polnische Volk sein Land und seine Hauptstadt wieder aufgebaut. Die Warschauer Altstadt sieht heute wieder so aus, als ob sie nie zerstört war.

M 6 Blick auf das wieder aufgebaute Königsschloss in Warschau

M 5 Sehenswürdigkeiten in der Warschauer Altstadt

1. Siegismund-Säule. Diese Säule wurde als Denkmal zu Ehren des Königs SIEGISMUND III. WASA (1587–1632) errichtet, der 1596 Warschau zur Hauptstadt Polens ernannte. Bis dahin war Krakau die polnische Hauptstadt. Mit der Übernahme der Hauptstadtfunktion erhielt die Entwicklung der Stadt einen gewaltigen Schub. Die Siegismund-Säule bildet zusammen mit dem Königsschloss die südliche Begrenzung der Altstadt.

2. Königsschloss. Das Schloss war von 1596 bis 1764 Regierungssitz (Residenz) der polnischen Könige. Drei Türme schmücken die breite Fassade zum Schlossplatz hin. Der mittlere ist der höchste Turm in der Altstadt. Auf dem Schlossplatz steht die Siegismund-Säule.

3. St. Johannes-Kathedrale. Die älteste und größte Kirche Warschaus wurde im 14. Jahrhundert aus rotem Backstein errichtet. Eindrucksvoll erhebt sich der große Giebel mit dem Dach. Die schlanken, hohen Bögen weisen auf den gotischen Baustil hin.

4. Der Marktplatz. Er ist das Zentrum der Altstadt. Von diesem 75 m x 90 m großen Platz aus, wuchs die Stadt seit dem 13. Jahrhundert immer weiter. Heute befinden sich um den Markt Cafés und Geschäfte. Er ist ein beliebter Treffpunkt der Warschauer und ihrer Gäste.

5. Barbakane. Die rote Mauer der Festungsanlage umschloss einst mit ihren Vorsprüngen und Türmen wie ein Ring die gesamte Altstadt. Heute ist nur noch der westliche und nördliche Abschnitt erhalten.

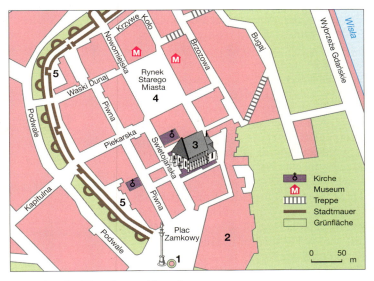

M 7 Plan der Warschauer Altstadt

AUFGABEN

1. Hauptstädte sind oft zugleich Bevölkerungsballungen des Landes. Prüfe diese Aussage anhand von M 3.
2. Suche die in M 1 und M 2 gezeigten Bauwerke im Stadtplan von Prag (M 4) und benenne die Stadtteile, in denen sie liegen.
3. Plane einen Stadtrundgang durch die Warschauer Altstadt, der dich zu den in M 5 genannten Sehenswürdigkeiten führt. Beschreibe den Weg mithilfe von Straßennamen und Himmelsrichtungen (M 6, M 7).
4. Bildet zwei Arbeitsgruppen und sammelt Informationen über Sehenswertes in Prag bzw. Warschau. Nutzt auch das Internet. Stellt in der Klasse euren Reisevorschlag vor.

Oberschlesien und Böhmen – Wirtschaftsräume im Wandel

Waren aus Polen und Tschechien spielten auf dem europäischen Markt schon immer eine Rolle. Kristallglas aus Böhmen oder Steinkohle aus Oberschlesien sind nur zwei Beispiele dafür. Mit der Erweiterung der Europäischen Union gehen tiefgreifende Veränderungen dieser Wirtschaftsräume einher. Wie zeigt sich das in Oberschlesien und Böhmen?

Die Entwicklung der Wirtschaftsräume. Beide Wirtschaftsräume können auf eine lange Geschichte zurückblicken. Sie entwickelten sich jedoch unterschiedlich. *Böhmen* war lange Zeit vor allem durch Betriebe der verarbeitenden Industrie gekennzeichnet. In *Oberschlesien* herrschten dagegen der Bergbau vor und die darauf aufbauende Schwerindustrie.

Während der Zeit der sozialistischen Planwirtschaft (1945/48–1989) wurden beide Wirtschaftsräume auf die Versorgung der Länder im Einflussbereich der damaligen Sowjetunion ausgerichtet. Um 1989 brach in ganz Osteuropa die sozialistische Wirtschaft zusammen. Etwa im Jahr 2005 wollen Polen und Tschechien Mitglied der Europäischen Union sein. Bis dahin sollen die Betriebe so umgestaltet sein, dass sie im Vergleich mit der west- und mitteleuropäischen Konkurrenz im Markt bestehen können.

M 1 In einem Glaswerk Böhmens

Das 1848 in Gliwice gegründete Stahlwerk wurde 1995 für 45 Mio. Euro umgerüstet. Es ist jetzt kleiner, verfügt aber über die modernste technische Ausstattung in Mittel- und Osteuropa.

1996 eröffnete General-Motors ein neues Automobilwerk in Gliwice. Es kostete rd. 265 Mio. Euro, beschäftigt 2 000 Menschen und produziert 70 000 Fahrzeuge jährlich.

Volkswagen hat seinen Beteiligungsanteil an den Skoda-Werken in Mlada Boleslav auf 70 % erhöht.

Der belgische Glasfabrikant Glaverbl hat im November 1995 seine ersten Anteile am nordböhmischen Unternehmen Sklo-Union erworben.

M 2 Ausschnitte aus Tageszeitungen Polens und Tschechiens

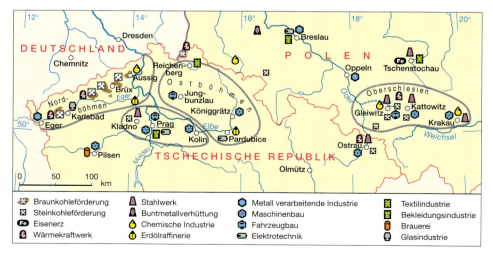

M 3 Das Oberschlesische Industriegebiet und Industriegebiete Böhmens

Das Oberschlesische Industriegebiet. Das Industriegebiet im Süden Polens ist ein altes Industriegebiet. Der Steinkohlenbergbau und die Eisengewinnung prägten seine Entwicklung. Große Industriebetriebe bestimmten das Bild dieses Raumes. In Hochöfen wurde aus Eisenerz Roheisen geschmolzen, das zu Stahl veredelt wurde.

In der Nähe der Hochöfen siedelten sich verstärkt Betriebe der Eisen verarbeitenden Industrie, Steinkohlenkraftwerke und Betriebe der chemischen Industrie an.

Diese vorwiegend einseitige Ausrichtung des Oberschlesischen Industriegebietes auf Bergbau und Schwerindustrie brachte auch große Probleme mit sich: Bergbauhalden, Bodenabsenkungen, Luftverschmutzungen durch Abgase, Gewässerverschmutzungen, aber auch Massenarbeitslosigkeit in wirtschaftlich schwierigen Zeiten. In jüngster Zeit werden deshalb verstärkt mittelgroße und kleine Betriebe der verarbeitenden Industrie und der Dienstleistungen angesiedelt.

Das Nordböhmische Industriegebiet. Es ist seit jeher durch eine große Produktionsvielfalt gekennzeichnet. Kleine und mittelgroße Betriebe der verarbeitenden Industrie herrschen vor.

Während im Nordwesten und Nordosten Böhmens vor allem Bodenschätze (Braunkohle bzw. Holz, Sand, Ton, Buntmetallerze) die Standortwahl beeinflussten, war es im Raum Prag vorwiegend die verkehrsgünstige Lage und der große Absatzmarkt.

Die Industrie Nordböhmens hat eine lange Tradition im Fahrzeugbau: In Jungbunzlau (Mlada Boleslav) wurde 1895 eine Fahrradfabrik gegründet. 1905 wurde der Automobilbau aufgenommen. Seither ist die Stadt Mlada Boleslav eng mit der Automarke Skoda verbunden. 1946 wurde das Unternehmen vom tschechischen Staat übernommen. 1991 erwarb der Volkswagen-Konzern Anteile an den Skoda-Werken. Diese Zusammenarbeit hat dazu beigetragen, weltmarktfähige Skoda-Pkws zu produzieren.

M 4 Ein Steinkohlenbergwerk im Oberschlesischen Industriegebiet

Zulieferer	Stammwerk Mlada Boleslav	Zulieferer
Hecklleuchten von Zulieferbetrieben in Frankreich	Montage zu Baugruppen und Endmontage	Kraftstoffbehälter von Zulieferbetrieben in Tschechien
Batterien von Zulieferbetrieben in Tschechien	*Standortvorteile:* niedrige Lohnkosten, günstige Zulieferkosten, gut ausgebildetes Personal, um- und ausbaufähige Produktionsstätten	Instrumententafeln von Zulieferbetrieben in Tschechien
Motoren, Getriebe, Achsen aus dem Stammwerk in Mlada Boleslav		Stahlbleche von Zulieferbetrieben in der Slowakei

M 5 Produktion von Skoda-Personenkraftwagen in Mlada Boleslav

AUFGABEN

1. Beschreibe die Lage der Industriegebiete Oberschlesien und Böhmen. Ordne den Gebieten Industriezweige zu (Atlas, M 3).
2. Stelle in einer Tabelle Merkmale beider Industriegebiete gegenüber. Unterscheide nach früher und heute (Text, M 2, M 3, Atlas).
3. Erläutere am Beispiel des Automobilbaus in Mlada Boleslav den Begriff „Lieferverbund" (M 5). Welchen Vorteil hat solch ein Lieferverbund?
4. Sammelt aktuelles Material (z. B. aus Zeitungen, Zeitschriften, Nachrichtensendungen in Funk und Fernsehen oder über das Internet) über wirtschaftliche Veränderungen in Polen und Tschechien. Stellt das Material auf einem Informationsblatt für eure Klasse zusammen.

Im Alpenraum

Die Alpen – ein Hochgebirge in Europa. Und ausgerechnet hier findet man Meeresablagerungen, wie beispielsweise Muscheln oder Schnecken. Wie passt das zusammen?

Meeresablagerungen in den Alpen

Die Entstehung der Alpen. Kontinente sind nichts Starres. Sie befinden sich in Bewegung. Dabei verändern sie fast unmerklich - meist nur um wenige Millimeter im Jahr – ihre Lage zueinander. Erdinnere Kräfte schieben Afrika ganz allmählich nach Norden auf Europa zu. Dadurch wird das Mittelmeer zwischen Afrika und Europa immer schmaler.

Wo heute die Alpen sind, breitete sich vor 100 Millionen Jahren noch ein Meer aus, in dem Fische und Muscheln lebten. Gewaltiger Druck presste Gesteine des Untergrunds zu großen Falten zusammen. So entstand in der Tiefe ein *Faltengebirge* (↑), das in der Erdneuzeit herausgehoben wurde. Es ist heute das größte Faltengebirge Europas.

Vermessungen der Erde von Forschungssatelliten aus kommen zu einem erstaunlichen Ergebnis: Die Alpen wachsen gegenwärtig jährlich um fast 1,5 Millimeter in die Höhe. In 2 Millionen Jahren ergäbe das eine Hebung von 2 000 bis 3 000 Metern. Aber die Alpengipfel werden trotzdem nicht Höhen von 6 000 bis 8 000 m erreichen, weil das Gebirge durch *erdäußere Kräfte* (↑) immer wieder abgetragen wird.

Die Gliederung der Alpen. Längstäler zerlegen die Alpen in lang gestreckte Gebirgsketten. Quertäler sind dagegen seltener. Im westlichen Teil der Alpen folgen von Nord nach Süd zwei Gebirgsketten aufeinander, im östlichen Teil sind es dagegen drei. Deshalb unterscheidet man in *Westalpen* und *Ostalpen*. Die Trennlinie verläuft vom Bodensee den Rhein aufwärts und dann zum Comer See.
Eine andere Gliederung berücksichtigt die unterschiedlichen Gesteine, aus denen die Alpen aufgebaut sind. Sie orientiert sich also an der Entstehung der Alpen. Danach unterscheidet man in *Zentralalpen* und *Kalkalpen*.
Die Eigenschaften der Gesteine, aus denen die Gebirgsteile hauptsächlich bestehen, bewirken die Formenvielfalt der Alpen. In den Kalkalpen formten Frost, Schnee, Wind und Regen aus dem Kalkgestein steile und schroffe Felswände. Die Zentralalpen bestehen dagegen überwiegend aus Granit. Dieses Gestein ist widerstandsfähiger als Kalkgestein. Es verwitterte nicht so stark. Die Berge ragen hier höher auf als in den Kalkalpen.

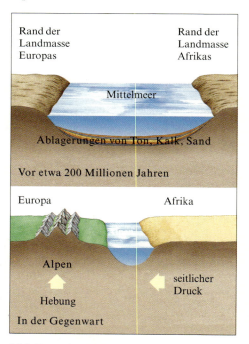

M 1 Entstehung der Alpen

Kalkgestein

Granitgestein

Im Alpenraum

M 2 In den Zentralalpen (Montblanc)

M 3 In den Kalkalpen (Kemater Alm)

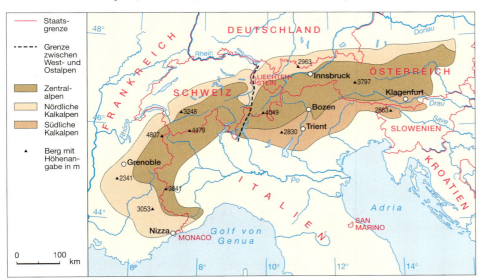

M 4 Die Gliederung der Alpen

Schon gewusst?

Wissenschaftler haben errechnet, dass die Alpen heute etwa 2 500 Meter höher wären, wenn nicht gleichzeitig mit der Heraushebung des Gebirges auch dessen Abtragung eingesetzt hätte. Erdäußere Kräfte wie Wind, Wasser, Wärme und Frost zerstören das Gestein.

AUFGABEN

1. Erläutere die Entstehung der Alpen (Text, M 1).
2. Beschreibe anhand des Textes und der Lehrbuchkarte die Untergliederung der Alpen. Suche diese Teile der Alpen auf der Atlaskarte. Ordne ihnen Landschaftsnamen zu (M 4, Atlas).
3. Beschreibe die Formenwelt der Zentralalpen und der Kalkalpen. Benenne Unterschiede und begründe sie.
4. Erfasse in einer Liste andere Hochgebirge Europas, die in der gleichen Phase der Gebirgsbildung wie die Alpen entstanden.

Verkehrswege in den Alpen

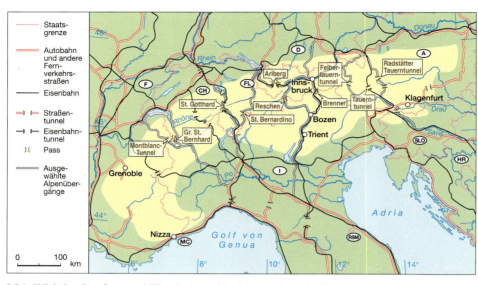

M 1 Wichtige Straßen- und Eisenbahnverbindungen über die Alpen

M 3 Einige wichtige Alpenübergänge
Montblanc
ST: 11,6 km
Großer St. Bernhard
PH: 2 469 m
ST: 5,8 km
St. Gotthard
PH: 2 108 m
ST: 16,3 km
ET: 15,0 km
San Bernardino
ST: 6,6 km
Arlberg
PH: 1 793 m
ST: 13,9 km
ET: 10,2 km
Reschen
PH: 1 506 m
Brenner
PH: 1 374 m
Felbertauern
ST: 5,2 km
Tauern
ET: 8,6 km
Radstädter Tauern
PH: 1 738 m
ST: 6,4 km
Erklärung:
PH Passhöhe
ST Straßentunnel
ET Eisenbahntunnel

Die Alpen trennen zwei europäische Großräume voneinander: Mitteleuropa und Südeuropa. Die Verkehrswege innerhalb der Alpenländer Schweiz und Österreich folgen meist den in West-Ost-Richtung verlaufenden Längstälern. Will man aber von Mitteleuropa nach Südeuropa gelangen, dann muss man die Gebirgszüge queren.

Passstraßen. Über Jahrhunderte hinweg waren die Alpen ein schwer überwindbares Verkehrshindernis. Zwar führten behelfsmäßig ausgebaute Straßen über die Alpen. Sie genügten aber keinesfalls den wachsenden Ansprüchen des Verkehrs innerhalb Europas.

Nach 1800 wurde verstärkt mit dem Bau leistungsfähiger Straßen über die Alpen begonnen. Sie queren das Gebirge an weniger hoch gelegenen Stellen, den *Pässen* (↑). Diese Passstraßen führen in Höhen von etwa 2 000 Metern über die Alpen. Waldstreifen, Terrassen, Mauern, Straßenüberdachungen wurden zum Schutz vor Lawinen und herabstürzenden Steinen angelegt. Aber trotzdem müssen im Winter häufig Passstraßen wegen Schneeverwehungen und Lawinengefahr gesperrt werden.

Der Brennerpass. Er ist mit 1 374 Meter Höhe die am niedrigsten gelegene Passstraße über die Zentralalpen. Jährlich befahren ihn mehrere Millionen Kraftfahrzeuge. Allein über 3 300 Lastkraftwagen quälen sich täglich über die Höhe. In den 1990er Jahren hatte sich das Verkehrsaufkommen über den Brennerpass verdoppelt. Verkehrsplaner rechnen mit einer weiteren Verdoppelung bis zum Jahre 2005.

M 2 An der Auffahrt zum Brennerpass

Verkehrswege in den Alpen

Tunnel. Passstraßen allein können allerdings nicht das enorme Verkehrsaufkommen zwischen Mittel- und Südeuropa bewältigen. Straßen- und Eisenbahntunnel ergänzen die Passstraßen. Bereits 1871 wurde in der Schweiz der erste Pass in den Westalpen untertunnelt.

Tunnel haben gegenüber den Passstraßen viele Vorteile. Sie benötigen keine langen Auffahr- bzw. Abfahrstrecken wie die Passübergänge. Für die Kraftfahrzeuge werden die Fahrstrecken und damit auch die Transportzeiten kürzer. Der Tunnelbau ist zwar sehr aufwändig und teuer, andererseits können viele Verkehrsbauten der Passstraßen, wie Brücken oder Lawinenschutzbauten, entfallen.

Tunnelbauten am St. Gotthard. 1881 wurde der 15 Kilometer lange Eisenbahntunnel unter dem St. Gotthard in Betrieb genommen. Um einen Kubikmeter Fels herauszusprengen, brauchte man etwa 45 Stunden. Beim Bau des St. Gotthard-Straßentunnels, der 1970 begonnen wurde, benötigte man nur noch zwei Stunden dafür.

Der St. Gotthard-Eisenbahntunnel führt von Göschenen nach Airolo. Er ist nicht für Hochgeschwindigkeitszüge geeignet. Deshalb wird ein neuer Tunnel gebohrt: der St. Gotthard-Basis-Tunnel. Er wird eine Länge von 57 Kilometer haben und aus zwei Tunnelröhren bestehen. Wenn er im Jahre 2007 fertig ist, ist er weltweit der längste Tunnel. Alle 5 Minuten wird ein Zug den Tunnel passieren, täglich allein über 200 Güterzüge. ICE-Züge sollen mit einer Geschwindigkeit von 250 km/h den Tunnel durchfahren.

Transitverkehr. Der Verkehr zwischen Deutschland und Italien führt immer durch ein drittes Land, da die beiden Länder nicht aneinander grenzen. Den Durchgangsverkehr durch dieses Land nennt man *Transitverkehr* (↑). Er hat den größten Anteil am Verkehr in den Alpenländern Österreich und Schweiz.
Der Transitverkehr hat aber nicht nur den Urlauberstrom zwischen Mittel- und Südeuropa zu bewältigen. Mit der

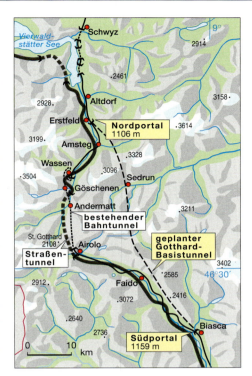

M 4 St. Gotthard-Basis-Tunnel

Aufhebung der Zollgrenzen zwischen den EU-Ländern seit dem Jahre 1993 nimmt auch der Güterverkehr weiter zu. Lärm und Abgase belasten den Lebensraum in den Alpen. Deshalb soll der Güterverkehr mehr von der Straße auf die Schiene verlagert werden. In der Schweiz wird dafür die Eisenbahnverbindung „Neue Eisenbahn-Alpentransversale" (NEAT) eingerichtet. Autoreisezüge sollen verstärkt den Transport der Personenkraftwagen und Caravans über die Alpen übernehmen.

AUFGABEN

1. Suche die in M 3 genannten Alpenübergänge in der Karte M 1. In welchen Ländern liegen sie und welche Länder verbinden sie miteinander?
2. Beschreibe die Verkehrserschließung am St. Gotthard (M 1, M 4). Berücksichtige die Passstraßen und Tunnel. Begründe den weiteren Ausbau der Verkehrswege.
3. Ein LKW soll Waren von Basel nach Mailand bringen. Suche die Orte in einer Atlaskarte und wähle eine günstige Fahrstrecke aus. Welche Tunnel oder Pässe werden dabei passiert?
4. Die Schweiz ist ein Transitland. Erkläre, was man damit meint.

Almwirtschaft

Mit zunehmender Höhenlage verändert sich die Pflanzenwelt in den Alpen. In den hoch gelegenen Berglagen können nur noch besonders widerstandsfähige Pflanzen gedeihen.
Wie leben die Menschen unter diesen Bedingungen?

M 1 *Auf einem Bergbauernhof im Lessachtal (Österreich).*
*Der Bauernhof liegt in 800 Metern Höhe in einem Tal. Die Bergbauern nennen ihn deshalb **Talhof**. Zum Talhof gehören neun Hektar Grünland, auf dem vom Frühjahr bis zum Herbst die Milchkühe weiden. Während dieser Zeit bleibt der Stall leer, denn das Jungvieh weidet auf höher liegenden Wiesen – den **Almen**. Im Frühjahr wird es auf die **Voralm** getrieben. Im Sommer wechselt es dann auf die **Hochalm**, bevor es im Herbst wieder zum Talhof zurückgetrieben wird.*
Durch den Almauftrieb des Jungviehs werden die Wiesen am Talhof geschont. Die Milchkühe weiden nur auf einem Teil der Wiesen. Auf dem anderen Teil wird bis zu dreimal Gras gemäht, das als Winterfutter dient.
Der Bauer erzählt: „Meine Großeltern hatten noch Roggen- und Kartoffeläcker hier im Tal, denn früher versorgten wir uns mit allem Lebensnotwendigen selbst. Heute kaufen auch wir die meisten Lebensmittel im Supermarkt. Der Milchfahrer von der Molkerei kommt täglich zum Hof und holt die Milch ab.
Auf den Almen ist die Arbeit auch heute noch schwer. Es ist einsam da oben. Mein Sohn, der den Sommer über beim Jungvieh auf den Almen bleibt, freut sich, wenn er Bergwanderer in der Almhütte bewirten kann.
Aber kaum jemand will heute noch die schwere Arbeit eines Bergbauern machen, obwohl kleine Traktoren uns das Mähen sogar an steilen Hängen erleichtern. Meine Tochter arbeitet in dem neuen Hotel dort drüben. Wir vermieten auch auf dem Talhof ein Zimmer an Sommergäste. Einige Bauern haben ihren Hof ganz aufgegeben."

M 2 Bergbauernhof im Lessachtal

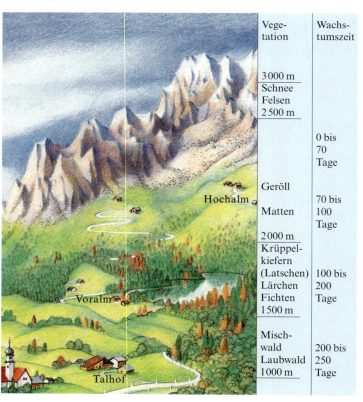

M 3 Almwirtschaft in Tirol

	Vegetation	Wachstumszeit
3000 m	Schnee Felsen	
2500 m		0 bis 70 Tage
	Geröll Matten	70 bis 100 Tage
2000 m	Krüppelkiefern (Latschen) Lärchen Fichten	100 bis 200 Tage
1500 m		
	Mischwald Laubwald	200 bis 250 Tage
1000 m		

Almwirtschaft 93

Die Kulturlandschaft der Alpen. In den Alpen wird seit mehr als 2 000 Jahren Landwirtschaft betrieben. Bergbauernhöfe inmitten von Talwiesen, Bergwälder an steilen Hängen mit eingestreuten Wiesen, Hochalmen mit Schutzhütten und grasendem Vieh gehören zum Landschaftsbild der Alpen. Mit der *Almwirtschaft* (↑) passten sich die Bergbauern geschickt den Naturbedingungen des Hochgebirges an.

Seit Jahrzehnten nimmt aber die Anzahl der Bergbauernhöfe immer weiter ab. Viele Jugendliche wollen nicht den Hof ihrer Eltern übernehmen. Sie möchten anders leben als ihre Vorfahren. Oftmals verlassen sie sogar ihren Heimatraum. Die Almwirtschaft ist gegenüber der Viehhaltung in Tieflandsgebieten oder im Alpenvorland sehr aufwändig. Mit dem Verschwinden vieler Bergbauernhöfe ändert sich auch das Landschaftsbild der Alpen.

Erhaltung der Natur in den Alpen. Große Temperaturgegensätze zwischen Sommer und Winter sowie zwischen Tag und Nacht, starke Regenfälle und mächtige Schneedecken sind Kennzeichen des Klimas in den oberen Hochgebirgslagen. Die Wurzeln von Kräutern, Gräsern und Sträucher halten selbst an steilen Hängen den Boden fest. Ohne schützende Pflanzendecke würde er abgetragen.

Auch die Almwirtschaft trägt zur Erhaltung der Hochgebirgsnatur bei. Durch die Pflege der Almen und Bergwälder wird die Gefahr der Bodenabtragung gemindert. Hört die Bewirtschaftung auf, dann kann das nachteilige Auswirkungen auf die Natur haben: Lang gewachsene Gräser legen sich hangabwärts um. Schnee gleitet auf ihnen wie auf einer Rutschbahn ins Tal. Die Lawinengefahr erhöht sich. Aufrecht gebliebene Grasbüschel verbacken mit dem Schnee zu schweren Paketen. Rutschen diese ab, dann reißen sie die Pflanzen samt Wurzeln und Boden vom Untergrund. Die Grasnarbe erhält Löcher und der Boden wird von Regen und Schnee abgetragen.

Tätigkeit der Bauern	Zustand der Almen	Folgen für die Umwelt
Bewirtschaften und Pflegen der Almen		regelmäßiges Abgrasen der Wiesen durch Rinder, regelmäßiges Nachwachsen der Grasdecke, geringe Abtragung des Bodens durch kurzgehaltene schützende Pflanzendecke
Aufgeben der Almbewirtschaftung	 	Pflanzenwuchs wird vielfältiger, Wuchshöhe wird größer, da kein Abgrasen der Wiesen erfolgt. Lange Grasbüschel verbacken im Winter mit Schnee und Eis und reißen samt Wurzeln aus. Regen, Schnee und Eis greifen die Bodendecke an und zerstören sie, Speicherung von Schnee und Wasser wird verringert, Bodenabtragung, Lawinengefahr, Hochwassergefahr im Vorland

M 4 Beziehungen zwischen der Almwirtschaft und Umwelt

Pflanzen der Alpen

Latschen — Enzian — Alpenrosen

AUFGABEN

1. Beschreibe mithilfe von M 3 den Zusammenhang von Höhenlage, Wachstumszeit und Pflanzenwuchs.
2. Erkläre warum die Almwirtschaft eine Wirtschaftsweise ist, die den besonderen natürlichen Bedingungen im Hochgebirge angepasst ist (M 1, M 2).
3. Zeichne eine schematische Skizze vom Ablauf des Weidegangs bei der Almwirtschaft. Gehe dabei von den Jahreszeiten aus.
4. Bergbauern tragen zum Schutz der Alpennatur bei. Sie sind Landschaftspfleger. Nimm Stellung zu dieser Aussage (M 4, Text).

In Sölden – ganzjährig Skilaufen

Sölden ist einer der Urlaubsorte Österreichs, die das ganze Jahr über von Tausenden Touristen besucht werden. Mit den wachsenden Urlauberzahlen hat sich der Ort Sölden und das Leben seiner Einwohner sehr stark verändert.

Vor etwa 50 Jahren wurde in Sölden der erste Skilift in Betrieb genommen. Schon bald kamen immer mehr Touristen hierher zum Skilaufen. Schneesichere Winter bieten ideale Bedingungen für den Wintersport.

Neue Hotels, Pensionen und Gaststätten, immer mehr Liftanlagen und Skipisten entstanden. Der Tourismus brachte neue Einkommensmöglichkeiten für die einstigen Bergbauern.

Mit dem Ausbau der Erholungslandschaft gehen aber auch enorme Eingriffe in die Naturlandschaft einher. Skipisten dringen in entlegene Gebiete vor. Bis in Höhen über 3 000 Meter werden Berghänge glatt gewalzt. Wenn im Frühjahr das Tauwetter einsetzt, dann bieten die Höhenlagen noch Abfahrtsmöglichkeiten. Im Sommer werden sogar die Gletscher von den Urlaubern als Skigebiet genutzt.

Das einstige Bergbauerndorf ist so zu einem „Millionendorf" geworden – ein riesiger Freizeitpark für Sport und Party. Der **Massentourismus** (↑) hat sich ausgebreitet.

M 2 *Ein Umweltschützer berichtet:*
Sölden ist ein Beispiel für die unverantwortliche Erschließung der Alpen zu wirtschaftlichen Zwecken. Hier wurden Seilbahnen und Lifte in die Berge hinein gebaut. Sie erschließen ein Pistennetz von über einhundert Kilometer Abfahrten. So kommen die Skifahrer sogar im Sommer auf ihre Kosten. Das ist zwar vorteilhaft für den Fremdenverkehr, aber die Umwelt bleibt auf der Strecke.
Auf den abgeholzten und glatt gewalzten Berghängen haben jetzt Lawinen freie Bahn.
Auf den Skipisten ist die Grasnarbe zerstört. Tauwasser und Regen spülen den schutzlosen Boden ins Tal. Die Hochwassergefahr hat zugenommen. Selbst im fernen Inntal ist das zu spüren.
Tausende Urlauber hinterlassen auf dem Gletscher leere Sonnencremetuben und anderen Müll.
Ölreste der Pistenfahrzeuge verunreinigen ebenfalls Schnee und Eis, die dadurch schneller schmelzen.

M 1 Wintersportanlage bei Sölden

M 3 Sölden im Sommer

In Sölden – ganzjährig Skilaufen

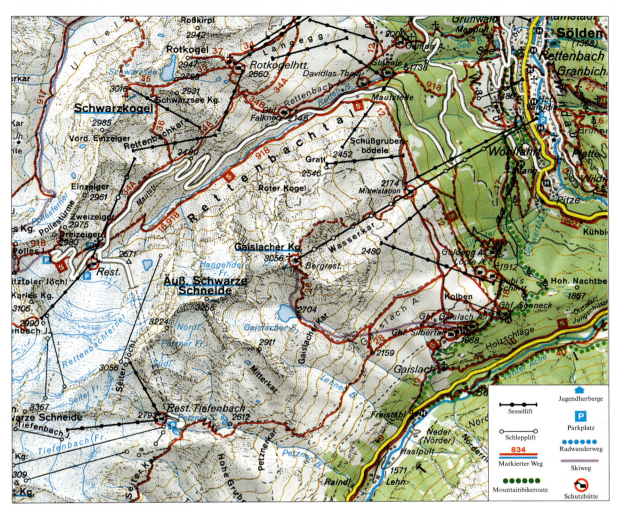

M 4 Ausschnitt aus einer Wanderkarte von Sölden

M 5 Eine kleine Statistik von Sölden	
Höhenlage	1 368 m
Einwohner	3 700
Haushalte	670
Hotels, Pensionen	670
Hotel-, Pensionsbetten	10 000
Urlaubsgäste/Saison	300 000
Übernachtungen/Saison	1,65 Mio.

Sportmöglichkeiten
Hallenbad, Sporthalle, Fitnesscenter, Tennishalle, Schießstand, Kegelbahnen, Minigolf, Gleitschirmschule, 200 Kilometer Skipiste, vier gespurte Langlaufloipen, sieben Rodelbahnen, Natureisbahn, Sommerskilauf am Rettenbachferner und am Tiefenbachferner (2 600 bis 3 000 Meter).

AUFGABEN

1. Suche das Urlaubsgebiet Ötztaler Alpen auf einer Karte im Atlas und beschreibe die Lage des Gebietes.
2. Ordne das Bild M 3 in die Karte M 4 ein. Erkläre, woran du dich dabei orientierst.
3. Suche in M 4 einen Wanderweg von Sölden zum Restaurant Tiefenbach und beschreibe dessen Verlauf. Beachte dabei die Höhenlinien.
4. Weise an Beispielen nach, dass sich Sölden zu einem Gebiet des Massentourismus entwickelt hat (Text, M 1, M 2, M 5).
5. Trage unterschiedliche Standpunkte zum Massentourismus in den Ötztaler Alpen zusammen (Text, M 2, M 5) und diskutiert sie in der Klasse.
6. Stellt ein Urlaubsprogramm für einen Winteraufenthalt in Sölden zusammen. Holt euch weiter führende Informationen unter der Internetadresse *www.soelden.com*. Vergesst nicht, die Anreise von eurem Heimatort nach Sölden mit zu planen.

Mitteleuropa

Zusammenfassung

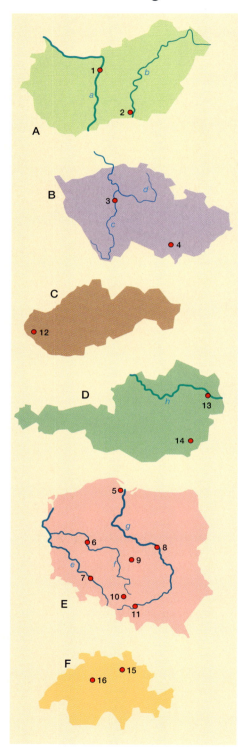

Länderpuzzle

Die Oberflächengestalt des Großraumes Mitteleuropa gliedert sich in Tiefland, Mittelgebirgsland und Hochgebirge. Im Mittelgebirgsland trifft man auf Beckenlandschaften.

Die Alpen begrenzen als Hochgebirge den Großraum Mitteleuropa zu Südeuropa. Der Montblanc ist mit 4 807 Meter Höhe der höchste Berg des gesamten Kontinents Europa.
Die Alpen sind ein Faltengebirge. Man unterteilt sie nach der Lage in Westalpen und Ostalpen, nach dem Gesteinsaufbau in Zentralalpen (Granit) und in Nördliche bzw. Südliche Kalkalpen.

Über **Tunnel und Passstraßen** wird der Verkehr von Mitteleuropa nach Südeuropa über die Alpen geführt. Die Alpen sind ein stark besuchtes Erholungsgebiet. Die Almwirtschaft ist eine den Hochgebirgsbedingungen angepasste Form der Landwirtschaft in den Alpen.

Die Wirtschaftsräume im östlichen Teil Mitteleuropas befinden sich in einem Umgestaltungsprozess auf marktwirtschaftliche Bedingungen. Unternehmen aus EU-Ländern unterstützen sie dabei.

Die Hauptstädte der Länder im östlichen Mitteleuropa bieten viele Sehenswürdigkeiten. Sie werden von vielen Touristen besucht.

AUFGABEN
1. Ein Länderpuzzle: Lege zu der nebenstehenden Abbildung eine Tabelle nach folgendem Muster an: Land, Stadt, Fluss. Ordne die richtigen Namen zu. Unterstreiche anschließend den Namen der Hauptstadt eines jeden Landes.
2. Wähle eine Landschaft aus dem Großraum Mitteleuropa aus. Stelle sie der Klasse in einem Vortrag vor. Orientiere dich an folgenden Stichpunkten: Lage, Oberflächengestalt, Entstehung, Nutzung durch den Menschen.
3. Zeige am Beispiel eines Betriebes oder Wirtschaftsraumes aus dem östlichen Mitteleuropa auf, welche Veränderungen sich dort gegenwärtig vollziehen oder schon vollzogen haben. Welche Ziele werden damit verfolgt?

Osteuropa

Wir orientieren uns in Osteuropa

M 1 Im Osteuropäischen Tiefland bei Twer

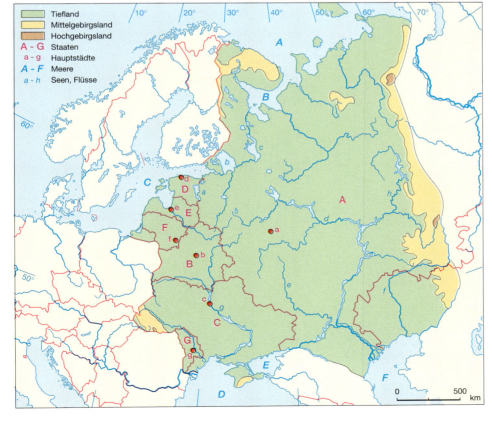

M 2 Orientierung in Osteuropa

Lege in deinem Arbeitsheft eine Tabelle mit vier Spalten an (Staaten, Hauptstädte, Gewässer, Landschaften). Schreibe anschließend die Namen der Objekte in die Tabelle, die in der Karte mit Buchstaben benannt sind. Nutze als Orientierungshilfe die Atlaskarte.
Wo findest du das Osteuropäische Tiefland in der Karte?

Stadtentwicklung von Moskau

Der Grundriss der Stadt Moskau sieht aus als ob ein riesiges Spinnennetz über der Stadtfläche liegen würde. Große Straßen umschließen in mehreren Ringen die Stadt, andere führen strahlenförmig nach außen. Wie ist es zu diesen Verkehrsführungen gekommen?

Die Entwicklung Moskaus lässt sich über mehr als 900 Jahre zurück verfolgen. In diesem langen Zeitraum dehnte sich die Stadtfläche immer weiter aus.

Von 1100 bis 1500. Im Jahre 1156 wurde am Fluss Moskwa mit dem Bau des Kreml (Kreml = Festung) begonnen. Als Baumaterial diente vor allem Holz der umliegenden Wälder. Der Kreml wurde zu einer der größten Festungsanlagen Europas ausgebaut. In ihrem Schutz entwickelte sich die Stadt Moskau.
1418 wurde Moskau russische Hauptstadt. Zu dieser Zeit hatte die Stadt etwa 25 000 Einwohner. Eine ringförmige Mauer umschloss die Stadt, in deren Mitte der Kreml lag. Handelsstraßen führten aus allen Himmelsrichtungen in die Stadt.

Von 1500 bis 1700. Um 1521 war die Vereinigung der russischen Fürstentümer abgeschlossen. Zar IWAN IV. hatte die Alleinherrschaft (Zar = Herrscher) übernommen. Er und seine Nachfolger dehnten in Kriegen ihren Herrschaftsbereich immer weiter aus.
In dieser Zeit wuchs auch die Hauptstadt des Reiches sehr stark. Um die größer gewordene Stadt wurde eine neue Stadtmauer gebaut und die alte abgerissen.

Von 1700 bis 1800. Zar PETER I. strebte enge Beziehungen nach Mittel- und Westeuropa an. Er verlegte im Jahre 1703 die Hauptstadt nach St. Petersburg. Moskau blieb aber nach wie vor wirtschaftlicher Mittelpunkt des Landes. Auch in dieser Zeit wuchs die Einwohnerzahl Moskaus weiter an (um 1800 auf 270 000).

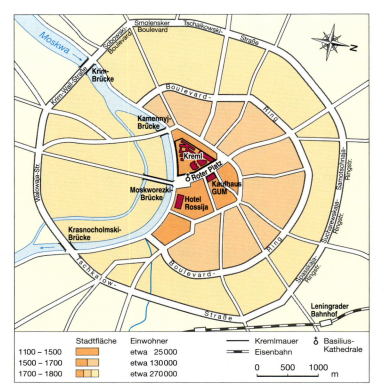

M 1 Die Entwicklung Moskaus von 1100 bis 1800

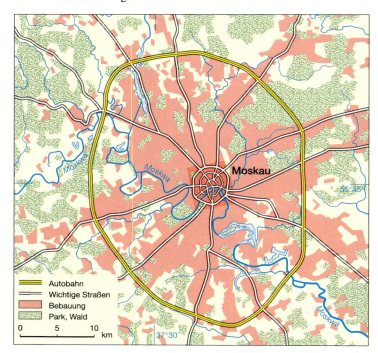

M 2 Das Ringstraßennetz Moskaus, 2002

Stadtentwicklung von Moskau 99

M 3 Blick auf den Kreml in der Innenstadt Moskaus

Es kam zu einer zweiten Erweiterung der Stadtfläche, die über die bisherige Stadtmauer hinausführte. Moskau erstreckte sich nun auch auf das andere Ufer der Moskwa. Erneut wurde eine Stadtmauer gebaut, die sich wieder ringförmig um die Stadtfläche legte.
Im Jahre 1812 vernichtete ein großer Brand Moskau vollständig. Die Stadt musste neu aufgebaut werden.

Von 1800 bis 1900. Mit der etwa ab 1850 einsetzenden Industrialisierung Russlands wuchs Moskau besonders schnell. Die Stadtfläche wurde wieder erweitert. Auf den Bau einer neuen Stadtmauer wurde aber verzichtet. Die alten Stadtmauern wurden abgerissen und auf den frei gewordenen Flächen breite Ringstraßen angelegt.

Nach 1900. Nach der Revolution von 1917 und der Ermordung des Zaren wurde die Sowjetunion (1922–1991) gegründet und die Hauptstadt wieder nach Moskau verlegt. Auch nach der Gründung der Russischen Föderation (kurz: Russland) im Jahre 1990 blieb Moskau weiterhin Hauptstadt. Im Kreml befindet sich auch der Amtssitz des russischen Präsidenten.

M 4 Bevölkerungsentwicklung Moskaus

AUFGABEN
1. Beschreibe das Foto M 3 und suche die genannten Objekte in der Karte von der Moskauer Innenstadt (M 1).
2. Werte die Karte zur Stadtentwicklung Moskaus von 1100 bis 1800 aus (M 1). Beachte den Verlauf der Begrenzungslinien der Stadtflächen.
3. Suche in der Karte M 2 die Ringstraßen. Wie viele Ringstraßen findest du? Erkläre, wie es zur Anlage dieses Straßennetzes kam (Text, M 4).
4. Zeichne eine Kartenskizze des Ringstraßennetzes von Moskau. Ergänze es durch Fernstraßen, die von Moskau in andere Landesteile führen. Schreibe an die Fernstraßen mögliche Zielorte (M 2, Atlas).

Moskau und das Industrielle Zentrum

Obwohl es in der Umgebung Moskaus kaum Bodenschätze gibt, hat sich hier das größte Industriegebiet Russlands herausgebildet: das sogenannte „Industrielle Zentrum". Welche Voraussetzungen waren dafür gegeben?

Lage und Größe des Gebietes. Bedeutende Industriestädte des Industriellen Zentrums sind Twer, Tula, Rjasan, Nischni Nowgorod und Jaroslawl. Den Kern des Gebietes bildet der Verdichtungsraum Moskau. In ihm leben etwa 14 Millionen Einwohner, davon allein über 9 Millionen in Moskau.

Das Industrielle Zentrum ist von Moskau aus bis in eine Entfernung von etwa 200 km durch große Industriebetriebe gekennzeichnet. Es ist aber nicht nur ein bedeutender Wirtschaftsraum, sondern zugleich auch das wissenschaftliche Zentrum Russlands.

Nirgendwo anders in Russland ist die städtische Verdichtung, die Zahl der Hoch- und Fachschulen, der Verkehrswege und Industrieanlagen so groß wie im Industriellen Zentrum. In keinem anderen Wirtschaftsraum Russlands werden auch so viele unterschiedliche, hochwertige Industriegüter erzeugt.

M 1 Die Moskauer Lomonossow-Universität. Sie wurde nach dem russischen Gelehrten und Schriftsteller LOMONOSSOW benannt.

Anteil des Industriellen Zentrums an der Fläche Russlands

3 % Ausdehnung: ca. 200 km rund um Moskau

Anteil des Industriellen Zentrums an der Einwohnerzahl Russlands

20 % = 30 Millionen

M 2 Anteile des Industriellen Zentrums an der Fläche und Einwohnerzahl Russlands

Politisches Zentrum
Sitz des Präsidenten, der Regierung und des Parlaments (der Duma) Russlands

Bevölkerungszentrum
Industrielles Zentrum:
30 Mio. Einwohner,
Verdichtungsraum Moskau:
14 Mio. Einwohner,
Stadt Moskau:
9 Mio. Einwohner

Wirtschaftszentrum
vielseitige Industrie, zahlreiche wissenschaftlich-technische Einrichtungen, großes Angebot an qualifizierten Arbeitskräften

Wissenschafts- und Kulturzentrum
viele Universitäten und Hoch- und Fachschulen, Theater, Museen

Verkehrsknoten
9 Fernbahnhöfe,
3 Großflughäfen,
Binnenschifffahrtsverbindungen zu 5 Meeren

M 3 Moskau – Hauptstadt Russlands und Kern des Industriellen Zentrums

Moskau und das Industrielle Zentrum

Die Entwicklung des Industriellen Zentrums. Anfangs war die Textilherstellung der wirtschaftliche Schwerpunkt des Gebietes. Die industrielle Fertigung zog – ähnlich wie in Mittelengland – die Ansiedlung des Maschinenbaus nach sich. Mit der Erfindung künstlicher Farben und Fasern war die Entwicklung der chemischen Industrie verbunden, die wiederum Bedarf an technischen Anlagen hatte.

Binnen kurzer Zeit wurde der Raum um Moskau zum wirtschaftlich stärksten Gebiet Osteuropas. Durch die in Moskau ansässige Regierung wurde die Entwicklung des Industriellen Zentrums gefördert. So entstanden beispielsweise auch Forschungs- und Produktionsstätten des Flugzeugbaus, der Raumfahrttechnik und der Rüstungsindustrie.

Industrie und Verkehr. Moskau war schon früh ein Verkehrsknoten im osteuropäischen Verkehrsnetz. Diese günstige Verkehrslage war eine wichtige Voraussetzung für die Herausbildung des Industriellen Zentrums. Denn Fernstraßen und Fernstrecken der Eisenbahn gewährleisten den Transport von Gütern zwischen Moskau und anderen Wirtschaftsstandorten im Industriegebiet und darüber hinaus. Für den Transport von Massengütern wurde das Flussnetz so ausgebaut, dass Moskau an das osteuropäische Wasserstraßennetz angeschlossen ist und außerdem Zugang zu fünf Meeren hat.

Die zentrale Stellung Moskaus innerhalb Russlands wird auch durch die drei Flughäfen deutlich. Auf Grund der weiten Entfernung im Lande nutzen viele Reisende das Transportmittel Flugzeug. Für den innerstädtischen Verkehr Moskaus hat die Untergrundbahn Metro eine große Bedeutung. Mit ihr kann man am schnellsten die Stadt durchqueren. Ihr Streckennetz umfasst 256 km mit 115 Stationen. Über 3 Millionen Fahrgäste nutzen sie täglich. Die elektronisch gesteuerten Züge fahren im Abstand von 90 bis 120 Sekunden. Die Bahnhöfe der Metro sind meist prunkvoll ausgestaltet.

M 4 Montage von Weltraumausrüstungen in einem Moskauer Betrieb

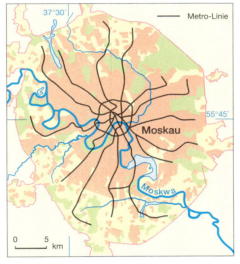

M 5 Das Netz der Moskauer Untergrundbahn (Metro)

AUFGABEN

1. Beschreibe die Lage und Ausdehnung des Industriellen Zentrums (Text, M 2, Atlas).
2. Stelle eine Liste der Industriezweige des Industriellen Zentrums zusammen (Atlas). Ordne die Industriezweige nach ihrer Bedeutung (Häufigkeit und Größe der Symbole).
3. Überprüfe anhand einer Atlaskarte, mit welchen fünf Meeren Moskau über Binnenwasserstraßen verbunden ist (Atlas).
4. Zeichne in dein Heft eine Tabelle mit 3 Spalten (längs) und 5 Zeilen (quer). Schreibe in die 1. Spalte 5 Strecken von Moskau zu einem anderen Ort in Russland, in die 2. Spalte jeweils Waren oder Personen, die transportiert werden sollen, in die 3. Spalte das geeignetste Verkehrsmittel.

Das Klima in Osteuropa

Das Klima Osteuropas unterscheidet sich vom Klima in weiter westlich gelegenen Großräumen Europas. Welche Unterschiede bestehen und worauf sind sie zurück zu führen?

Merkmale des Klimas. Das Klima in Osteuropa ist von großen *Temperaturunterschieden* geprägt. Das gilt nicht nur für den Unterschied zwischen mittlerer Sommer- und mittlerer Wintertemperatur. Darüber hinaus gibt es im Sommer große Temperaturunterschiede in Nord-Süd-Richtung und im Winter in West-Ost-Richtung.

Im Winter ist die Luft über dem osteuropäischen Festland fast immer kalt; umso kälter, je weiter im Nordosten man ist. Im Nordosten dauert die Frostperiode (= Zeit mit Temperaturen unter dem Gefrierpunkt) 7 Monate an, im Süden dagegen nur 3 bis 4 Monate.

Die Sommermonate sind in den mittleren und südlichen Teilen Osteuropas mit mittleren Temperaturen um die 20 °C bis 25 °C meist recht warm; im Nordosten steigt sie dagegen auch im Sommer selten über 10 °C an.

Der Wind weht meist von West nach Ost. Die mit dem Westwind herangeführten Luftmassen haben auf dem weiten Weg von der Westküste Europas bis nach Osteuropa den größten Teil ihrer Feuchtigkeit verloren: Die Wolken haben sich abgeregnet. Deshalb fallen im Jahresmittel nur wenig Niederschläge; umso weniger, je weiter im Südosten man ist.

Das Klima Osteuropas nennt man *Landklima* (↑) oder auch *Kontinentalklima*. Seine Merkmale werden durch die meerferne Lage bestimmt. Größere Unterschiede gibt es innerhalb des Landklimas Osteuropas durch die riesige Nord-Süd- und Ost-West-Ausdehnung des Großraums.

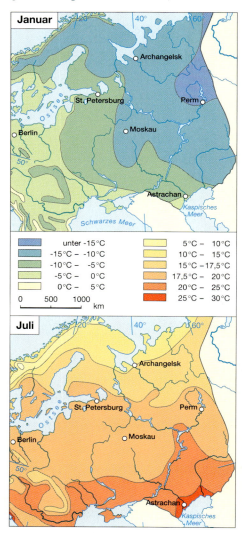

M 1 Durchschnittliche Januar- und Juli-Temperaturen in Osteuropa

M 2 Am Kaspischen Meer – während eines trockenen Sommertages rast ein Staubsturm über das Land

Das Klima in Osteuropa

Entstehung von Landklima. Die Sonnenstrahlen erwärmen im *Sommer* das Festland stark. Die Erdoberfläche speichert aber, anders als das Wasser der Ozeane und Meere, kaum Wärmeenergie. Sie gibt diese Wärme schnell wieder an die Luft ab, die dabei erwärmt wird.

Im *Winter* reicht die Energie der Sonnenstrahlen nicht aus, um die Festlandsfläche zu erwärmen. Da das Festland aber kaum Wärmeenergie vom Sommer gespeichert hat, kann die Luft nicht erwärmt werden. Die Lufttemperatur ist im Winter deshalb sehr niedrig.

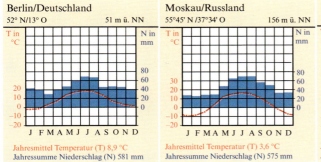
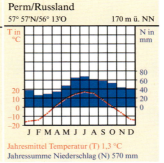

M 3 Unterschiede des Klimas in West-Ost-Richtung: Klimadiagramme von Berlin, Moskau und Perm

Das Klima im Gebiet Archangelsk.
Im Winter verdecken oft Wolken die Sonne. Sie bringen aber kaum Schnee. Von Oktober bis Mai liegt nur eine dünne Schneedecke. Die Temperaturen sinken aber bis auf –40 °C. Im kurzen Frühjahr steigen sie dann schnell auf etwa +10 °C. Die Flüsse können dann das viele Schmelzwasser nicht schnell genug aufnehmen. Es kommt zu riesigen Überschwemmungen. Während der hellen Nächte von Mitte Mai bis Ende Juli steigt die Lufttemperatur auf über 10 °C an. Nach einem kurzen Herbst beginnt bereits im September der Winter.

Das Klima im Gebiet Astrachan.
Im Winter kann die Temperatur bis unter –30 °C sinken. Selbst die Wolga ist dann zugefroren. Schnee fällt aber selten. Die Saat ist ungeschützt dem Frost ausgesetzt. Nach einem kurzen Frühjahr kommt ein langer Sommer mit Temperaturen um 30 °C. Wenn Regen fällt, dann geschieht dies meist in Gewitterschauern. In manchem Sommer regnet es aber wochenlang nicht. Dann fallen die Ernten schlecht aus. Staubstürme rasen vom Kaspischen Meer kommend über die Felder und lassen das Getreide auf dem Feld verdorren. Der Herbst ist sehr kurz; bereits im September beginnt der Winter mit ersten Nachtfrösten.

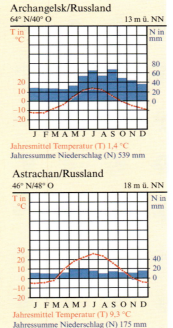

M 4 Unterschiede des Klimas in Nord-Süd-Richtung: Klimadiagramme von Archangelsk und Astrachan

AUFGABEN
1. Vergleiche die Klimawerte von Berlin, Moskau und Perm (M 3). Beachte: Monatsmittel der Temperaturen, Jahresgang der Temperatur, Niederschlagssumme und -verteilung.
2. Vergleiche die Auswertung der Klimawerte (M 3) mit der Verteilung der Januar- und Julitemperaturen in Osteuropa in der West-Ost-Richtung (M 1). Erläutere dein Ergebnis.
3. Beschreibe anhand der Klimadiagramme von Astrachan und Archangelsk (M 4) Unterschiede innerhalb des Landklimas von Osteuropa in der Nord-Süd-Richtung.
4. Erläutere nun in eigenen Worten, was die Kennzeichen des Kontinentalklimas in Osteuropa sind (M 1 – M 4, Text).
5. Vergleiche den Klimatyp des Seeklimas in Westeuropa mit dem Landklima Osteuropas.

Landwirtschaft in Russland

Zur Versorgung der Bevölkerung mit Nahrungsmitteln werden große Teile Osteuropas landwirtschaftlich genutzt. Dabei gibt es aber große Unterschiede in der Art der Flächennutzung. Wie zeigen sie sich im Landschaftsbild und wodurch sind sie bedingt?

In der Nichtschwarzerdezone. Die Gebiete des nördlichen Osteuropa sind eiszeitliche Ablagerungsgebiete mit weniger fruchtbaren Böden. Durch hohe Grundwasserstände sind die Böden oft stark durchfeuchtet. Deshalb ist ihre Entwässerung von großer Bedeutung. Angebaut werden vor allem Kartoffeln, Gemüse und Futterkulturen. Die Erträge sind aber nicht sehr hoch.

M 2 Schwarzerde- und Nichtschwarzerdezone in Osteuropa

M 1 *Im Dorf Koschanowo (nördlich von Moskau bei Twer)*
Bauer Gena ist auf der Wiese am Fluss bei der Heumahd (= Heuernte). Ein Pferd und ein paar Schafe grasen am Wiesenrand. Am Hang steht das Wohnhaus. Es ist aus Holz gebaut und sehr geräumig. Riesige Stapel Brennholz liegen an der Hauswand schon für den langen Winter bereit. Im Vorraum riecht es nach frisch gemolkener Milch. Riesige Töpfe mit Quark und Sauerrahm stehen zwischen Bergen von Zwiebeln, Kisten voller Kartoffeln und langen Reihen von Einweckgläsern mit eingekochten Pilzen, eingelegten Gurken, Weißkohl, Marmelade und Honig.
Im Stall hinter der Wohnküche halten die Genas acht Rinder und ein Schwein. Sobald der Frost kommt und man das Fleisch einfrieren kann, soll geschlachtet werden. Die Genas versorgen sich fast mit allen Lebensmitteln selbst. Bargeld verdienen sie durch den Verkauf von Quark und Sauerrahm auf dem Markt in Twer. Ihre Felder, auf denen sie Kartoffeln und Roggen anbauen, düngen sie hauptsächlich mit Stallmist. Manchmal kaufen sie auch künstlichen Dünger und Kalk, mit denen sie den Boden etwas verbessern. Sie überlegen, ob sie auch Gemüse für den Verkauf anbauen sollten.

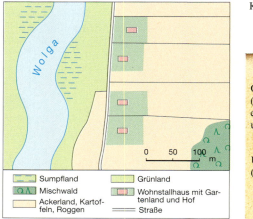

M 3 Flächennutzung in Koschanowo

M 4 Nichtschwarzerde

M 5 Ein Bauernhaus in Koschanowo

In der Schwarzerdezone. Südlich der Nichtschwarzerdezone liegt die wichtigste Landwirtschaftszone Russlands: die Schwarzerdezone. Sie wird auch als die „Kornkammer" Russlands bezeichnet. Auf der nährstoffreichen Schwarzerde werden vor allen Weizen, Mais und Zuckerrüben angebaut. Aber auch Sonnenblumen und Melonen bringen gute Ernteerträge.
Die Feldwirtschaft wird vorrangig auf großen Flächen betrieben.

M 6 *In einer Agrargenossenschaft im Schwarzerdegebiet (östlich von Woronesch).*

„Die Schwarzerde hat ihren Namen von der tiefschwarzen Farbe des Humus in unserem Steppenboden", erklärt Boris Petrow. „Der Humus reicht oft bis zu 150 cm tief in den lockeren Boden. Er enthält viele Pflanzennährstoffe. Die Schwarzerde gehört zu den fruchtbarsten Ackerböden."
Darauf ist Petrow besonders stolz.
Sorgen bereiten der Landwirtschaft lang anhaltende Dürren und glutheiße Staubstürme während der Vegetationszeit. Zum Schutz der Felder vor den Stürmen wurden schon vor 50 Jahren Baumstreifen angepflanzt.
Er berichtet weiter: „In der Sowjetunion hatten wir hier einen staatlichen Großbetrieb. 1994 gründete ich mit einigen Kollegen daraus eine Genossenschaft. Früher waren im Betrieb über 1 000 Lohnarbeiter und Angestellte beschäftigt. Heute kommen wir auf derselben Fläche mit rund 120 Mitarbeitern zurecht.
Zuerst liehen wir uns bei der Bank Geld, um neue Pflüge, Saat- und Erntemaschinen sowie Lastkraftwagen kaufen und moderne Lagerhallen bauen zu können. Das Getreide liefern wir an einen Nahrungsmittelbetrieb, die Sonnenblumenkerne werden in einer Ölmühle verarbeitet."

Nichtschwarzerden: nährstoffarme Böden mit geringem Humusanteil, weniger für Ackerbau geeignet, vor allem Wälder und Weideland.
Schwarzerde: nährstoffreicher Boden mit hohem Humusanteil, bester Ackerboden, ermöglicht hohe Erträge.

M 7 Bei Woronesch im Schwarzerdegebiet   **M 8** Schwarzerde

M 9 Getreideernte im Schwarzerdegebiet

AUFGABEN
1. Beschreibe anhand einer Atlaskarte die räumliche Zweiteilung der Bodennutzung im osteuropäischen Teil Russlands. Beachte: Der Atlas unterscheidet nach Ackerland mit geringen Böden bzw. übriges Ackerland (Nichtschwarzerdegebiet) und Ackerland mit guten Böden bzw. vorwiegendem Getreideanbau (Schwarzerdegebiet) (M 2).
2. Erläutere, wie sich die Familie des Bauern Gena im Nichtschwarzerdegebiet selbst versorgt (M 1 bis M 5).
3. Stellt in einer Tabelle Besonderheiten der Landwirtschaft im Schwarzerdegebiet zusammen (M 6, M 8). Ordnet nach: Boden, Klima, Anbaupflanzen.
4. Vergleicht die Landwirtschaft auf Nichtschwarzerde und auf Schwarzerde miteinander (M 1, M 6). Stellt eure Ergebnisse der Klasse vor.

Die Wolga – eine Lebensader Russlands

„Mütterchen Wolga", so nennen die Russen liebevoll den längsten Strom Europas, der Osteuropa von den Waldai-Höhen nordöstlich von Moskau bis zum Kaspischen Meer im Süden durchquert. Welche Bedeutung hat die Wolga im wirtschaftlichen Leben Russlands?

Die natürlichen Bedingungen im Wolga-Gebiet. Nördlich von Moskau, bei der Stadt Twer, ist die Wolga kaum 200 m breit. Auf ihrem Weg nach Süden nimmt sie über 200 Nebenflüsse auf. Bis zur Stadt Wolgograd hat der Fluss etwa 3 000 km zurückgelegt. Hier sind die Flussufer stellenweise über 8 km voneinander entfernt.

Von der Quelle bis zur Mündung durchquert die Wolga ein Gebiet, das etwa vier Mal so groß ist wie Deutschland. Die Temperaturen und Niederschlagsverhältnisse sind in diesem großen Raum sehr unterschiedlich. Folglich fließt der Strom durch eine recht verschiedenartige natürliche Vegetation, die man von Nord nach Süd unterschiedlichen **Vegetationszonen** (↑) zuordnen kann.

Wirtschaftliche Nutzung der Wolga. Die Wolga ist nicht nur ein wichtiger Schifffahrtsweg Osteuropas. An ihren Ufern haben sich Industrien angesiedelt, die das Wasser der Wolga nutzen. Zu ihnen gehören beispielsweise Wasserkraftwerke und Papierfabriken.

M 1 *Papier aus Nischni Nowgorod.*
Holz, Wasser und Strom sind wichtige Standortfaktoren einer Papierfabrik. All das ist in und um Nischni Nowgorod reichlich vorhanden. Holz liefern vor allem die Wälder um die Stadt, Wasser und Strom liefert die Wolga. Über 4 200 Arbeitskräfte erzeugen hier jährlich etwa 400 000 t hochwertiges Druckpapier, von dem über die Hälfte ins Ausland geliefert wird. Die Wolga dient auch als Transportweg für das Werk. Der Massentransport auf dem Landweg wäre zwar schneller, aber wesentlich teurer. Problematisch ist, dass der Wasserweg nicht ganzjährig nutzbar ist.

M 2 Die Wolga bei Nischni Nowgorod

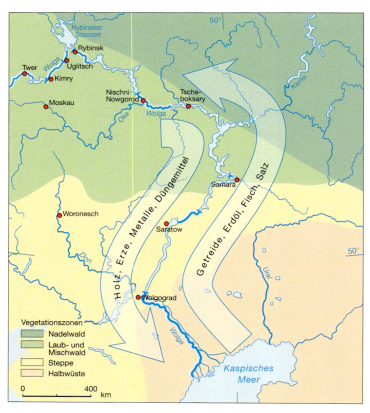

M 3 Die Wolga – ein Transportweg durch unterschiedliche Vegetationszonen Osteuropas

Die Wolga – eine Lebensader Russlands 107

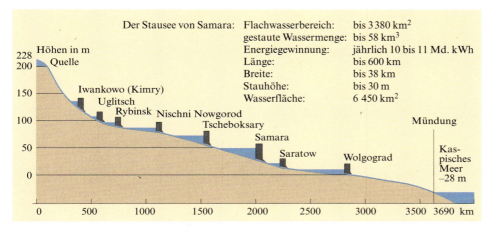

M 4 Staustufen an der Wolga

Staustufen an der Wolga. Hochwasser im Frühjahr und Niedrigwasser im Sommer behinderten die Schifffahrt auf der Wolga sowie die Gewinnung von Elektroenergie. Deshalb wurde der Flusslauf seit 1932 umgestaltet.

Seit der Fertigstellung des Projektes riegeln riesige Staudämme den Fluss ab. Hinter ihnen breiten sich weite Stauseen aus, die dem Ausgleich der Wasserführung der Wolga dienen. Diese Staustufen ordnen sich wie eine Treppe an. Deshalb spricht man auch von der Wolgatreppe.

Zum Ausbau des Schifffahrtsweges gehörte auch die Vertiefung der Fahrrinne für die Schiffe und der Bau von Schleusen, mit deren Hilfe sie die Staustufen überwinden können. Binnenhäfen mit Liegeplätzen für die Schiffe und Anlagen für das Aus-, Ein- und Umladen der Güter prägen das Bild in den Hafenstädten. Das Wasser der Stauseen wird auch zur Trinkwassergewinnung, zur Bewässerung und zur Fischhaltung genutzt.

Auswirkungen der Wolga-Umgestaltung. Mit der Umgestaltung der Natur durch den Menschen sind gewollte und ungewollte Folgen verbunden. Vorteilhaft für das Leben der Menschen ist die bessere Nutzung der Wolga als Wasserweg. Auch die Stromgewinnung war für die weitere Erschließung des Gebietes von großer Bedeutung, denn sie ermöglichte die Ansiedlung neuer Industriebetriebe. Die Landwirtschaft profitierte ebenfalls: Trotz geringer Niederschläge können große Landwirtschaftsflächen bewässert werden.

Aber es sind auch Probleme mit dem Staustufen-Projekt verbunden. Über den Flächen der Stauseen verdunstet sehr viel Wasser. Auch für die Industrie, die Landwirtschaft und die Versorgung der Menschen wird viel Wasser der Wolga entnommen, so dass dem Kaspischen Meer zu wenig Wasser zugeführt wird und der Salzgehalt des Meeres ansteigt. Hinzu kommt, dass die Industriebetriebe und Siedlungen entlang der Wolga nicht über ausreichende Kläranlagen verfügen. Durch das ungereinigte Wasser wird der Fischbestand gefährdet.

M 5 Fischfang im Mündungsgebiet der Wolga. Der Rogen der Störe liefert den Kaviar.

Schon gewusst?

Für Lachse wurden spezielle Fischtreppen in die Wolga eingebaut. Sie ermöglichen den Fischen das Überwinden der Stauanlagen, wenn sie vom Oberlauf zum Meer ziehen bzw. zum Laichen in den Oberlauf des Flusses zurückkehren. Dabei springen die Fische bis zu 3 m hoch und 5 m weit.

AUFGABEN

1. Beschreibe das Klima und die Vegetation des Wolga-Gebietes. Unterscheide dabei nach Oberlauf, Mittellauf und Unterlauf des Flusses (M 3, Text, Atlaskarte).
2. Schreibe einen Brief an eine Druckerei in Hamburg, in dem du den Transportweg für die Lieferung des bestellten Papiers erklärst (M 1, Atlaskarte).
3. Wie beurteilst du den Ausbau der Wolga (Text, M 4)? Wäge Vor- und Nachteile ab.

Das Donez-Dnjepr-Gebiet

Die Ukraine ist nach Russland das zweitgrößte Land Europas. 1991 trennte sich die Ukraine von dem damaligen Staat Sowjetunion. Wie andere Länder Osteuropas auch erklärte sie ihre staatliche Unabhängigkeit: Die Sowjetunion zerfiel in mehrere Einzelstaaten. Über welche Voraussetzungen für die wirtschaftliche Entwicklung verfügt die Ukraine?

Mit der staatlichen Trennung von der Sowjetunion war auch eine wirtschaftliche Neuorganisation in der Ukraine verbunden. Dabei kommt dem Donez-Dnjepr-Gebiet große Bedeutung zu. Denn in diesem Gebiet befinden sich Lagerstätten von Steinkohle, Eisenerz und Mangan. Hier entstand schon im vorigen Jahrhundert ein großes Industriegebiet.

Kriwoi Rog. Der Raum Kriwoi Rog liegt im Westen des Donez-Dnjepr-Gebiets. Dort ist das Zentrum des Eisenerzbergbaus und der Schwerindustrie. Die Eisenerzlagerstätte nimmt eine Fläche von etwa 120 km Länge und 2 bis 7 km Breite ein. Sie ist die größte Lagerstätte Europas, in der Eisenerz im Tagebau gefördert wird. Bei Nikopol liegt die größte Manganerzlagerstätte Europas.

Dnjepropetrowsk. Der Standort Dnjepropetrowsk – nordöstlich von Kriwoi Rog – entwickelte sich zum Schwerpunkt der Eisen- und Stahlproduktion. Sein Lagevorteil ist, dass er zwischen den Kohleabbaugebieten von Donezk und dem Eisenerzbergbau von Kriwoi Rog liegt. Ein Teil des hier produzierten Stahls wird an Ort und Stelle im Maschinenbau verarbeitet. Ein anderer Teil wird exportiert.

Donezgebiet. Das Kohlebecken um Donezk erstreckt sich im östlichen Teil des Industriegebietes. Mit einer Fläche von 60 000 km² ist es die größte Steinkohlenlagerstätte Europas. Sie ist etwa so groß wie die Länder Sachsen, Sachsen-Anhalt und Thüringen zusammen. Die rund 200 abbauwürdigen Kohleflöze liegen zwischen 100 und 1 200 m tief. Ihre Mächtigkeit reicht von 0,75 m bis 1,20 m.
Kohle mit hohem Heizwert wird vor allem in Wärmekraftwerken verwendet. Aus anderen Kohlearten wird Koks gewonnen, der bei der Eisenverarbeitung zum Einsatz kommt. Beim Kohleabbau fällt auch viel Abfallgestein („taubes Gestein") an, das in riesigen Abraumhalden gelagert wird.

M 1 Der Zerfall der Sowjetunion in zahlreiche Einzelstaaten

M 2 Das Donez-Dnjepr-Gebiet und andere Industriestandorte der Ukraine

Mangan: silber-graues, hartes Metall, das zur Veredelung von Roheisen verwendet wird.

M 3 *Am Dnjepr, dem drittlängsten Fluss Europas.*
Die Stromschnellen zwischen Dnjepropetrowsk und Saporoschje behinderten früher den Schiffsverkehr. Nach ihnen wurde die Stadt Saporoschje benannt (sa = hinter, porog = Stromschnelle).
An fünf Stellen wurde der Dnjepr durch gewaltige Mauern aufgestaut. Die Flusslandschaft wurde zu einer Seenkette. Mit dem aufgestauten Wasser werden Landwirtschaftsflächen bewässert und Wasserkraftwerke betrieben. Schiffe überwinden beispielsweise den Staubereich der zwei Kraftwerke Dnjeproges in einer 300 m langen Schleuse.

Kornkammer Ukraine. Annähernd drei Viertel der ukrainischen Landesfläche ist mit Schwarzerdeböden bedeckt. Die Entstehung dieses Bodens erfolgte ähnlich wie im Norddeutschen Tiefland während der Eiszeit.
Auf Schwarzerdeböden werden vor allem Weizen, aber auch Sonnenblumen, Zuckerrüben, Kartoffeln und Futterpflanzen sowie in der Nähe großer Städte Obst und Gemüse angebaut.

Gefahr für den Boden. Gewitterregen oder die Schmelzwasser des Frühjahrs spülen die fruchtbare Bodenschicht von den Feldern ab. In heißen und trockenen Sommermonaten wirbeln Stürme den Boden auf und tragen ihn als feine Staubteilchen fort.
Zum Schutz des Bodens vor diesen Abtragungen pflanzt der Mensch Waldstreifen zwischen die Felder. Sie brechen die Kraft des Windes. Stehen gelassene Gräser und Kräuter halten mit ihrem dichten Wurzelgeflecht den Boden fest. Absterbende Pflanzenreste erneuern zudem ständig den verbrauchten Humus.

M 4 *Bodenzerstörung im Donez-Dnjepr-Gebiet*
– Austrocknung des Bodens im Sommer,
– Abtragung des Bodens durch den Wind,
– heftige Gewitterregen reißen tiefe Schluchten in den Boden,
– Verringerung der Bodenfruchtbarkeit durch Humusverlust.

M 5 Staudamm und Kraftwerk Dnjeproges bei Saporoschje

M 6 Bodenzerstörung im Donez-Dnjepr-Gebiet

AUFGABEN
1. Suche das Donze-Dnjepr-Gebiet auf einer Atlaskarte und beschreibe seine Lage innerhalb der Ukraine.
2. Untersuche die Industriestruktur des Donez-Dnjepr-Gebiets unter folgenden Gesichtspunkten (M 2 bis M 5, Atlas): a) Welche Bodenschätze werden abgebaut? b) Welche Industriezweige haben sich angesiedelt? c) Welche Beziehungen bestehen zwischen den Industriezweigen?
3. Welche Naturkräfte führen zu Bodenzerstörungen in der Ukraine und wie schützt der Mensch den Boden davor (Text, M 4, M 6)?
4. Informiert euch über den Zerfall der Sowjetunion (M 1) und befragt euren Geografie- oder Geschichtslehrer nach den Gründen für den Zerfall.

Die baltischen Länder – eine Erkundung

Estland, Lettland und Litauen werden auch unter dem Namen baltische Länder zusammengefasst. Sie liegen alle drei an der Ostsee (Ostsee = Baltisches Meer). Was kennzeichnet diese drei Länder im Osten Europas?

M 1 Tallinn (Reval). Estland ist der am östlichsten liegende baltische Staat. Die Landesfläche ist annähernd so groß wie die Schweiz.
Die Hauptstadt Tallinn (408 000 Einwohner) ist zugleich das wirtschaftliche und kulturelle Zentrum des Landes. 1285 wurde Tallinn zu einer Hansestadt. Der Hafen dient heute vor allem dem Schiffsverkehr nach Nordeuropa. Die finnische Hauptstadt Helsinki liegt nur etwa 80 km von Tallinn entfernt. Ein neues Hafenterminal wurde eigens für den Ausflugsverkehr finnischer Tagestouristen angelegt.

M 2 Riga. Die Hauptstadt Lettlands, Riga, hat heute 764 000 Einwohner. Die Stadt wurde 1201 von deutschen Kaufleuten gegründet. 1282 wurde sie Mitglied der Hanse und ein Zentrum des Handels mit Litauen und Russland. Der Seehafen Rigas liegt an der Mündung des Flusses Düna (Dwina, Daugava) in die Ostsee. An der Mündung ist die Düna etwa 800 m breit. Ihre Tiefe reicht auch für große Schiffe. Der Hafen ist der größte Containerhafen der baltischen Länder. Riga ist heute das wirtschaftliche Zentrum des Landes.

M 3 Vilnius (Wilna), die Hauptstadt Litauens, hat heute etwa 600 000 Einwohner. Sie ist die größte Stadt und das wirtschaftliche Zentrum des Landes. Die Fläche Litauens ist mit rund 65 000 km² fast so groß wie die Bayerns. Litauen ist das bevölkerungsreichste der drei baltischen Länder. Über zwei Drittel aller Einwohner leben in Städten.
Die Geschichte der Stadt lässt sich bis in das 10. Jahrhundert zurückverfolgen. Im 16. Jahrhundert hatte Vilnius etwa 30 000 Einwohner. Die Stadt gehörte damals zu den größten und bedeutendsten Städten in Europa.

Die baltischen Länder – eine Erkundung

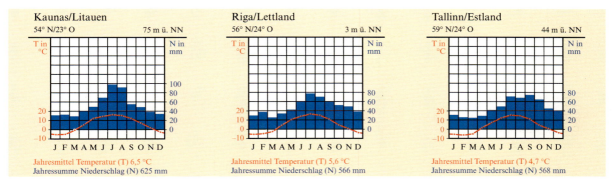

M 4 Klimawerte ausgewählter baltischer Städte

Der Landschaftsraum. Die baltischen Länder liegen in einem Landschaftsraum, der wie in Norddeutschland von den Vorgängen im Eiszeitalter geprägt wurde. Die hügelige und von Seen durchsetzte Moränenlandschaft ist Teil des Baltischen Landrückens, der eine Fortsetzung des Nördlichen Landrückens ist. In einem weiten Bogen begleitet der Baltische Landrücken die Ostsee bis zur Finnischen Seenplatte. Im Süden Lettlands und Litauens gibt es auf den Grundmoränen lehmige Böden.

Die Bevölkerung. Die Bevölkerung der baltischen Ländern lebte Jahrhunderte lang unter der wechselnden Herrschaft schwedischer und russischer Fürstenhäuser; Lettland auch unter deutscher und polnischer Herrschaft. 1918 erlangten die Esten, Letten und Litauer die politische Selbstständigkeit. 1940 besetzte die Sowjetunion die baltischen Länder und gliederte sie gewaltsam in das eigene Territorium ein. Mit dem Zusammenbruch der Sowjetunion errangen die baltischen Völker im Jahr 1990 erneut ihre Unabhängigkeit. Alle drei Länder streben die Mitgliedschaft in der Europäischen Union an.

M 5 Bevölkerung, Flächenausdehnung und Flächennutzungsanteile in den baltischen Ländern

	Litauen	Lettland	Estland
Bevölkerung (in Mio.)	1,6	2,7	3,8
Gesamtfläche (in km²) davon:	45 100	64 600	65 200
Landwirtschaft	56 %	26 %	52 %
Wald	39 %	40 %	28 %
Anderes	5 %	34 %	20 %

M 6 Zusammensetzung der baltischen Bevölkerung nach Völkern und Religionen

Bevölkerung		Religion	davon Anteil
Litauen			
Litauer	81 %	Katholiken	80 %
Russen	9 %	Andere Religionen	20 %
Polen	7 %	(Russisch-Orthodoxe,	
Andere	3 %	Lutheraner)	
Lettland			
Letten	57 %	Lutheraner	55 %
Russen	30 %	Katholiken	24 %
Weißrussen	4 %	(Russisch-Orthodoxe,	
Andere	9 %	Andere	12 %
Estland			
Esten	65 %	Lutheraner	etwa 60 %
Russen	29 %	Russisch-Orthodoxe,	40 %
Ukrainer	3 %	Katholiken, Muslime	
Andere	3 %	Andere	12 %

AUFGABEN

Die Materialien dieser Doppelseite kannst du für die Einzelarbeit, Partner- oder Gruppenarbeit nutzen.

1. Orientiere dich über die topografische Lage der baltischen Länder und deren Hauptstädte (Atlas, M 1 – M 3). Fasse die Ergebnisse in Stichpunkten in deinem Geografieheft zusammen.
2. Beschreibe die Bevölkerungsgröße der drei baltischen Staaten, ihre Zusammensetzung nach Völkern und Religionen (M 5, M 6). Informiere dich über unbekannte Begriffe (Lexikon u. ä.).
3. Kennzeichne das Klima der baltischen Länder und formuliere Merkmale, die für das Klima aller drei Länder zutreffen (M 4).
4. Vergleiche die Flächenausdehnung und die Flächennutzung der drei baltischen Länder (M 5).

Zusammenfassung

Großraum Osteuropa. Dieser Großraum bedeckt etwa die halbe Fläche Europas. Osteuropa wird größtenteils von Tieflandsgebieten eingenommen. Im Osten begrenzt der Ural den Großraum. Die Wolga ist der längste Strom Europas.

Klima. In Osteuropa herrscht Landklima (Kontinentalklima). Es ist von großen Temperaturunterschieden geprägt. Im Winter ist die Luft meist sehr kalt; umso kälter, je weiter im Nordosten man ist. Die Sommermonate sind in den mittleren und südlichen Teilen Osteuropas mit mittleren Temperaturen um die 20 °C bis 25 °C eher warm; im Nordosten steigt sie auch im Sommer selten über 10 °C an.

Vegetation und Landwirtschaft. Von Nord nach Süd folgen die natürlichen Vegetationszonen Tundra, Nadelwald (Taiga), Laub- und Mischwald, Steppe, Halbwüste. Die Bodennutzung wird wesentlich vom Kontinentalklima beeinflusst. Beste natürliche Voraussetzungen bestehen in der Schwarzerdezone.

Russland ist das flächengrößte Land der Erde. Die Hauptstadt Moskau (9 Millionen Einwohner) ist das politische kulturelle und wirtschaftliche Zentrum des Landes und zugleich Kern des „Industriellen Zentrums".

Donez-Dnjepr-Gebiet. Es ist eines der wichtigsten Wirtschaftsgebiete in der Ukraine. Hier konzentrieren sich Standorte des Bergbaus sowie der Eisen verarbeitenden Industrie.

Baltische Länder. Zu ihnen gehören Litauen, Lettland und Estland. Sie liegen in der Moränenlandschaft des Baltischen Landrückens. Die baltischen Länder haben die EU-Mitgliedschaft beantragt.

AUFGABEN
1. Sieh dir die Fotos 1 bis 3 an. Finde für jedes Foto eine Bildunterschrift und beschreibe den Inhalt der Bilder.
2. Gestaltet eine Wandzeitung zum Thema: Die Wolga.

Südosteuropa
Wir orientieren uns in Südosteuropa

M 1 Am Sonnenstrand bei Varna (Bulgarien)

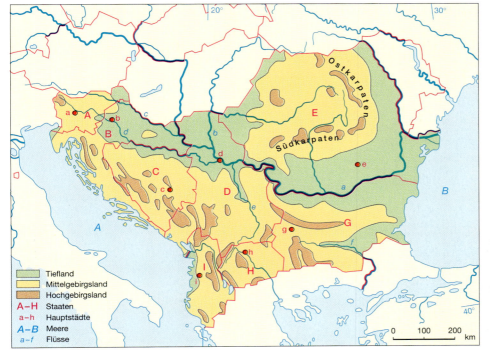

M 2 Wir orientieren uns in Südosteuropa

Lege in deinem Arbeitsheft eine Tabelle mit drei Spalten an (Länder, Hauptstädte, Gewässer).
Schreibe anschließend die Namen für diejenigen Objekte in die Tabelle, die in der Karte mit Buchstaben benannt sind. Nutze als Orientierungshilfe die Atlaskarte.
Wo findest du auf der Atlaskarte die in M 1 gezeigte Landschaft?

Der Landschaftsraum Südosteuropa im Überblick

Inselketten vor der Mittelmeerküste, Sandstrände am Schwarzen Meer, fruchtbare Tiefländer und einsame Gebirge – vielfältig ist die Natur Südosteuropas. Welche Besonderheiten kennzeichnen den Landschaftsraum? Welchen Einfluss hat die Oberflächengestalt auf das Klima und die Nutzung?

Landschaftsräume. Große Teile Südosteuropas werden von **Gebirgen** eingenommen. Die Karpaten ziehen sich in einem großen Bogen durch den Großraum Südosteuropa. Manche Gebirgszüge sind über 2500 m hoch. Sie haben Hochgebirgscharakter. Andere Teile der Karpaten erreichen nur die Höhen von Mittelgebirgen.
Im nördlichen Teil des Balkangebirges wachsen Eichen- und Buchenwälder, während es im südlichen Teil verbreitet ausgedehnte Walnusshaine gibt.

Das Dinarische Gebirge im westlichen Teil Südosteuropas ist weithin baumlos und nur sehr dünn besiedelt. Die Berghänge sind häufig von dornigen Büschen bestanden, so dass nicht mal die genügsamen Schafe Futter finden können. Kleine Flusstäler winden sich zu Tal. Sie sind aber meist ausgetrocknet.
Die Gebirgszüge umrahmen oft **Beckenlandschaften** (z. B. das Große Ungarische Tiefland). Diese entstanden, als während der Erdneuzeit (siehe S. 19) die Gebirge langsam empor gehoben wurden.

Das Klima. Die Winter sind besonders in den östlichen Teilen Südosteuropas sehr kalt. Zu Beginn des Sommers bringen Westwinde zwar noch reichlich Niederschläge, später nimmt jedoch die Trockenheit zu. Der Herbst ist meist lang, warm und trocken (M 4).

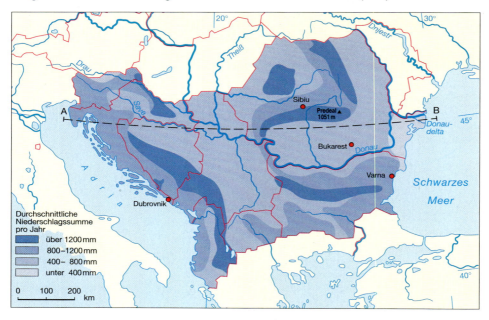

M 1 Der Jahresniederschlag in Südosteuropa

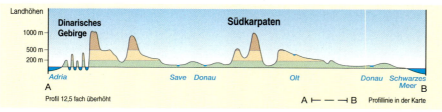

M 2 West-Ost-Profil durch Südosteuropa

Der Landschaftsraum Südosteuropa im Überblick 115

M 3 In den Südkarparten

M 5 Beckenlandschaft im Karpatenbogen

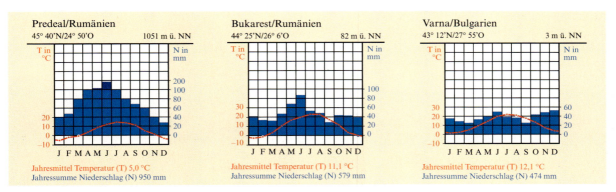

M 4 Ausgewählte Klimawerte Südosteuropas

Wirtschaftliche Nutzung. Die *Gebirgszüge* der Karpaten und des Balkans werden vorrangig zur Holzgewinnung und als Erholungsraum genutzt. In Teilen des Dinarischen Gebirges ist auch Ackerbau möglich.

Die *Beckenlandschaften* sind klimatisch begünstigte Gebiete und haben häufig auch fruchtbare Böden (Löss). In ihnen wird meist ertragreicher Ackerbau betrieben. Sonderkulturen (Wein, Obst und Tabak) gedeihen unter diesen Bedingungen besonders gut.

Die *Küstengebiete* am Schwarzen Meer und an der Adria wurden zu Touristenzentren von internationaler Bedeutung entwickelt.

AUFGABEN

1. Zeichne eine Kartenskizze von Südosteuropa und trage folgende Objekte ein: Südkarpaten, Nordkarpaten, Balkan, Dinarisches Gebirge, Großes Ungarisches Tiefland, Walachei, Wojwodina (Atlas).
2. Beschreibe das Klima Südosteuropas (M 4) Ordne dabei die Klimastationen dem Landschaftsraum Gebirge, Becken oder Küste zu (Atlas).
3. Beschreibe den Einfluss der Oberflächengestalt auf die Temperaturen und Niederschläge in Südosteuropa (M 1, M 4, Atlaskarte).
4. Stelle Nutzungsmöglichkeiten der Landschaften Südosteuropas in einer Tabelle zusammen. Ordne nach Gebirgen, Beckenlandschaften und Küstengebieten (Physische Karte und Wirtschaftskarte im Atlas).

Völkervielfalt in Südosteuropa

Südosteuropa ist der Großraum Europas mit den meisten Völkern. Hier leben Albaner, Slowenen, Serben, Kroaten, Bosnier, Ungarn, Bulgaren, Rumänen und viele andere Völker seit Jahrhunderten. Aber nicht immer verlief dieses Zusammenleben friedlich. Oft wurden sogar Kriege gegeneinander geführt.

Jugoslawien – ein Land Südosteuropas. Bis zum Jahre 1990 bestand Jugoslawien als ein *Vielvölkerstaat* (↑), der sich aus sechs Teilrepubliken zusammensetzte. In ihnen wohnten Serben, Slowenen, Bosnier und Kroaten als Nachbarn. Sie waren Christen oder *Muslime* (↑), gingen zum Gebet in die Kirche oder in die Moschee. Unterschiedliche Sprachen wurden gesprochen: Slowenisch, Serbokroatisch, Mazedonisch oder Albanisch. Geschrieben wurde in lateinischer oder kyrillischer Schrift.

Doch mit den politischen Veränderungen in Mittel- und Osteuropa zerfiel der Vielvölkerstaat Jugoslawien nach 1990. Slowenier, Kroaten und Bosnier wollten in eigenen Staaten selbst über ihr Leben bestimmen. 1991 erklärten Slowenien und Kroatien, 1992 Bosnien-Herzegowina ihre Unabhängigkeit von Jugoslawien.

Viele Menschen wohnten auf einmal im Land eines anderen Volkes, obwohl es doch auch ihre Heimat war. Aus Nachbarn wurden plötzlich erbitterte Feinde. Konflikte zwischen den verschiedenen Volksgruppen wurden häufig in Kriegen ausgetragen und viele Menschen wurden aus ihrer Heimat vertrieben. Sie verloren oft alles, was sie hatten. Als Flüchtlinge suchten sie in anderen Ländern ein Unterkommen, auch in Deutschland.

Unter der Führung der Vereinten Nationen (UNO) griffen internationale Kräfte militärisch ein, um die kriegerischen Auseinandersetzungen zu beenden und die Gegner zu Verhandlungen zu zwingen. Am Wiederaufbau in den zerstörten Gebieten beteiligten sich viele internationale Hilfsorganisationen.

M 1 Kirchtürme an der Kroatischen Küste

M 2 Eine Moschee in Sarajevo

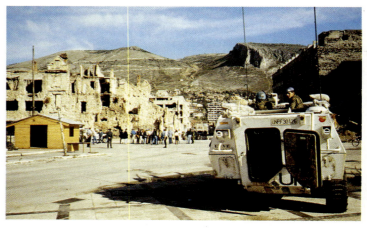

M 3 Siedlung in Bosnien 1995

Völkervielfalt in Südosteuropa 117

M 4 Länder und Völker auf dem Territorium des ehemaligen Jugoslawien

M 5 *Maria, eine kroatische Jugendliche aus Bosnien, berichtet.*
Ich lebe nun schon einige Jahre in Deutschland. Geboren und aufgewachsen bin ich aber in Bosnien. Von dort stammen auch meine Eltern. Meine Großeltern wohnen in Kijevo, einem kleinen Dorf nahe der Stadt Sarajevo.
Bosnien-Herzegowina ist heute, Jahre nach dem Krieg, immer noch ein zerstörtes Land. Man sieht überall Häuserruinen und Einschussstellen in den Hauswänden. Meine Großeltern gehören zu den wenigen Bewohnern, die nach dem Krieg wieder in ihr Heimatdorf zurückkehrten. Da lebten vor der Vertreibung 2000 Menschen, heute sind es wenige hundert.
Vier Jahre lang waren sie auf der Flucht. Nach ihrer Heimkehr haben sie weitere vier Jahre lang im Keller ihres zerstörten Hauses gelebt. Nun hatten sie Glück. Ihr Haus konnte durch Spendengelder wieder aufgebaut werden. Rund 10 000 Euro kostete die Instandsetzung. Im kleinen Vorgarten ernten sie sogar schon wieder Gemüse.
Meine Schulzeit möchte ich noch in Deutschland beenden. Dann ziehe ich aber wieder nach Bosnien zurück.

M 6 *Radmilla erzählt.*
Niemand wollte den Krieg. Früher war es nicht notwendig zu sagen, ich bin Kroate oder Serbe, Moslem oder Christ. Wir haben in der Schule abwechselnd einen Monat lang Kyrillisch und dann einen Monat lang Lateinisch geschrieben.
Aber eines Tages begann der schreckliche Krieg. Es war in Sarajevo im April 1992 als Bomben auf die Stadt fielen. Wir mussten unser Haus verlassen. Schnell breitete sich der Krieg aus. Es wurde gemordet, geplündert, vertrieben.
Erst 1995 wurde endlich Frieden geschlossen.

```
а б в г д е ё ж ф
з и й к л м н о п р
с т у х ц ш щ ъ ы
ь э ю я

А Б В Г Д Е Љ Ж
Ф З И Й К Л М Н
О П Р С Т У Х Ц
ш Щ ъ ы ь э ю я
```

Kyrillische Buchstaben

AUFGABEN

1. Suche die Länder in der Karte, die nach 1991 auf dem Gebiet der ehemaligen Föderativen Republik Jugoslawien selbstständig wurden (M 4, Atlas).
2. Welche Ursachen führten zum Zerfall des jugoslawischen Staates? Beziehe den Begriff Vielvölkerstaat ein (Text, M 4).
3. Betrachte die Fotos M 1 und M 2. Was erzählen sie über die Religionen in Südosteuropa?
4. Bildet Gruppen für ein Rollenspiel zum Thema: Kinder kommen als Flüchtlinge in unseren Heimatort (M 5, M 6). Bezieht dazu die Berichte von Maria und Radmilla mit ein (M 5, M 6).

Karst – nicht nur ein Gebirge in Südosteuropa

Bauern aus dem slowenischen Karstgebirge berichten über unwahrscheinlich Klingendes: In einem See kann man dort im Frühjahr Fische angeln, im Sommer Gras mähen, im Winter Holz über den zugefrorenen See transportieren. Manchmal kann man sogar Fische mit der Hand vom Seeboden aufsammeln. Warum ist die Landschaft im Karstgebirge so eigenartig?

M 1 *Wir besichtigen die Höhle Adelsberger Grotte bei Postojana.*
Durch einen schmalen Gang gelangen wir in einen großen Hohlraum. Er sieht aus wie ein Saal mit einer hohen Kuppel. Am Boden fließt in einer breiten Rinne der Fluss Pivka. Von der Decke hängen wie Eiszapfen weiß, braun und rot gefärbte Steinsäulen herab, andere sehen so aus, als ob sie vom Boden nach oben wachsen. Diese Gebilde bestehen aus Kalkstein. Man nennt sie **Tropfsteine** *(↑). Wir fahren mit einer kleinen Bahn durch die Höhlenwelt. Plötzlich verschwindet der Fluss im Untergrund. Erst in 9 Kilometer Entfernung ist er wieder da.*

Oberflächenformen im Karst. Der Name *Karst* (↑) dient nicht nur zur Bezeichnung des Gebirges. Er gilt weltweit auch zur Benennung solcher charakteristischen Landschaftsformen, wie sie im Karstgebirge Südosteuropas vorkommen.

Die Landschaft dieses Gebirges (M 2) ist karg und fast ohne natürlichen Pflanzenwuchs. Spärliches Buschwerk bedeckt eine dünne Bodenschicht. Häufig reicht das Kalkgestein bis an die Oberfläche. Die Hochfläche des Gebirges ist fast eben.

Trotz ausreichender Niederschläge gibt es kaum Flüsse. Dafür gibt es viele Einsenkungen und Höhlen. Die Höhlen bilden oft kilometerlange Systeme, die durch unterirdische Flüsse miteinander verbunden sind.
Trichterförmige Einsenkungen der Erdoberfläche werden als **Dolinen** (↑) bezeichnet. Größere, wannenartige Vertiefungen, die oft kilometerlang sind, nennt man **Poljen** (↑).

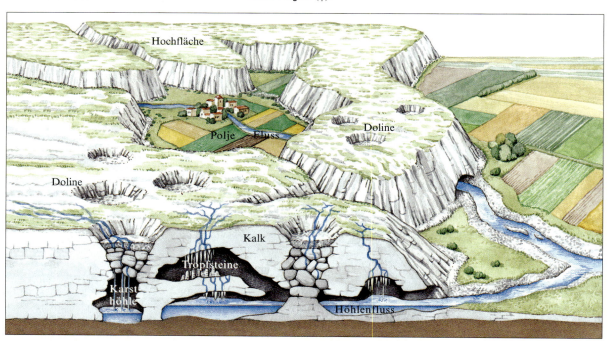

M 2 Eine Karstlandschaft im Blockbild

Karst – nicht nur ein Gebirge in Südosteuropa

Entstehung der Karstformen. Erdäußere Kräfte wie Regen, Schnee und fließendes Wasser, zerstören das Kalkgestein. Durch feine Spalten, Risse und Poren kann das Wasser ins Gestein eindringen und im Untergrund versickern. Dabei löst das Regenwasser Kalkgestein auf und schafft unterirdische Gänge und Hohlräume, die im Laufe der Zeit immer größer werden. Flüsse können in ihnen plötzlich verschwinden und an anderer Stelle wieder auftauchen.
Ist das Gestein zu weit ausgehöhlt, dann bricht die Höhlendecke ein. An der Erdoberfläche kommt es zu kleineren Einbrüchen (Dolinen) oder weiträumigen Einsenkungen (Poljen).

Land- und Forstwirtschaft im Karstgebirge. Das Karstgebirge war nicht immer eine so karge Landschaft wie heute. Noch im 15. und 16. Jahrhundert wuchsen hier dichte Laubwälder, die aber alle vom Menschen gerodet wurden. Das Holz wurde für den Schiffbau gebraucht oder diente als Heizmittel. Durch die Rodungen gewann man auch neue Acker- und Weideflächen, sowie Raum zum Ausbau von Siedlungen. Der Raubbau an Wald und eine Überweidung führten zur verstärkten Zerstörung des Bodens. Flüsse und Bäche spülten den nährstoffreichen Boden ab. Die Gesteine des Untergrundes wurden frei gelegt. Die *Verkarstung* (↑) setzte ein.
Der fruchtbare Boden wurde in die Dolinen und Poljen transportiert und lagerte sich in ihnen ab. Deshalb liegen hier die Landwirtschaftsflächen, die von den Bauern sorgsam bestellt werden. Anbauprodukte sind zum Beispiel Mais, Kartoffeln und Gemüse.
Teile des Karstgebirges wurden inzwischen auch wieder aufgeforstet.

Schon gewusst?
Tropfsteine, die von der Decke herabwachsen, nennt man Stalaktiten. Die vom Höhlenboden nach oben wachsenden Tropfsteine sind die Stalagmiten.
Stalagtiten und Stalagmiten können auch zu Säulen zusammenwachsen.

M 3 Poljenlandschaft in Slowenien

M 4 Landschaft mit Dolinen

AUFGABEN

1. Beschreibe die Formen einer Karstlandschaft anhand des Blockbildes M 2 und ordne die Karstformen aus M 3 und M 4 dem Blockbild zu.
2. Zeichne einen Querschnitt durch eine Karsthöhle und beschrifte in der Zeichnung: Kalkstein, Risse bzw. Spalten, Tropfsteine, unterirdischer Fluss.
3. Informiere dich darüber, wo es in Deutschland Tropfsteinhöhlen gibt.
4. Erläutere: Welche Ursachen führten zur Verkarstung? Unterscheide nach natürlichen Ursachen und vom Menschen zu verantwortenden Ursachen (Text).

Die Donau in Südosteuropa

Der Weg der Donau von der Quelle bis zur Mündung führt durch viele Länder und Landschaften des Kontinents Europa. Mit ihrem Mittellauf und Unterlauf durchquert sie den Großraum Südosteuropa.

Weshalb sagt man, die Donau sei hier eng geschnürt und weit ausladend?

Die Donau zwischen Budapest und Belgrad. In ihrem Mittellauf durchfließt die Donau die weiträumige Beckenlandschaft des Großen Ungarischen Tieflandes. Hier sind die Flussufer flach. Häufig ziehen sich Schilfgürtel entlang des Flusses, hin und wieder begleiten auch Auenwälder den Flusslauf. Felder und Wiesenlandschaften, einzeln stehende Bauernhöfe oder kleinere Siedlungen prägen das Bild entlang des Flusses, der meist ruhig in einem bis zu zwei Kilometer breiten Flussbett dahinfließt.

M 1 Die Donau im Großen Ungarischen Tiefland

Ein Durchsbruchstal am Eisernen Tor. Etwa auf 130 Kilometer Länge durchquert die Donau den Gebirgszug der Südkarpaten. Hier wird das Flussbett zusammengezwängt. Steile Felswände ragen an beiden Flussufern empor. Starke Strömungen und im Wasser befindliche Felsen behindern die Schifffahrt.

In der Kasan-Enge ist das Tal nicht mehr als 130 Meter breit, am so genannten Eisernen Tor öffnet es sich bis auf 200 Meter. Das enge Tal bietet kaum Platz für Verkehrswege oder gar Siedlungen.

Das Durchbruchstal entsteht. Am Ende der Erdmittelzeit (siehe Seite 19) gab es die Karpaten noch nicht. Die Donau floss träge durch ein flachwelliges Land. Erst zu Beginn der Erdneuzeit hob sich das Gebirge der Karpaten ganz allmählich heraus (siehe Seite 19). Es wuchs nur wenige Millimeter pro Jahr empor.

Je höher sich das Gebirge heraushob, desto mehr schnitt sich die Donau in das Gestein ein. Nach und nach entstand so ein tiefes, enges Tal, in dem die Donau das Gebirge durchbricht. Es wird als *Durchbruchstal* (↑) bezeichnet.

M 2 Das Durchbruchstal der Donau am Eisernen Tor

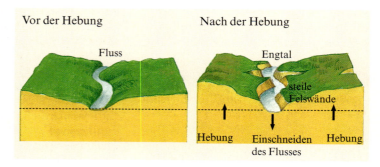

M 3 Entstehung eines Durchbruchstals

Die Donau in Südosteuropa 121

Wirtschaftliche Nutzung am Eisernen Tor. Starke Strömungen und Felsen im Flusslauf behinderten die Schifffahrt am Eisernen Tor. Ab 1830 wurde deshalb der Wasserweg ausgebaut, um ihn für die Schifffahrt sicherer zu machen. Felsklippen wurden gesprengt und die Fahrrinne auf 2,00 m vertieft. Die Strömung wurde jedoch nicht wesentlich ausgeglichen. Stromaufwärts fahrende Schiffe wurden deshalb mit einer Zahnradbahn durch die Strömung gezogen.

1964 wurde mit dem Bau einer großen Stauanlage begonnen. Seit 1972 staut ein etwa 1 200 m langer und 70 m hoher Staudamm aus Beton das Wasser um 34 m auf. Ufernahe Bereiche mit Siedlungen und Nebentäler der Donau wurden dabei geflutet. Menschen mussten umgesiedelt werden.

Für die Schifffahrt bestehen nun günstige Bedingungen: Die Donau ist breit und tief, die Strömungsgeschwindigkeit ist geringer. In Schleusen überwinden die Schiffe die Stauanlage. Außerdem sind in die Staumauer zwei Wasserkraftwerke eingebaut, die Strom für die Anliegerländer liefern.

Der Unterlauf. Nach dem Überwinden der Staustufe am Eisernen Tor fließt die Donau mit geringem Gefälle durch eine Beckenlandschaft, die Walachei. Hier hat der Strom eine Breite von 800 bis 1 400 m. Sümpfe und Seen begleiten seine Ufer. Etwa 100 km vor der Küste des Schwarzen Meeres macht der Flusslauf einen Knick und fließt in nördliche Richtung entlang der Dobrudscha, einer trockenen, hügeligen Steppenlandschaft. Nördlich der Dobrudscha teilt sich die Donau in große Flussarme.

Schon gewusst?

Quer durch die Dobrudscha wurde ein Schifffahrtskanal gebaut, der den Unterlauf der Donau mit der Hafenstadt Konstanza am Schwarzen Meer verbindet. Er verkürzt den Donau-Schifffahrtsweg zum Schwarzen Meer um fast 400 km.

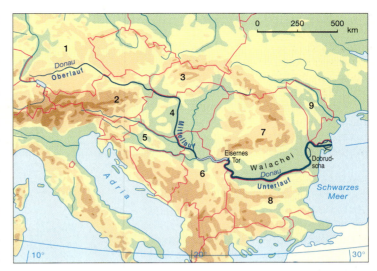

M 4 Die Donau – von der Quelle zur Mündung

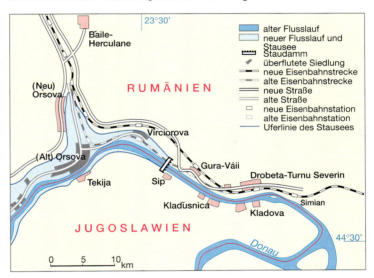

M 5 Die Stauanlage am Eisernen Tor

AUFGABEN

1. Suche auf der Karte M 4 den Oberlauf, den Mittellauf und den Unterlauf der Donau. Benenne mithilfe einer Atlaskarte die Anliegerländer der Donau (1 bis 9).
2. Beschreibe den Weg, den ein Binnenschiff fährt, wenn es Waren vom Hafen Rotterdam zum Hafen Konstanza befördern soll (Atlas). a) Suche Rotterdam und Konstanza auf der Atlaskarte. b) Nenne die Flüsse und Kanäle, die das Schiff benutzt. c) Nenne die Länder durch die das Schiff fährt.
3. Erkläre deiner Klasse anhand der Abbildung M 3 wie ein Durchbruchstal entsteht.
4. Auch an den Flüssen Rhein und Elbe gibt es Durchbruchstäler. Welche Gebirge „durchbrechen" sie in Deutschland?

Das Mündungsgebiet der Donau

Etwa 75 km vor der Mündung der Donau ins Schwarze Meer fasert sich der Flusslauf in unzählige kleinere und größere Wasserarme auf, die wie ein Netz über der weithin ebenen Landschaft liegen. Warum sieht die Donau hier so ganz anders aus? Wie nutzen die Menschen diesen Landschaftsraum?

Das Mündungsgebiet der Donau. Auf ihrem Weg durch Europa transportiert die Donau im Flusswasser viele Steine, Kiese, Sande und Schwebstoffe mit. Die meisten Materialien nimmt der Fluss in Gebirgsregionen auf. Aber auch viele Nebenflüsse führen der Donau solche Materialien zu.

In flacher liegenden Flussabschnitten verringert sich die Fließgeschwindigkeit und der Fluss lagert die mitgeführten Materialien ab.

Im Mündungsbereich der Donau ist die Fließgeschwindigkeit sehr gering, die Ablagerung also besonders groß. Ganz langsam wird dadurch das Flussbett immer flacher, so dass die Donau über ihre Ufer tritt. Sie überschwemmt das Gebiet und verzweigt sich dabei in viele neue Flussarme. Das Mündungsgebiet wächst dabei fächerförmig etwa 40 m/Jahr ins Meer hinaus.

Flussmündungen, die fächerförmig ins Meer hinauswachsen bezeichnet man als **Deltamündungen** (↑). Der Name ist vom griechischen Buchstaben Delta abgeleitet, der die Form eines Dreiecks hat.

Das Donaudelta – ein geschützter Landschaftsraum. In der von unzähligen Wasserläufen, Sumpfwiesen und Schilfgürteln beherrschten Landschaft finden sich sehr gute Lebensbedingungen für viele Tierarten. So sind hier über 300 Vogelarten zu Hause. Zu ihnen gehören Pelikane, Flamingos, Kormorane und Reiher. Aber auch Seeadler finden in den fischreichen flachen Gewässern reiche Nahrung. Im Dickicht aus Schilf und Gebüschen leben Wildschweine, Füchse, Vielfraße und Wölfe.

M 1 Die Entstehung des Donaudeltas

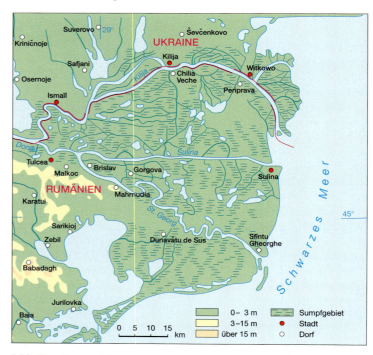

M 2 Das Donaudelta

Das Donaudelta ist ein ganz besonderer Lebensraum. Manche wollen ihn als einmaligen Lebensraum für viele Tiere und Pflanzen unverändert erhalten.
Aber das geht nicht, ohne dass die Menschen ihre Nutzung einschränken und außerdem einen Teil des Deltas unberührt lassen. Viele Bewohner des Gebietes befürchten, dass durch die Forderung nach Naturschutz Schifffahrt und Industrie beeinträchtigt werden und Arbeitsplätze verloren gehen.

Wie hat der Mensch das Delta verändert?
Seit 100 Jahren ist der Flusslauf stückweise begradigt und tief ausgebaggert worden.
Deiche wurden angelegt. Das war sehr wichtig für die Schifffahrt, denn im Donaudelta verändert sich die Richtung und die Tiefe der Flussarme ständig. Durch die neuen Schifffahrtswege konnte man mit großen Frachtschiffen vom Schwarzen Meer aus die Städte Tulcea, Galați und Brăila erreichen und dort eine Industrie aufbauen.
Ein Teil des Deltas wurde für die Landwirtschaft nutzbar gemacht. Bauern haben Ackerflächen dazu gewonnen, indem Sümpfe trocken gelegt wurde.

Wie nutzen die Menschen das Delta?
Das bis zu 6 m hoch wachsende Schilf wird im Winter geerntet und für die Herstellung von Pappe und Papier genutzt. Auch als Baumaterial für Dächer oder als Dämmstoff wird es verwendet. Für die Fischer ist das fischreiche Donaudelta ihre Existenzgrundlage. Außerdem kommen viele Touristen hierher. Sie wollen diese besondere Landschaft Europas mit ihrer einmaligen Vogelwelt kennen lernen.

Wie wirken sich die Eingriffe auf das Delta aus?
Besonders für die Pflanzen- und Tierwelt sind diese Eingriffe nachteilig.
Fische haben ihre Laichgebiete verloren, weil es durch die Uferdeiche weniger überschwemmte Bereiche gibt. Die Fischbestände sind deshalb zurückgegangen.
Auf den trocken gelegten Flächen finden die Wasservögel, die den Sumpf zum Überleben brauchen, keine Nahrung mehr.
Die Schilfernte nimmt den Vögeln die Ruhegebiete. Brütende Vögel werden durch den Touristenverkehr aufgeschreckt. Sie verlassen ihre Eier, die dadurch auskühlen, sodass die Brut stirbt.

Schilfernte im Donaudelta

Touristen im Donaudelta

M 3 Drei Fragen an einen Naturwächter (Ranger) und seine Antworten

AUFGABEN
1. Beschreibe die Landschaft des Donaudeltas (Text, M 2, M 3).
2. Erkläre, wie das Donaudelta entstanden ist (Text, M 1).
3. Suche auf der Atlaskarte von Europa Flüsse mit Deltamündungen.
4. Stellt in einem Rollenspiel die verschiedenen Interessen der Fischer, Bauern, Arbeiter bei der Schilfernte und Touristen dar. Welche Lösungsmöglichkeiten für die Erhaltung der Natur des Donaudeltas schlagt ihr vor (M 3)?

Bilder aus Rumänien

Rumänien hat Anteil an sehr unterschiedlichen Landschaftsräumen Südosteuropas: Beckenlandschaften, Gebirge und ihre Vorländer, Küstengebiete. Wie werden diese verschiedenartigen Landschaftsräume genutzt?

Siebenbürgen. In dieser Beckenlandschaft, die etwa 500 bis 700 m hoch liegt, ließen sich vor über 700 Jahren deutsche Siedler nieder. Sie gründeten Städte und Dörfer, die in ihrem Siedlungsbild deutschen Städten sehr ähnlich sind.
Das Klima der Beckenlandschaft begünstigt die landwirtschaftliche Nutzung. Die Temperaturen und Niederschläge ermöglichen den Anbau von Sonderkulturen (Obst, Wein).

M 1 In Siebenbürgen

Das Gebiet um Ploiești. Am Südrand der Karpaten wird Erdöl gefördert. Die Stadt Ploiești ist das Zentrum dieses Gebietes. Betriebe der Erdölverarbeitung nutzten den Vorteil der Rohstoffnähe. Allerdings sind die Erdöllagerstätten inzwischen fast erschöpft. Der Rohstoff muss eingeführt werden. Deshalb wurde der Hafen von Konstanza zum Umschlaghafen für Erdöl ausgebaut, das dann über Rohrleitungen ins Gebiet Ploiești transportiert wird. Standorte der chemischen Industrie entstanden auch im Raum Konstanza.

M 2 Alte Erdölförderanlage bei Ploiești

Temesvar im Banat. Das Banat ist Teil der Beckenlandschaft westlich der Karpaten. Während im westlichen Teil des Banats traditionell Landwirtschaft vorherrschte, hatten sich im östlichen Teil Bergbaustandorte (Kohle, Erz) herausgebildet.
Die Stadt Temesvar hat heute über 300 000 Einwohner. Betriebe der Nahrungsmittelindustrie, aber auch der Elektro- und Textilindustrie haben in Temesvar ihren Standort. Durch die Neuansiedlung von Betrieben (Industrie, Dienstleistungen) soll die Wirtschaftskraft dieses Landesteils gestärkt werden. Ausländischen Firmen werden dafür besonders günstige Bedingungen geboten.

M 3 In Temesvar

Poiana Brașov. Der Ferienort Poiana Brașov liegt nahe der Stadt Brașov in den Südkarpaten. In diesem Landschaftsraum gibt es noch große zusammenhängende urwaldähnliche Waldgebiete, in denen Wölfe, Braunbären, Luchse, Rothirsche und Wildschweine leben. Die Südkarpaten entwickeln sich immer stärker zu einer Touristenregion in Rumänien. Wintersport in den schneesicheren Wintern und Bergwandern im Sommerhalbjahr locken viele Touristen.

Bukarest. Seit 1862 ist Bukarest die Hauptstadt des Landes. Mit über 2 Millionen Einwohnern ist sie auch die größte Stadt, sowie das wirtschaftliche und kulturelle Zentrum Rumäniens.
Von 1945 bis 1989 war Rumänien ein Land des Ostblocks. Während dieser Zeit wurde das Stadtbild Bukarests einschneidend verändert. Historisch gewachsene Stadtteile, wie zum Beispiel das Stadtzentrum, wurden abgerissen, um Großblocksiedlungen und Prunkbauten der kommunistischen Führung Platz zu machen.

Wirtschaftsentwicklung. Reiche Rohstoffvorkommen begünstigten in der Vergangenheit den Ausbau der Industrie. Mit den politischen Umbrüchen in Europa um 1990 vollzogen sich auch in Rumänien einschneidende Veränderungen.
Die Wirtschaft des Landes muss neu aufgebaut werden. So sind beispielsweise die Betriebe des Bergbaus (Kohle, Erze, Erdöl), der Schwerindustrie (Eisenhütten, Stahlwerke) oder der chemischen Industrie technisch veraltet. Viele von ihnen waren nicht mehr leistungsfähig und mussten stillgelegt werden.
Jeder dritte Rumäne ist heute noch in der Landwirtschaft beschäftigt. Hauptanbauprodukte sind Weizen, Mais, Zuckerrüben, Kartoffeln und Sonnenblumen. Aber auch die landwirtschaftliche Produktion muss modernisiert werden, damit sie ausreichend Nahrungsmittel für die Bevölkerung zur Verfügung stellen kann.

M 4 Wintersport bei Poiana Brașov in den Karpaten

M 5 Im Zentrum von Bukarest

AUFGABEN

1. Trage in eine Umrisskarte mit braunem Stift die Karpaten ein und mit grünem Stift Siebenbürgen und drei weitere Beckenlandschaften.
   a) Beschrifte diese Landschaften. Ermittle ihre vorwiegende Nutzung. Lege eine Legende an, in der du die Farben erklärst und die Nutzung benennst (Atlas).
   b) Markiere mit roter Farbe die Anbauflächen von Sonderkulturen, dazu zählen Obst, Wein, Tabak, Baumwolle. Vervollständige die Legende (Atlas).
2. Stelle eine Liste mit Rohstoffen zusammen, die in Rumänien vorkommen. Ordne diesen Rohstoffen die verarbeitenden Industriezweige zu.
3. Berichte in einem Vortrag über das Land Rumänien und seine Hauptstadt. Gehe ein auf
   a) die Landschaften, b) die Wirtschaft, c) den Tourismus (M 1 bis M 5).

Das Mittelmeer – ein „geografisches Objekt"

Das Mittelmeer ist der Gegenstand einer Projektarbeit. Jeder denkt an etwas anderes, wenn er Mittelmeer hört: Urlaubsziele, alte Kulturen in Griechenland und Italien, Tintenfische und Delfine oder an Segelboote und Riesentanker. Aus den Materialien dieser Seiten bestimmt ihr ein Thema für euer Projekt. Welche Fragen lassen sich zu eurem Projektthema finden?

Geschichte und Gegenwart. Am Mittelmeer begegnen sich seit Jahrtausenden verschiedene Völker. Immer handelten die Menschen miteinander, tauschten ihr Wissen aus, zogen auf der Suche nach guten Lebensbedingungen umher oder eroberten fremdes Gebiet.

M 1 Blick zum Segelhafen von Marseille

Kultur. Rings um das Mittelmeer leben Menschen in den verschiedensten Traditionen: In Ägypten kleidet man sich anders als in Kroatien. In Israel isst man andere Speisen als in Marokko. In Frankreich wird eine Hochzeit anders gefeiert als in der Türkei. In Algerien sieht man Karawanen, in Monaco dagegen finden Formel-1-Rennen statt.

Tourismus. Millionen Menschen reisen an die Mittelmeerküste. In ihrem Urlaub erwarten sie bestimmte Angebote. Sie geben im Urlaubsland viel Geld aus. Aus Fischerdörfern wurden Touristenzentren.

Angebote für die Urlaubsgestaltung aus Werbeprospekten von San Remo

1906 (17 100 Einwohner)
Spaziergänge und -fahrten, Theateraufführungen, Lesezimmer, Speisesaal.
Einmal wöchentlich erscheint eine Kurzeitung.

1999 (65 000 Einwohner):
Reitschule, Golf, Minigolf, Scheibenschießen, Wasserski, Windsurfing, Tennis, Segeln, Segelregatten, Hallenbäder, Auto- und Motorradrennen, Modenschauen, Festivals.

Zum Vorgehen bei der Projektarbeit

Vorbereitung
1. Welche Themen können wir bearbeiten?
2. Welche Teilnehmer sind daran interessiert?
3. Wieviel Zeit brauchen und haben wir?
4. Wie wollen wir unsere Arbeitsergebnisse vorstellen?

Durchführung
1. Die Aufgaben werden verteilt.
2. Wir sammeln Material und werten es aus.
3. Wir führen Erkundungen und Befragungen durch.
4. Wir prüfen unsere Arbeitsergebnisse.
5. Wir planen die Präsentation.

Präsentation
Wir stellen unsere Ergebnisse auf unterschiedliche Weise vor: Vorträge, Fotos, Karten, Schaubilder.

Auswertung
Wir berichten, wie wir die Arbeit gestaltet und welche Erfahrungen wir dabei gesammelt haben. Wie ist unsere Präsentation gelungen?

Projektarbeit

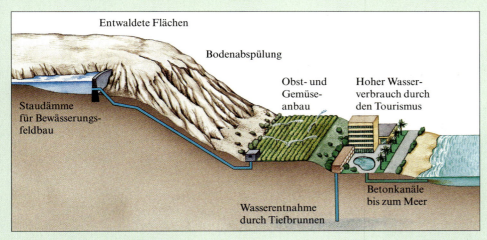

M 2 Nutzung des Küstenlandes

Wirtschaft und Verkehr. Das Mittelmeer ist ein Rohstofflieferant.
Man kann Salz aus dem Meer gewinnen. Länder, die unter Wassermangel leiden, beziehen Trinkwasser aus dem Meer. Der Fischfang ist in allen Mittelmeerländern ein bedeutender Wirtschaftszweig.
Das Mittelmeer ist ein stark genutzter Verkehrsweg. Es kreuzen dort nicht nur Urlaubsschiffe, auch große Frachtschiffe befahren das Meer. Unterschiedlich sind die Waren, die transportiert werden.
Pipelines und Erdöltanker dienen dem Transport von Erdöl über das Mittelmeer.
In einigen Hafenstädten entstanden Betriebe der chemischen Industrie in denen Erdöl verarbeitet wird.

Umweltschutz. 22 Länder haben Anteil an der Küste des Mittelmeeres.
Vielerorts wird noch ungeklärtes Abwasser von den Küstenorten, von Schiffen oder aus der Landwirtschaft ins Meer geleitet. Dadurch ist das Mittelmeer „krank" geworden. Die besondere Artenvielfalt des Mittelmeeres, zu der Fische, Wasservögel und Wasserpflanzen gehören, ist bedroht.
Heute treffen die Länder am Mittelmeer Maßnahmen zum Schutz des Meeres. Dazu gehören:
– Bau von Kläranlagen.
– geringerer Düngemitteleinsatz in der Landwirtschaft.
– verbesserte Ausrüstung der Häfen, damit Schadstoffe nicht ins Meer gelangen können.

M 3 Belastung von Regionen im Mittelmeerraum

Zusammenfassung

Hochgebirgs- und Beckenlandschaften kennzeichnen die Oberflächengestalt Südosteuropas.

Die Donau verbindet Beckenlandschaften. In einem Durchbruchstal quert sie das Gebirge. Am Eisernen Tor wurde ein Staudamm errichtet. Er verbessert die Wasserführung der Donau für die Schifffahrt und dient der Stromerzeugung. Die Donau hat eine *Deltamündung*. Das Donaudelta ist unter Schutz gestellter Lebensraum für viele Tierarten und Pflanzen.

Die Karstformen, wannenförmige Poljen oder trichterförmige Dolinen, entstehen auf Kalkgestein. Auch unterirdische Flüsse und Höhlen sind Merkmale der Karstlandschaft. Sie entstehen, weil Regenwasser das kalkhaltige Gestein angreift und im Laufe vieler Jahre allmählich auflöst. Fehlender Wald begünstigt die Abspülung.

Menschen verschiedener Nationalitäten und Religionen leben in Südosteuropa zusammen.

In der Wirtschaft der Länder vollziehen sich Umwälzungen. Die meisten der südosteuropäischen Länder müssen ihre Wirtschaft neu organisieren und sind um Aufnahme in die Europäische Union bemüht.

AUFGABEN
1. Zeige an einem Beispiel aus Südosteuropa, welche Vorzüge des Naturraums zur Entwicklung eines Tourismusgebietes geführt haben (Bild 1).
2. Deltamündung, Karst, Durchbruchstal. Wähle einen Begriff aus und erkläre ihn deinen Mitschülern (Bild 2).
3. Sammle Zeitungsberichte und Bilder über das Geschehen in Südosteuropa. Bereite einen Kurzvortrag über ein aktuelles Thema vor (Bild 3).

Südeuropa

Wir orientieren uns in Südeuropa

M 1 Auf der Insel Capri

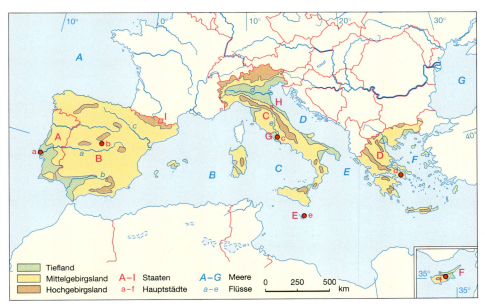

Lege in deinem Arbeitsheft eine Tabelle mit drei Spalten an (Staaten, Hauptstädte, Gewässer). Schreibe anschließend die Namen der Objekte in die Tabelle, die in der Karte mit Buchstaben benannt sind. Nutze als Orientierungshilfe die Atlaskarte.
Wo findest du die Insel Capri auf der Atlaskarte?

M 2 Wir orientieren uns in Südeuropa

Südeuropa – bekannt und doch neu

Südeuropa ist ein beliebtes Urlaubsziel. Doch auch im Alltag begegnen uns vielfältige südeuropäische Produkte, und wir kommen mit Menschen zusammen, deren Heimat Südeuropa ist. Im Geschichtsunterricht erfahren wir, dass die europäische Kultur vor etwa 3 000 Jahren in Südeuropa ihren Anfang nahm. Wie leben die Menschen heute in Südeuropa?

Die **Küsten- und Tieflandsgebiete** Südeuropas sind landschaftlich begünstigte Räume. Hier konzentriert sich die industrielle und landwirtschaftliche Produktion. Auch die Zentren des Tourismus sind meist in diesen Regionen zu finden. Daher strömen viele Einwohner aus dem Landesinneren auf der Suche nach Arbeitsplätzen in die Küsten- und Tieflandsgebiete.

Da das **Landesinnere** von vielen Gebirgen durchzogen ist, sind dort die Lebensbedingungen nicht so günstig. Die landwirtschaftliche Nutzung ist erschwert; die Städte und Dörfer sind meist klein und liegen weit auseinander.

Die Flächengröße der Länder Südeuropas weist große Unterschiede auf. Einige Länder gehören zu den flächengrößten Europas, andere dagegen sind sogenannte „Zwergstaaten". Einer davon ist der Kirchenstaat Vatikanstadt, dessen Staatsoberhaupt der Papst ist.

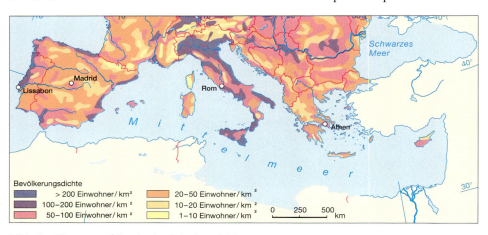

M 1 Bevölkerungsdichte in den Ländern Südeuropas

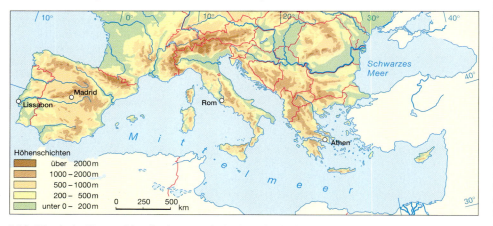

M 2 Physische Karte: Oberflächengestalt der Länder Südeuropas

Bevölkerungsdichte in Südeuropa.
Die Legende von M 1 erklärt die Bedeutung der unterschiedlichen Farben in dieser thematischen Karte zur Bevölkerungsdichte: Die blaue Farbe sagt, dass durchschnittlich auf einem km^2 Fläche mehr als 200 Einwohner leben. Das sind die Gebiete mit einer hohen Bevölkerungsdichte.
Die gelbe Farbe sagt: Es leben höchstens bis zu 10 Einwohner auf einem km^2. Diese Gebiete haben eine geringe Bevölkerungsdichte.

Oberfläche der Landschaften in Südeuropa. Vergleicht man die Karte zur Bevölkerungsdichte Südeuropas (M 1) mit einer physischen Karte Südeuropas (M 2), so erkennt man Zusammenhänge zwischen der Oberflächengestalt und der Bevölkerungsdichte.

M 3 Beispiele für die Vielfalt Südeuropas

M 1 Die Länder Südeuropas (2002)		
Land	Fläche (in km²)	Einwohner (in Tausend)
Spanien	504 790	39 600
Italien	301 316	57 800
Griechenland	131 625	10 600
Portugal	91 906	9 900
Zypern	9 251	700
Andorra	453	66
Malta	316	400
San Marino	61,2	19
Vatikanstadt	0,44	0,46
Zum Vergleich:		
Deutschland	357 000	82 200
Berlin	890	3 393
Brandenburg	29 060	2 594
Meckl.-Vorp.	23 840	1 794
Sachsen	18 340	4 475
Sachsen-Anh.	20 440	2 663
Thüringen	16 250	2 456

M 5 Herkunftsländer südeuropäischer Mitbürger in Deutschland, 2000

AUFGABEN

1. Suche in einer Atlaskarte folgende Objekte: **Gebirge** (Pyrenäen, Apenninen), **Inseln** (Balearen, Sizilien, Kreta, Zypern), **Flüsse** (Ebro, Tajo, Po, Arno).
2. Vergleiche die Bevölkerungsdichte (M 1) und die Oberflächengestalt (M 2) Südeuropas. Prüfe, ob es **Zusammenhänge** gibt. Wenn ja, wie sind diese zu erklären?
3. Nenne weitere Beispiele für die Vielfalt Südeuropas (M 3) und trage sie in dein Arbeitsheft ein.
4. Zeige am Beispiel typischer südeuropäischer Gerichte, wie diese Mitbürger (M 5) zur kulturellen Vielfalt beitragen.

Vulkane und Erdbeben in Südeuropa

Südeuropa ist der Teil Europas mit den jüngsten Hochgebirgen. Deren Heraushebung begann „erst" vor etwa 70 Millionen Jahren. Woran kann man erkennen, dass dieser Prozess auch heute noch nicht abgeschlossen ist?

Vulkanismus. In Südeuropa gibt es viele *Vulkane* (↑). Meist sind sie über Jahrhunderte ruhig, plötzlich können sie wieder „aktiv" werden. Heiße Dämpfe treten aus Rissen in den Berghängen. Aus der Öffnung des Vulkans (*Krater*) werden Asche und Gesteinsbrocken in die Luft geschleudert. Glühender Gesteinsbrei (*Magma*) wird aus der Tiefe der Erde im Schlot des Vulkans nach oben gedrückt. Bei einem Ausbruch wird auch das Magma aus dem Krater herausgeschleudert. Als zähflüssige glühende *Lava* fließt der Gesteinsbrei am Berghang herab. Er ist kaum zu stoppen. Häuser, Bäume und Büsche werden durch die große Hitze in Brand gesetzt und unter dem Lavastrom begraben.

Der Lavastrom kühlt an der Erdoberfläche langsam ab und bleibt als dunkles Gestein liegen. Asche rieselt aus dem Vulkan als feiner Staubregen auf die Lavafelder. Nach langer Zeit wachsen erste Flechten auf der Lava. Sie überziehen das Vulkangestein wie ein weicher Teppich. Das Gestein verwittert zu einem fruchtbarem Boden, auf dem sich allmählich auch andere Pflanzen ansiedeln.

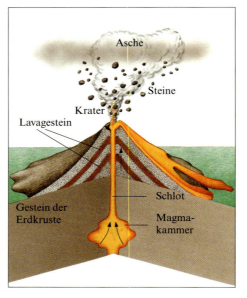

M 1 Der Aufbau eines Vulkans

M 2 *Am Vesuv – neues Leben auf der Lava. Der Boden um den Vesuv wurde in den letzten 2000 Jahren immer wieder durch Ascheregen gedüngt. Dadurch wachsen die Weinreben dort besonders gut. So konnte sich der Weinbau zu einem ertragreichen Erwerbszweig entwickeln.*
*Ein leichter Ascheregen ist für die Landwirtschaft ein Segen. Doch zuviel Asche ist ein Fluch. Noch schlimmer ist es, wenn die Felder von Lavaströmen bedeckt werden. Es dauert dann Monate, bis die Lava abkühlt. Erst nach Jahrzehnten siedeln sich auf dem kahlen Stein wieder Flechten und Moose an. Durch **Verwitterung** (↑) der Lava bildet sich ganz allmählich ein fruchtbarer Boden.*

M 3 Vulkane und Erdbebengebiete in Südeuropa

M 4 Notstand am Vulkan Ätna.
Am Morgen des 17. Juli 2001 öffnete ein starkes Erdbeben eine rund 360 m lange Spalte in 2700 m Höhe am Ätna. Ein rund 200 m langer und 40 m hoher „Feuerstrahl" schoss aus der Spalte, dem folgte ein Lavastrom, der sich den Hang hinab wälzte. Später am Tag öffnete sich noch eine weitere Spalte. Am 22. Juli ereigneten sich mehrere Explosionen, in deren Folge sandkorngroße Steinchen, Lapilli, bis nach Catania geschleudert wurden. Dadurch musste der Flughafen geschlossen werden. Die Feuerwehr versuchte mit Bulldozern Wälle aufzuschütten, die die Lava in unbewohntes Gebiet ablenken sollten. Die Stirn des Lavastroms befand sich am Abend des 23. Juli nur noch 4 km vom 700 m hoch gelegenen Ort Nicolosi entfernt.

Der Ätna wird, wie andere Vulkane auch, von nahegelegenen Beobachtungspunkten aus ständig überwacht, um die Menschen rechtzeitig vor einem Ausbruch zu warnen. Anzeichen dafür sind:
– Veränderungen der Temperaturen von Boden und Gewässern,
– Veränderungen in der Zusammensetzung der Luft durch Gase aus dem Vulkan.

Erdbeben. Die Faltengebirgsbildungen sind aber nicht nur mit Vulkanismus verbunden. Sie verursachen auch sehr starke Spannungen im Gesteinskörper der Erde. Wenn sich diese ruckartig lösen, dann kommt es zu Erschütterungen der Erde: die Erde bebt. *Erdbeben* (↑) können unterschiedlich stark sein. Es gibt leichte Beben, bei denen man die Erschütterungen kaum spürt. Andererseits können Erdbeben so stark sein, dass sie die Häuser zum Einsturz bringen und andere schwere Zerstörungen anrichten.

M 5 Erdbeben in Athen.
In der griechischen Hauptstadt wird weiter nach Überlebenden des Erdbebens gesucht. Die Zahl der Todesopfer war auf 105 gestiegen. Mindestens 60 000 Menschen haben bei dem Beben ihr Heim verloren. Einzelne Nachbeben lassen die Überlebenden nicht zur Ruhe kommen.
(Zeitungsnotiz vom 11. September 1999.)

M 6 Ausbruch des Vulkans Ätna (Sizilien) im Jahre 2001. Aus einem Nebenkrater steigen gewaltige Staub- und Aschewolken auf.

M 7 In Athen nach dem Erdbeben von 1999

AUFGABEN
1. Beschreibe die Lage der Vulkane und Erdbebengebiete in Südeuropa (M 3).
2. Erläutere den Aufbau eines Vulkans und den Mechanismus eines Vulkanausbruchs (M 1).
3. Trage in einer Liste zusammen: Welche Vorgänge kann man beim Ausbruch eines Vulkans beobachten (Text, M 4, M 6)?
4. Berichte deinen Mitschülern über Auswirkungen von Vulkanen und Erdbeben auf das Leben der Menschen in Südeuropa (Text, M 2, M 4, M 5, M 7).
5. Sammelt weiteres Material über Vulkanausbrüche und Erdbeben. Gestaltet zu diesem Thema eine Wandzeitung.

Klima und Pflanzen des Mittelmeerraumes

Im Mittelmeerraum wachsen viele Pflanzen ganzjährig im Freien, die es in Deutschland nur als Topfpflanzen gibt, zum Beispiel der Oleander. Bei uns muss man Oleanderpflanzen im Winter ins Haus holen. Warum können Pflanzen wie der Oleander in Südeuropa das ganze Jahr über im Freien wachsen?

Das Klima. Im Mittelmeerraum ist die warme Jahreszeit länger und die kühle Jahreszeit kürzer als bei uns. Beide folgen ohne lange Übergangszeit aufeinander. Im Sommer steht die Sonne höher als bei uns und sie scheint länger. Dementsprechend ist auch die Lufttemperatur höher. Regen ist im Sommer selten. Im Winter gibt es keinen Frost, aber es fallen die meisten Niederschläge des Jahres. Dieses Klima nennt man *Mittelmeerklima* (↑) oder *subtropisches Klima* (↑).

M 3 *Tagebuchaufzeichnungen in Rom*
25. August: Die Stadt ist voller Touristen. Viele Einheimische sind dagegen ans Meer oder in die Berge gefahren, um der Hitze zu entgehen. Die Fenster sind abgedunkelt, damit es drinnen kühler bleibt. Von 12.00 Uhr – 15.30 Uhr sind die Geschäfte geschlossen, es wird Siesta gehalten. Erst gegen Abend beleben auch die Einheimischen die Straßen, oft bis in die Nacht.
20. November: Unerwartet ist ein Gewitter mit Regen und Sturm über die Stadt hereingebrochen. Sturmböen rissen Ziegel vom Dach. Überschwemmungen behinderten den Verkehr. Der lange römische Nachsommer hat nun ein Ende gefunden.
18. Februar: Das erste Mal nach vielen Jahren hat es heute in Rom geschneit. Die Stadt war einen Tag in Weiß gehüllt. Da die Temperatur über dem Gefrierpunkt liegt, tauten die Flocken schnell wieder weg.

Oleanderbusch

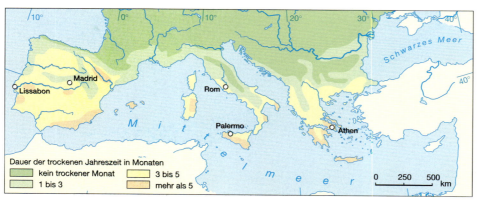

M 1 Die Dauer der trockenen Jahreszeit in Südeuropa

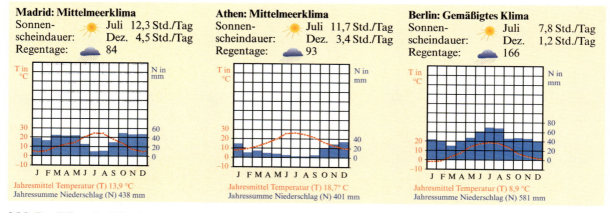

M 2 Das Klima des Mittelmeerraumes (Berlin zum Vergleich)

Klima und Pflanzen des Mittelmeerraumes 135

Die Pflanzen. In Deutschland reicht die Wachstumszeit der Pflanzen vom Frühjahr bis zum Herbst. Im Winter ruht das Pflanzenwachstum. Dann ist es zu kalt. Ganz anders ist das in Südeuropa. Die Sommer sind zu trocken für das Pflanzenwachstum; in diesen Monaten hat das Pflanzenwachstum Ruhezeit. Die Winter sind dagegen nicht so kalt und auch nicht so trocken; in diesen Monaten ist in Südeuropa die Wachstumszeit. Die typische Vegetationsform bei diesen natürlichen Bedingungen in Südeuropa sind immergrüne *Hartlaubgewächse* (↑). Zu ihnen gehören der Olivenbaum, die Steineiche, die Korkeiche, der Lorbeer, der Oleander und viele andere Pflanzen. Sie werden als Hartlaubgewächse bezeichnet, weil ihre Blätter hart sind.

M 5 Korkeichen im Januar

Infolge der langen Trockenheit im Sommer haben Hartlaubgewächse besondere Eigenschaften:
Sehr lange Wurzeln reichen bis zum Grundwasser. Wasser wird in dicken Pflanzenteilen gespeichert. Die Blattoberfläche wird verringert; einige Hartlaubgewächse haben nur noch Dornen statt Blätter ausgebildet. Die Wasserabgabe an die Luft wird vermindert. Die Pflanzen wachsen langsam.

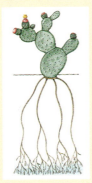

Feigenkaktus

Verminderung der Wasserabgabe an die Luft durch:
schmale Blätter
lederartige Blätter mit glänzendem Wachsüberzug
Einrollen der Blätter bei Trockenheit

Lorbeerzweig

Da Hartlaubgewächse während des Winters Wasser aufnehmen, sind sie immergrün. Sie werfen im Herbst keine Blätter ab.

M 4 Hartlaubgewächse im Mittelmeerraum

M 6 Feigenkaktus im Januar

AUFGABEN
1. Vergleiche das Klima von Berlin mit dem von Madrid und Athen (M 2). Nenne die Unterschiede und versuche sie zu erklären. Du kannst dich im Kapitel „Schlag nach" darüber informieren, wie man Klimadiagramme liest.
2. Notiere Merkmale des Mittelmeerklimas (subtropisches Klima) in deinem Geografieheft (Text, M 1, M 2).
3. Erläutere mithilfe von M 3, welche Auswirkungen das Mittelmeerklima im Sommer auf das Leben der Menschen hat.
4. Erkläre, warum Hartlaubgewächse immergrüne Pflanzen genannt werden (M 4) und wie sie sich dennoch vor dem Austrocknen durch die Sonne schützen.

Umweltschäden – vom Menschen verursacht

Immer wieder erreichen uns Nachrichten, die über Schlammlawinen oder Waldbrände in Südeuropa berichten. Warum kommt es ausgerechnet im Mittelmeerraum immer wieder zu solchen Naturkatastrophen?

Die Vegetation. Zur Zeit des Römischen Reiches waren große Teile Südeuropas bewaldet. Doch bereits damals begannen die Menschen, die Vegetation im Mittelmeerraum tiefgreifend zu verändern. Heute gibt es dort kaum noch zusammenhängende Waldgebiete. Die Mehrzahl der Bäume wurde als Baumaterial für Häuser und Schiffe oder zur Gewinnung von Brennholz und Holzkohle gefällt.

Anstelle des Waldes erstreckt sich heute über weite Flächen ein undurchdringliches Dickicht, das sich aus immergrünen niedrigen Büschen zusammensetzt. Ginster, Salbei, Erdbeerbaum und Pistazie sind weit verbreitet. Diese Vegetationsform wird als *Macchie* (↑) bezeichnet.

Aufforstung in Spanien. Seit Jahrzehnten verfolgt man in Spanien das Ziel, den Wald wieder aufzuforsten. Da man den schnell wachsenden Eukalyptusbaum gut in der Wirtschaft verwerten kann, wurden anfangs davon große Pflanzungen angelegt. Aber in Eukalyptushainen trocknet der Boden stark aus und wird nährstoffarm, so dass andere Pflanzen nicht gedeihen. Inzwischen achtet man darauf, verschiedene miteinander verträgliche Pflanzenarten anzupflanzen.

M 2 Macchie – farbenprächtiges Blütenmeer im Frühjahr

M 3 Brennende Macchie in Griechenland

> **M 1** Erneut Schlammlawine bei Neapel.
> einem Dorf bei Neapel vier Menschen getötet worden. Heftige Regenfälle lösten eine Schlammlawine aus, die über das Dorf Cervinia hereinbrach. Der Ort war bereits am 5. Mai 1999 von einer Schlammlawine überrascht worden, die Autos, Bäume und Häuser mit sich gerissen und zahlreiche Todesopfer gefordert hatte. Als Ursachen werden Eingriffe in die Landschaft genannt.
> *(Zeitungsmeldung vom 16. Dezember 2000)*

M 4 Schlammlawine bei Neapel

Ursachen für die massenhafte Rodung der Wälder

- Gewinnung von Siedlungsflächen
- Gewinnung von Ackerland
- Gewinnung von Baumaterial für Häuser und Schiffe
- Gewinnung von Brennholz und Holzkohle

Folgen der massenhafte Rodung der Wälder

- Vernichtung der natürlichen Wälder
- starke Austrocknung des Bodens im Sommer, da Baumwurzeln zum Speichern von Wasser im Boden fehlen
- Herausbildung eines veränderten Pflanzenwuches (Macchie)
- Brände der Macchieflächen bei Sommertrockenheit und hohe Temperaturen
- Zerstörung des Bodens durch Starkregen im Winter (Rinnen und Talbildungen an Hängen, Abtragung des Bodens durch fließendes Wasser, Hangrutschungen)
- Überschwemmungen in Vorländern der Gebirge
- Verlust von landwirtschaftlichen Nutzflächen

Maßnahmen zur Veränderung

- Wiederaufforstung von Wäldern
- Verhütung von Wald- und Macchiebränden
- Terrassierung von Hängen
- Das Abtragen des Bodens durch Starkregen verhindern.

M 5 Raubbau am natürlichen Wald

M 6 Vermutungen über Brandursachen in Griechenland, Italien und auf Korsika:
„Nach tagelanger Hitze mit Temperaturen über 40 °C entzündete sich die Macchie im Süden Griechenlands. Zwar kühlte die Luft an den folgenden Tagen auf 33 °C ab, aber aufkommender Wind entfachte die Waldbrände ständig neu und erschwerte die Löscharbeiten.
In Mittelgriechenland hoffte die Feuerwehr, durch Einsatz von Löschflugzeugen die Brände unter Kontrolle zu bringen.
In Italien haben die Einsatzkräfte inzwischen die meisten Brände gelöscht.
Oft werden Brände durch Blitzeinschlag oder durch Leichtsinn, z. B. durch weggeworfene Flaschen, entfacht. Vermutlich wurden aber auch Waldbrände absichtlich gelegt, um neues Bauland zu gewinnen."
(aus: Berliner Morgenpost vom 11. 07. 2000, gekürzt)

Schon gewusst?

Néfos" wird die Smogwolke genannt, an der die Athener im Sommer manchmal zu ersticken drohen. Der Smog bildet sich durch die Abgase des Autoverkehrs und die starke Sonneneinstrahlung. Die Berge rund um Athen sind die Ursache dafür, dass die Smogwolke kaum entweichen kann. Sie belastet die Atemluft und kann zu Gesundheitsproblemen führen.

AUFGABEN

1. Südeuropa war früher reich an Wäldern. Welche Ursachen und welche Folgen hat die heutige Waldarmut (Text, M 5)?
2. Diskutiert in der Klasse über Ursachen von Waldbränden und Überschwemmungen im Mittelmeerraum. Beachtet dabei die Rolle des Menschen (M 1, M 3, M 6).
3. Erläutere am Beispiel Spaniens (Text), worauf man bei der Wiederaufforstung achten muss.

Landwirtschaft in Spanien

Oliven, Wein, Apfelsinen und Zitronen und Gemüse sind willkommene Nahrungsmittel, die wir auch im Winter aus Südeuropa einführen. Dort sind die Winter mild, so dass die Pflanzen in den Wintermonaten ihre Wachstumsphase haben. Können die Bauern Südeuropas auch während des trockenen Sommers landwirtschaftliche Produkte ernten?

Landwirtschaft im Winter. Auf den Hochflächen im Inneren Spaniens wird während des ganzen Jahres Feldbau ohne Bewässerung betrieben. Diese Anbauform bezeichnet man als *Trockenfeldbau* (↑). Angebaut werden einjährige Pflanzen, vor allem Getreide. Die Wachstumszeit der Pflanzen liegt im regenreichen Winter und im Frühjahr. Da, wo die Bodenfeuchtigkeit für den Getreideanbau nicht mehr ausreicht, werden vor allem Baum- und Strauchkulturen angebaut. Pflanzungen mit Olivenbäumen, Feigen-, Mandel- und Pistazienbäumen sowie Weinreben erstrecken sich über weite Flächen. Das reich verzweigte Wurzelgeflecht dieser Pflanzen reicht bis zum Grundwasser.

Olivenbäume. Die knorrigen, langsam wachsenden Olivenbäume sind im Mittelmeerraum weit verbreitet. Die Olive ist die Frucht des Olivenbaumes. Sie liefert das wohlschmeckende Speiseöl, das in den Mittelmeerländern zur Zubereitung der meisten Speisen verwendet wird.
Olivenbäume, auch Ölbäume genannt, können bis zu 2000 Jahre alt werden. Sie stellen geringe Ansprüche an die Fruchtbarkeit des Bodens. Sie sorgen auch dafür, dass genug Feuchtigkeit im Boden bleibt und dass der Boden nicht vom Regen fort gespült wird. Im Mai und Juni blühen die Bäume. Lange trockene Sommer sind für das Reifen der Oliven notwendig. Im November beginnt die Ernte, die sich bis in den März hinein zieht. Dazu legt man Netze unter die Bäume. Die Oliven eines Baumes reichen für die Herstellung von 2 bis 3 l Olivenöl.

M 1 Trockenfeldbau in Kastilien, Getreidefeld nach der Ernte.

M 2 Bewässerungsfeldbau. Das Wasser wird direkt an die Wurzeln der Pflanzen geleitet. Ganzjähriger Anbau ist möglich.

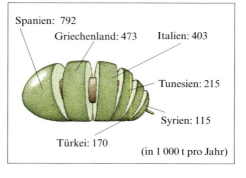

Spanien: 792
Griechenland: 473
Italien: 403
Tunesien: 215
Syrien: 115
Türkei: 170
(in 1 000 t pro Jahr)

M 3 Die größten Olivenproduzenten im Mittelmeerraum

Landwirtschaft in Spanien

Landwirtschaft im Sommer. Beim *Bewässerungsfeldbau* (↑)wird den Pflanzen über Kanäle, Gräben oder Rohrleitungen das lebensnotwendige Wasser zugeführt. Schon vor mehr als zweitausend Jahren entwickelten Bauern des Mittelmeergebietes diese Anbauform.

Da in den Sommermonaten nur wenig Niederschläge fallen, wird das Regenwasser vom Winter in Speicherbecken gesammelt. Spanien ist das europäische Land mit den meisten Speicherbecken (Stauseen) und der größten bewässerten Landwirtschaftsfläche. In den Trockenzeiten wird das Wasser dann zu den Feldern geleitet (M 6). Durch diese künstliche Bewässerung sind mehrere Ernten im Jahr möglich. Mit Wasser wird aber sehr sparsam umgegangen: Damit möglichst wenig verdunsten kann, wird das Wasser häufig über Plastikschläuche direkt bis an die einzelnen Pflanzen geleitet und in dünnen Strahlen dicht an den Wurzeln portionsweise abgegeben.

M 4 *Pflanzenbau im Gewächshaus. Fernando Lopez setzt in seinem Betrieb auf moderne Technik. Fast alle Arbeiten in den großen Gewächshäusern laufen automatisiert ab. Deshalb kann er seinen Betrieb meist alleine bewirtschaften. Nur während der Ernte beschäftigt Fernando Lopez Saisonkräfte. Die Pflanzen, vor allem Gemüse, wurzeln nicht mehr direkt im Boden, sondern in einem künstlichen Material, das nach der Ernte entsorgt werden muss. Die Aufzucht der Pflanzen überwacht ein Computer. Fernando gibt nur Dünger in die riesigen Wassertanks.*

Schon gewusst?

Seit mehr als eintausend Jahren wiederholt sich in Valencia Woche für Woche eine Zeremonie: Unter freiem Himmel tagt das Wassergericht, die älteste Rechtsbehörde Europas. Früher wurden hier Streitigkeiten über die Nutzung des knappen und kostbaren Wasser verhandelt. Heute ist das Gericht mehr eine Touristenattraktion. Nur noch selten werden wirkliche Verstöße gegen die Bewässerungsordnung verhandelt.

M 5 *Wasser – der Schlüssel zum Erfolg. Wasser wird heute über hunderte von Kilometern nach Südspanien in die Gewächshäuser aus Plastikfolien oder auf die Felder geleitet.*
Wegen der Ausdehnung der Bewässerungsflächen ist der Grundwasserspiegel bereits stellenweise um 100 m abgesunken. In der Nähe der Küste mischt sich Meerwasser in das Grundwasser und versalzt es. Um Wasser zu sparen, werden geklärte Abwässer zur Bewässerung genutzt. In Spanien will man am Unterlauf des Ebro-Flusses einen großen Staudamm bauen.

M 6 Bewässerungsanlage bei Murcia. Das Wasser wird über viele Kilometer zu den Feldern geleitet.

AUFGABEN

1. Erkundige dich in einem Gemüsegeschäft deines Heimatortes danach, welche Landwirtschaftsprodukte aus dem Mittelmeerraum angeboten werden. Zu welcher Jahreszeit kann man sie bei uns kaufen?
2. Suche die Mittelmeerländer mit dem größten Olivenanbau auf einer Atlaskarte. Begründe, weshalb Olivenbäume eine große Bedeutung für die Landwirtschaft haben (Text, M 3).
3. Erläutere, warum die Landwirte in Südeuropa so sparsam mit Wasser umgehen müssen (Text, M 5).
4. Unterscheide die Anbauformen Trockenfeldbau und Bewässerungsfeldbau. Beachte dabei auch die Anbaupflanzen (Text, M 1, M 2, M 4 und M 6).
5. Die spanische Stadt Valencia ist ein wichtiges Ausfuhrzentrum landwirtschaftlicher Produkte. Stelle mithilfe einer Wirtschaftskarte mögliche Gründe dafür zusammen (Atlas)

Tourismus in Südeuropa

Anne war mit ihrer Familie in den vergangenen Sommerferien in Griechenland. Da haben sie viele Sehenswürdigkeiten besucht, von denen Anne bereits im Geschichtsunterricht gehört hatte. In ihrem Urlaubstagebuch hat sie einiges für uns festgehalten:

M 1 *Aus Annes Urlaubstagebuch.*
12. August. *Endlich sind wir in Patras auf dem Peloponnes angekommen. Im Hafen war ein lebendiges Treiben. Griechen und viele Touristen waren auf der Autofähre. Auch LKW's kommen aus dem Bauch des Schiffes. Das Thermometer zeigt 31° C. Die nächsten 3 Tage wollen wir am Strand zubringen.*

16. August Epidaurus. *Zuerst halten wir am Kanal von Korinth. Er ist 6 343 m lang, 21 m breit und verbindet das Ägäische Meer mit dem Ionischen Meer. Erbaut wurde der Kanal zwischen 1881 und 1893.*
Anschließend fahren wir nach Epidaurus, dem berühmten Kurort der Antike. Das Freilichttheater, im 3. Jahrhundert vor Christus errichtet, ist wegen seiner Akustik berühmt. Auch heute finden hier Aufführungen statt.

18. August Hydra. *Wir fahren mit dem Schnellboot nach Hydra. Im Hafen liegen kleine Fischerboote, Motorboote und Segeljachten. Wir sehen auch Wasserschiffe, denn viele der Inseln erhalten ihr Trinkwasser vom Festland.*
Die Insel erkunden wir auf dem Rücken von Eseln.

19. August Sparta. *In der Antike war Sparta eine mächtige Stadt. Wir besichtigen die Ausgrabungen, und ich stelle mir vor, wie die Menschen hier gelebt haben. Erst 1834 wurde an der alten Stelle eine neue Stadt gegründet.*

22. August Kalamä. *Wir wollen die Tropfsteinhöhlen von Dirou besichtigen. Auf dem Weg dahin fahren wir durch Kalamä. Diese Stadt wurde 1989 durch ein Erdbeben zerstört.*
Endlich haben wir die Höhlen erreicht. An der Kasse kommen wir mit Dimitri ins Gespräch. Er hat früher in München gearbeitet. Heute führt er Touristen durch die Tropfsteinhöhlen.

25. August Olympia. *Wir besichtigen die Stätte der antiken Olympischen Spiele. Die Vorstellung, dass hier vor über 2 000 Jahren die erste Olympiade stattfand, beeindruckt mich sehr.*

27. August Patras. *Schade, dass der Urlaub schon zu Ende ist.*

 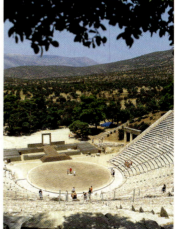

M 2 Am Kanal von Korinth   **M 3** In Epidaurus

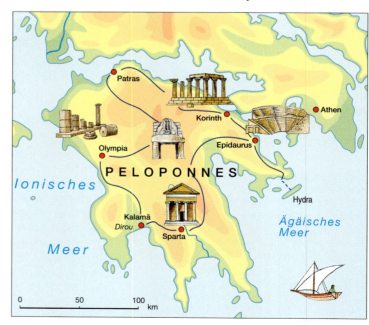

M 4 Stationen der Reise auf dem Peloponnes

Bedeutung des Tourismus. Kaum ein anderer Wirtschaftszweig hat in den vergangenen Jahrzehnten ein so großes Wachstum erlebt wie der Tourismus. Wegen des für Urlaubsreisen günstigen Klimas sind gerade die Länder Südeuropas beliebte Urlaubsziele. Dort entstehen durch den Tourismus neue Arbeitsplätze und Einnahmequellen. Aber der *Massentourismus* hat auch viele Schattenseiten: unter anderem Trinkwasserknappheit, die zunehmende Umweltbelastung, ein allgemeiner Preisanstieg sowie der Verlust von historischen Bauten und regionalen Traditionen. Vielerorts versucht man bereits, als Alternative zum Massentourismus Angebote für den „sanften Individualtourismus" zu schaffen.

M 7 Massentourismus am Strand von Benidorm, Spanien

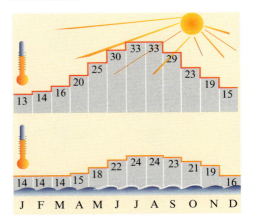

M 5 Luft- und Wassertemperaturen in °C

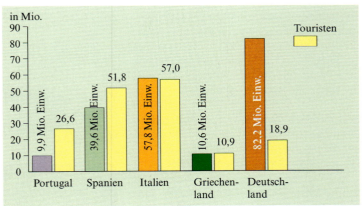

M 8 Zahl der Touristen pro Jahr in einigen Ländern Südeuropas. Stand: 2000 (zum Vergleich: Größe der einheimischen Bevölkerung)

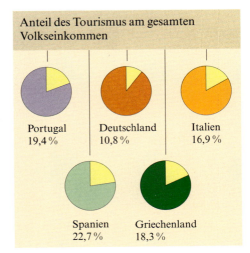

M 6 Wirtschaftliche Bedeutung des Tourismus

AUFGABEN
1. Lies Annes Urlaubstagebuch (M 1) und verfolge die Reiseroute auf der Karte (M 4). Beziehst auch M 2 und M 3 ein.
2. Bildet Arbeitsgruppen. Jede Gruppe wählt sich einen Ort von Annes Reiseroute und sammelt Informationen über ihn. Tragt eure Ergebnisse in der Klasse zusammen.
3. Informiere dich über die Bedeutung des Tourismus in den Ländern Südeuropas (M 6, M 8). Beachte zum Vergleich auch die Angaben zu Deutschland.
4. Diskutiert in der Klasse über mögliche Vor- und Nachteile des Massentourismus für die Länder Südeuropas (Text, M 6, M 7).
5. Wie lautet dein Wunschziel für einen Urlaub in Südeuropa? Was gehört für dich zu einem gelungenen Urlaub dazu?

Italien: ein Land – drei Wirtschaftsräume

Die lang gestreckte italienische Halbinsel ist wirtschaftlich sehr unterschiedlich erschlossen. Neben leistungsstarken Räumen gibt es solche, in denen es an Arbeitsmöglichkeiten mangelt. Wie verteilen sich die unterschiedlichen Wirtschaftsräume über Italien und wie wirken sie sich auf das Leben der Menschen aus?

Norditalien. Die Nähe zu West- und Mitteleuropa war günstig für die Handelsbeziehungen dieser Region. Auch die Fruchtbarkeit der Poebene ermöglichte es, ausreichend Nahrungsmittel für eine wachsende Bevölkerung zu produzieren. So entstand Mitte des vorigen Jahrhunderts um Turin, Mailand und Genua ein großes Industriegebiet mit zahlreichen Betrieben und Arbeitsplätzen. Die oberitalienische Tiefebene ist auch bis heute das wichtigste Landwirtschaftsgebiet Italiens. Auf Großflächen wird Getreide angebaut, das in der Nahrungsmittelindustrie weiterverarbeitet wird.

Mittelitalien. Der Reichtum Mittelitaliens an historisch wertvollen Kulturschätzen führte dazu, dass sich hier der Tourismus besonders stark entwickelte. Rom und Florenz sind die meist besuchten Städte Mittelitaliens. Um die Städte Florenz, Livorno und Rom entstanden in jüngster Zeit auch neue, moderne Industrieansiedlungen. In der Landwirtschaft bestehen kleine Bauernhöfe sowie modern bewirtschaftete Betriebe mit großen Wirtschaftsflächen nebeneinander.

Mezzogiorno. Der Süden des Landes ist der unterentwickelte Teil Italiens. Die ungünstigen natürlichen Bedingungen (Klima, Boden, Relief) lassen kaum ertragreiche Landwirtschaft zu. Mit Unterstützung des Staates entstanden einige neue Industriebetriebe. Einige neue touristische Einrichtungen haben in Küstennähe ihren Standort. Doch das Landesinneren ist nach wie vor wirtschaftlich unterentwickelt mit hoher Arbeitslosigkeit. Der Mezzogiorno gilt als „das Armenhaus Italiens".

M 1 In Norditalien – Werkgelände einer Autofabrik in Mailand

M 2 In Mittelitalien – Florenz, die Hauptstadt der Region Toscana

M 3 Im Mezzogiorno – Trabia im Norden Siziliens

Diese wirtschaftliche Dreiteilung, die Italien von Nord nach Süd aufweist, zeigt sich nicht nur an der Wirtschaftskraft der drei Regionen. Auch bei der Bevölkerungsverdichtung sowie bei der Arbeitslosigkeit weist Italien immer noch ein sehr deutliches Nord-Süd-Gefälle auf. Während im Industriegebiet um Mailand-Turin-Genua die Arbeitslosenrate bei etwa 5 % liegt, beträgt sie im Süden Italiens oft über 20 %. Seit Generationen sind deshalb die Menschen von dort in den Norden Italiens oder ins Ausland abgewandert.

M 4 *Fiat in Turin.*
Tuccis wohnen in einem hellen neuen Wohnhaus, das von der Fiat-Gesellschaft errichtet wurde. Blickt man vom Balkon, sieht man Grünanlagen, den Sportplatz und die Kirche. Abends trifft man sich beim Bocciaspiel. Gina, die jüngste Tochter der Familie, besucht den Fiat-Kindergarten. Angelo, ihr Vater, arbeitet seit 20 Jahren bei Fiat. Mario arbeitet als Schweißer ebenfalls bei Fiat, und Fernando wird noch in der Fiat-Lehrlingsschule ausgebildet. Tuccis führen ein geselliges Leben. Fernando spielt im Fiat-Orchester, Mario fährt Radrennen in der Betriebsmannschaft. Maria geht noch zur Schule. Die Sommer verbringt sie im Fiat-Ferienlager. In Turin heißt es: „So wie es der Firma Fiat geht, so geht es auch den Einwohnern der Stadt."

M 5 *Auf der Insel Sardinien.*
Sardinien ist eine der ärmsten Regionen Italiens. Die Menschen leben vor allem von der Weidewirtschaft. Hier treffen wir Cesare, einen Schafhirten. Er berichtet: „Früher lebte ich bei meinen Herden in einer kleinen Hütte. Heute fahre ich täglich mit dem Auto zu meinen Tieren und lebe in der Stadt. Manche Hirten wollen ihre Herden vergrößern, um etwas mehr zu verdienen. Sie brennen für zusätzliche Weideflächen den Wald ab. Aber das ist natürlich verboten. Jetzt soll hier ein Nationalpark eingerichtet werden. Dann dürfen wir nicht mehr so viele Schafe halten. Und wenn die Touristen ausbleiben, was wird dann aus uns?"

M 6 Wirtschaftskraft der Regionen Italiens

M 7 Wirtschaftliche Unterentwicklung Mittelitaliens und des Mezzogiorno

Ursachen	Folgen	Maßnahmen
viel Großgrundbesitz, Kleinbauern mit wenig Land, schwierige Anbaubedingungen für die Landwirtschaft, wenige oder keine Industriebetriebe	fehlende Arbeitsmöglichkeiten, hohe Arbeitslosigkeit, Armut, Abwanderung	Schaffen von Arbeitsplätzen: Aufkauf von Land durch den Staat und Vergabe an Bauern, Errichtung von Industriebetrieben, Bau von Straßen und Bewässerungsanlagen

AUFGABEN

1. Ordne den Räumen Nord-, Mittel- und Süditalien Merkmale der Wirtschaftsentwicklung zu (Text, M 4, M 6, M 7).
2. Bestimme mithilfe der Wirtschaftskarte im Atlas die Industriezweige im Städtedreieck Mailand-Turin-Genua. Versuche ihnen Erzeugnisse zuzuordnen. Befrage auch Freunde, Bekannte und deine Eltern.
3. Suche in der Wirtschaftskarte die Landwirtschaftsgebiete Italiens und beschreibe deren Lage (Atlas).
4. Zeige an Beispielen, wie sich die wirtschaftliche Situation verschiedener Regionen Italiens auf das Leben der Menschen auswirkt (Text, M 4, M 5, M 7). Denke auch an Beispiele aus anderen Ländern Europas oder aus deiner eigenen Stadt.

Südeuropa

Zusammenfassung

Die Länder Südeuropas werden auch als Mittelmeerländer bezeichnet. Südeuropa ist aufgrund des sonnigen, im Winter milden Mittelmeerklimas, der landschaftlichen Vielfalt sowie vieler historischer Sehenswürdigkeiten ein beliebtes Urlaubsziel. Der Tourismus ist ein bedeutender Wirtschaftszweig.

Das *Mittelmeerklima* (= subtropisches Klima) ist durch heiße, trockene Sommer und milde, regenreiche Winter gekennzeichnet. Die typische Vegetationsform sind die Hartlaubgewächse. Die früher weit verbreiteten Wälder wurden seit dem Altertum abgeholzt. Heute ist die Macchie verbreitet.

Der Mittelmeerraum gehört zu den *erdbebengefährdeten Gebieten* der Erde. Tätige *Vulkane* (z. B. Ätna) werfen glühende Lava und Asche aus. Trotzdem sind die Vulkangebiete wegen ihrer fruchtbaren Böden dicht besiedelt.

In der *Landwirtschaft* sind die regenreichen Wintermonate die Wachstumzeit. Doch auch in den trockenen Sommern des Mittelmeerklimas können mit *Bewässerungsanlagen* und speziellen Anbaumethoden gute Erträge erzielt werden.

Die *Industrie* Südeuropas ist in den einzelnen Ländern und Landesteilen sehr ungleich entwickelt. Das spiegelt sich auch in den unterschiedlichen Arbeits- und Lebensbedingungen der Menschen wider. Insgesamt ist die Industrie Südeuropas weniger gut entwickelt als in den Ländern Westeuropas.

AUFGABEN

1. Vergleiche das Klima Südeuropas mit dem in Südosteuropa. Wähle dazu je ein Klimadiagramm aus dem Lehrbuch aus. Lege die Merkmale fest, nach denen du vergleichen willst, z. B. Temperatur im Sommer, Temperatur im Winter, Jahresschwankungen der Temperatur, Niederschlag. Erläutere die Unterschiede und versuche Gründe dafür zu nennen.
2. Ein Hauptproblem der Landwirtschaft Südeuropas ist der Wassermangel. Erläutere die Ursachen des Wassermangels.

Schlag nach

**Unser Leben ist an die Erde
mit deren Landschaftsräumen gebunden.
Bei der Erkundung und Gestaltung unseres Lebensraumes
bedienen wir uns geografischer Arbeitsweisen.**

Teste dein Wissen!

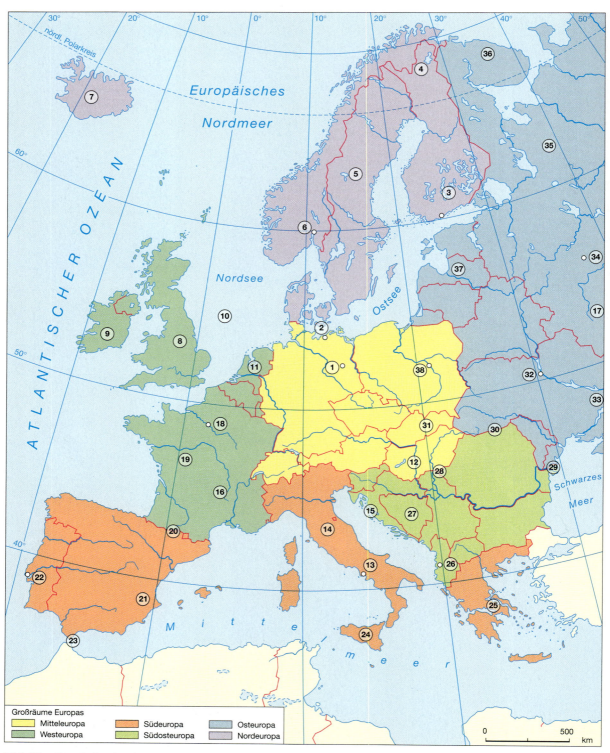

M 1 Eine Rundreise durch Europa

Teste dein Wissen! 147

Verfolgt in Partnerarbeit die Reise auf der Europakarte (M 1). Die Zahlen in der Karte zeigen euch den Reiseweg. Er verläuft über 38 Stationen. Start und Ziel der Rundreise ist Berlin.
Benutzt den Atlas. Schreibt die Namen und Begriffe in euer Geografieheft oder auf eine Folie. Vergleicht abschließend in der Klasse eure Ergebnisse.
Die Anfangsbuchstaben der Lösungswörter von 19 Stationen ergeben hintereinander geschrieben zwei Ziele der Europäischen Union. Diese Stationen sind durch ein (!) gekennzeichnet. Und nun viel Erfolg.

1. In welchem Großraum liegt Berlin?
2. Von Warnemünde bringt uns die Fähre nach Helsinki. Zu welcher Stadt gehört der Fährhafen?
3. Wie heißt das Land mit dieser Hauptstadt (!)?
4. In Nordfinnland lebt dieses Tier(!).
5. Nenne die Staaten Nordeuropas. Der Inselstaat (!) gibt den dritten Buchstaben des Lösungswortes.
6. Oslo liegt an einer steilwandigen Meeresbucht.
7. Den Namen natürlicher Springbrunnen auf Island kennst du auch.
8. Hier sprechen die Einwohner eine Weltsprache (!).
9. Staat und Hauptstadt (!) sollst du aufschreiben.
10. Seit einigen Jahrzehnten fördert man in der Nordsee diesen Rohstoff (!).
11. Der Name des Staates verweist auf seine Höhenlage (!).
12. Dieser Staat (!) befindet sich in Mitteleuropa.
13. Die Stadt (!) liegt am Fuß des Vesuv.
14. Wie heißt die Halbinsel?
15. Das Gebirge (!) bildet die östliche Küste des Adriatischen Meeres.
16. Wir kehren in einen anderen Großraum (!) zurück.
17. Der Großraum (!) grenzt an Asien.
18. Wie heißt die Hauptstadt?
19. Mit welcher Sonderkultur stehen französische Bauern mit deutschen Bauern im Wettbewerb?
20. Das Gebirge trennt Westeuropa von Südeuropa.
21. An der Mittelmeerküste betreiben die Bauern Bewässerungsfeldbau. Wie heißt das bewässerte Land (!)?
22. Wir haben die Hauptstadt von Portugal erreicht (!).
23. Von Portugal fahren wir durch eine Meeresstraße (!) nach Afrika.
24. Auf Sizilien zeigt man uns dichtes Gestrüpp, das an den Hängen wächst. Wie heißt diese Vegetation, die in Mittelmeerländern zu finden ist?
25. In Griechenland stehen auf den Feldern, die nicht bewässert werden, in langen Reihe viele Fruchtbäume. Wie heißt der für Südeuropa kennzeichnende Baum?
26. Der Anfangsbuchstabe der Hauptstadt von Albanien ist gemeint (!).
27. Diese Landschaft ist durch Rodung der Wälder im Kalkgestein des Dinarischen Gebirges entstanden.
28. Hier wird die Donau in einem Durchbruchstal durch die Karpaten. aufgestaut. Wie heißt diese Stelle?
29. Wie heißt die Form der Flussmündung, welche die Donau am Schwarzen Meer bildet?
30. In den Karpaten betreiben die Bergbauern die gleiche Wirtschaftsform wie in den Alpen (!).
31. Hier erstreckt sich das kleinste Hochgebirge Europas. Wir suchen den ähnlichen Namen des südwestlich davon liegenden Gebirges (!).
32. Wie heißt die Hauptstadt?
33. Die Reise führt uns in das größte Industriegebiet Osteuropas (!).
34. Im Zentrum der Hauptstadt steht eine berühmte Burg. Sie ist auch Sitz der Regierung. Wie ist ihr Name?
35. Im Norden Osteuropas erstreckt sich ein riesiges Nadelwaldgebiet. Welchen Namen hat dieser Urwald?
36. Noch weiter im Norden schließt sich an den Nadelwald eine baumlose natürliche Landschaft an.
37. Diese drei Staaten haben eine gemeinsame Bezeichnung. Nenne die Staaten, ihre Hauptstädte und den verbindenden Namen.
38. Bevor wir nach Berlin zurückkehren, besuchen wir eine andere mitteleuropäische Hauptstadt. Wie heißt sie?

Sich erinnern – vergleichen – ordnen

Klima und Vegetation in Europa

Klimazonen (↑). Europa hat an mehreren Klimazonen Anteil:
– *subpolare Klimazone* (↑) im Norden mit langem Winter und kurzem Sommer
– *gemäßigte Klimazone* (↑) zwischen der subpolaren und subtropischen Klimazone mit den Jahreszeiten Frühling, Sommer, Herbst und Winter
– *subtropische Klimazone* (↑) im Süden (Mittelmeerraum) mit Regenzeiten und Trockenzeiten.

Die gemäßigte Klimazone. Die vorherrschende Windrichtung in Europa ist West-Ost, also vom Atlantik zum Kontinent. Die Luft über dem Meer enthält viel Feuchtigkeit. Mit dem Westwind kommt im Sommerhalbjahr kühle und feuchte Luft nach West- und Mitteleuropa, im Winterhalbjahr milde und feuchte Luft. Je weiter man nach Osten kommt, um so mehr nimmt der Einfluss der Meeresluft ab.
Die Luftmassen über dem Festland (z. B. über Osteuropa) haben gänzlich andere Eigenschaften. Sie sind im Sommer warm und trocken, im Winter dagegen kalt bis sehr kalt und trocken. Der Westwind hat seine Feuchtigkeit auf dem Weg über den Kontinent größtenteils verloren. Ostwind bringt selten Niederschläge nach Mittel- und Osteuropa.

Unterteilung der gemäßigten Klimazone. Von Westeuropa nach Osteuropa wird die *Jahresschwankung der Temperaturen* (↑) zwischen Sommer und Winter immer größer. Die Niederschlagsmenge nimmt von West nach Ost ab. Man unterteilt daher die gemäßigte Klimazone in drei *Klimatypen* (↑) Seeklima, Übergangsklima und Landklima (Kontinentalklima).

Hochgebirgsklima. In den Hochgebirgen weichen die Klimamerkmale von dieser Regelhaftigkeit ab. Hier werden sie vor allem von der Höhenlage beeinflusst: Mit zunehmender Höhe nehmen die Temperaturen ab. Durch Steigungsregen nimmt die Niederschlagsmenge zu. Wegen der abnehmenden Temperaturen in der Höhe fallen im Hochgebirge die Niederschläge zwischen Oktober und Mai meist als Schnee.

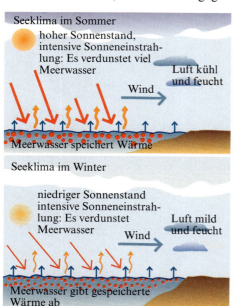

M 1 Bildung von Seeklima und Landklima

Klima und Vegetation in Europa 149

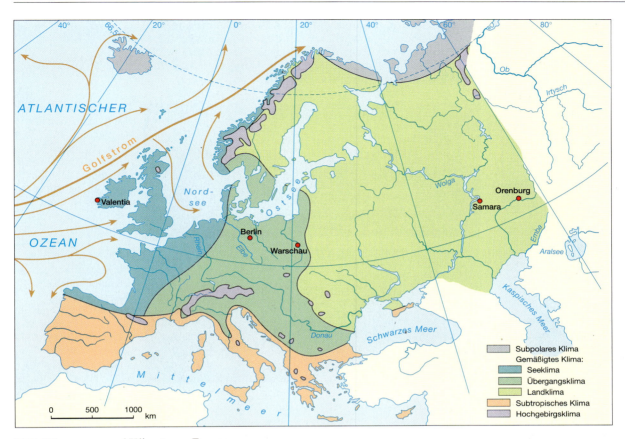

M 2 Klimazonen und Klimatypen Europas

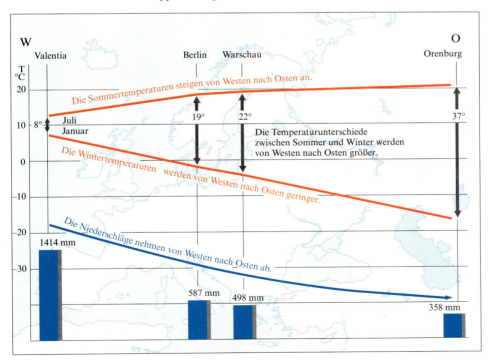

M 3 Veränderungen der Temperaturen und Niederschläge in Europa von West nach Ost

Vegetation. Die natürliche Vegetation ist vor allem vom Boden und vom Klima abhängig, denn Pflanzen brauchen zum Wachstum Nährstoffe, Wasser, Wärme und Licht. In Gebieten mit ähnlichem Klima hat sich meist auch eine ähnliche natürliche Vegetation herausgebildet. Zusammenhängende Gebiete mit gleichartiger Vegetation nennt man *Vegetationszonen* (↑).

M 4 Zone der Tundra. Sie ist ein baumloses Gebiet mit Zwergsträuchern, Gräsern, Moosen und Flechten. Die Pflanzen kommen mit geringer Wärme und einer kurzen Wachstumszeit aus.

M 5 Nadelwaldzone. Sie liegt im kaltgemäßigtem Bereich des Kontinentalklimas. Die Wachstumszeit der Pflanzen beträgt nur 3 – 4 Monate. Aufgrund des Wärmemangels wachsen vor allem Nadelbäume.

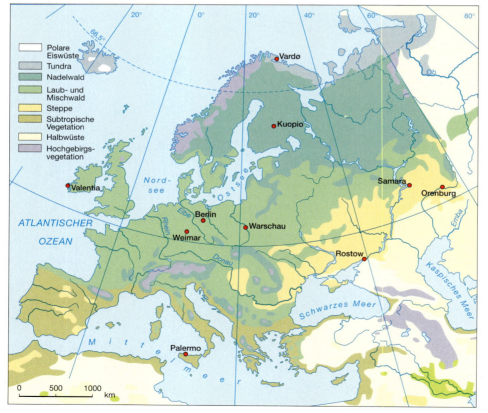

M 6 Vegetationszonen Europas

Klima und Vegetation in Europa 151

Weimar/Deutschland
51° N/11,4° O   264 m ü. NN
Jahresmittel Temperatur (T) 8,2 °C
Jahressumme Niederschlag (N) 557 mm

M 7 Laub- und Mischwaldzone. Sie setzt sich aus sommergrünen Laubwäldern oder Mischwald aus Laub- und Nadelbäumen zusammen. Der Boden ist meist von Sträuchern, Kräutern, Gräsern und Moosen bedeckt.

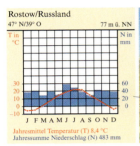

Rostow/Russland
47° N/39° O   77 m ü. NN
Jahresmittel Temperatur (T) 8,4 °C
Jahressumme Niederschlag (N) 483 mm

M 8 Steppenzone. Sie ist ein baumloser Landschaftsraum mit Gräsern und Kräutern, die unter den Bedingungen der Sommertrockenheit wachsen können.

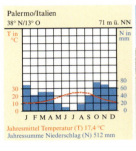

Palermo/Italien
38° N/13° O   71 m ü. NN
Jahresmittel Temperatur (T) 17,4 °C
Jahressumme Niederschlag (N) 512 mm

M 9 Zone der subtropischen Vegetation. Die natürliche Vegetation dieses Raumes ist in ihrem Wachstum an die trockenen und heißen Sommer angepasst.

Eine ursprüngliche natürliche Vegetation gibt es in Europa fast nirgends mehr. Die Urwälder wurden in weiten Teilen Europas gerodet, Sümpfe und Moore trocken gelegt. Der Mensch schuf sich Raum für Siedlungen, landwirtschaftliche Anbauflächen, Arbeitsstätten, Verkehrsflächen und anders mehr.

M 10 Klimadaten von Samara/Russland
Lage: 53° N / 50° O   Höhe: 44 m ü. NN,
Jahresmittel Temperatur 3,8 °C,
Monatsmittel der Temperaturen:

J	–13 °C	M	15 °C	S	12 °C
F	–12 °C	J	18 °C	O	5 °C
M	–6 °C	J	21 °C	N	–5 °C
A	4 °C	A	19 °C	D	–11 °C

Jahressumme des Niederschlags 449 mm
Monatliche Niederschläge:

J	34 mm	M	43 mm	S	42 mm
F	25 mm	J	41 mm	O	45 mm
M	28 mm	J	52 mm	N	33 mm
A	29 mm	A	44 mm	D	33 mm

AUFGABEN

1. Eine Winterreise französischer Schüler führt von Brest am Atlantik nach Brest in Weißrussland. Helft ihnen, die Koffer mit der richtigen Bekleidung für die Reise zu packen. Erklärt die Unterschiede im Klima (Atlas, M 1 bis M 3).
2. Auf den britischen Kanal-Inseln wachsen Palmen im Freien. Begründe, weshalb sie so weit nördlich gedeihen können.
3. Zeichne ein Klimadiagramm der Station Samara (Russland). Ordne Samara einer Klimazone und einem Klimatyp zu (M 2, M 10).
4. Oleg ist 13 Jahre alt und lebt in Samara. In seinem Tagebuch hält er fest, wie er nachmittags seine Freizeit verbracht hat. Wähle je einen Tag im Januar, April, Juli und November aus und überlege, was Oleg in sein Tagebuch hätte eintragen können?
5. In einer Projektarbeit könnt ihr eine Europakarte mit den unterschiedlichen Vegetationszonen gestalten. Zeichnet auf große Papierbahnen (z. B. Rückseiten von Tapetenbahnen) den Umriss Europas. Heftet dann Bilder typischer Nutzpflanzen in die verschiedenen Vegetationszonen. Findet auch Ausnahmen heraus (M 4 bis M 9).

Landwirtschaftsgebiete in Europa

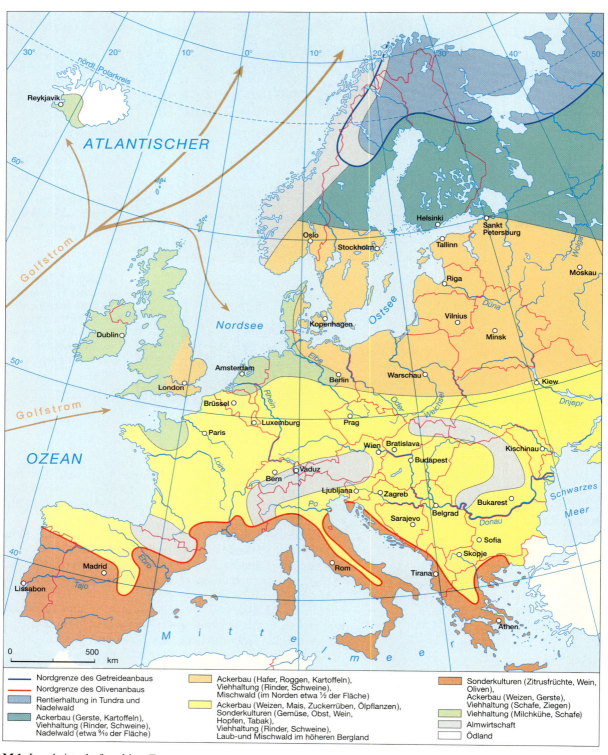

M 1 Landwirtschaftsgebiete Europas

Landwirtschaftsgebiete in Europa

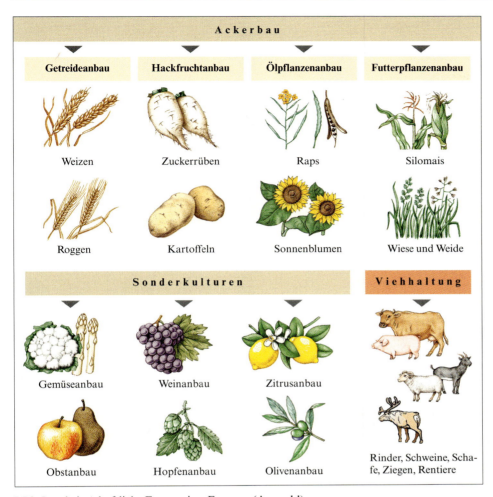

M 2 Landwirtschaftliche Erzeugnisse Europas (Auswahl)

Die Fläche Europas wird annähernd zu einem Drittel landwirtschaftlich genutzt. Ein weiteres Drittel wird forstwirtschaftlich genutzt.

Aufgrund der Temperaturunterschiede verändern sich von Nord nach Süd die Anbaumöglichkeiten. Feuchte und milde Atlantikluft begünstigt in weiten Teilen West- und Mitteleuropas den Pflanzenbau. Außerdem sorgt in Westeuropa und an der Westküste Nordeuropas der Golfstrom für mildes Klima und eine ausgeglichene Temperatur. Hauptgebiete der landwirtschaftlichen Produktion befinden sich auf den fruchtbaren Böden in den Tieflandsgebieten und am Nordrand des Mittelgebirgslandes. Im Mittelmeerraum werden subtropische Kulturen angebaut.

AUFGABEN

1. Beschreibe die vorherrschenden landwirtschaftlichen Nutzungsarten in Europa von Nord nach Süd (M 1, Atlas).
2. Begründe die Verteilung der Gebiete mit Weidewirtschaft (M 1).
3. Erkläre mithilfe der Karte M 2 (Klimazonen und Klimatypen Europas) von Seite 149 die räumliche Verteilung der landwirtschaftlichen Sonderkulturen Zitrusfrüchte und Wein, sowie der Rentierhaltung (vgl. M 1 von Seite 152).
4. Gestaltet zum Thema „Europas Landwirte decken unseren Tisch" eine Wandzeitung. Tipp: Denkt an die Vielfalt der Anbauprodukte.

Wirtschaftsgebiete in Europa

M 1 Wirtschaftliche Gebietsentwicklungen in Europa

Wirtschaftsgebiete in Europa

Wirtschaft. Europa zählt neben Nordamerika und Japan zu den wirtschaftlich stark entwickelten Gebieten. Der hohe Entwicklungsstand beruht auf einer in Jahrhunderten gewachsenen Wirtschaft.

Bodenschätze. Europa ist vergleichsweise reich an Bodenschätzen. In Südeuropa wurden schon vor mehr als 2000 Jahren Erze abgebaut. In anderen Teilen Europas setzte der Erzbergbau vor rund 800 Jahren ein. Die Erzvorkommen in Süd-, West- und Mitteleuropa sind heute weitgehend erschöpft. Die Wirtschaft der meisten europäischen Länder ist auf die Einfuhr von Rohstoffen angewiesen.

Industrie. Auf der Grundlage von Kohle und Eisenerz entstanden vor 200 Jahren in England, Deutschland, Frankreich und den Beneluxländern, später in Russland, die ersten Industriegebiete. Diese Altindustriegebiete haben jedoch einen wirtschaftlichen Strukturwandel erlebt. Heute herrschen dort meist Dienstleistungsbetriebe vor.

Dienstleistungen. Seit Jahren nimmt der Anteil des Dienstleistungsbereichs am Wirtschaftsumfang in vielen Ländern Europas stark zu. Es vollzieht sich ein Wandel von der industriell geprägten Wirtschaft des 19. und 20. Jahrhunderts zu einer modernen *Dienstleistungsgesellschaft* (↑) des 21. Jahrhunderts. Eine herausragende Rolle spielen dabei die Bio- und Informationstechnologien.

Wirtschaftssysteme. Europa war in politischer und wirtschaftlicher Hinsicht von 1945 bis 1990 zweigeteilt. Die wirtschaftliche Entwicklung und Produktion erfolgte in den Ländern Ostmitteleuropas, Osteuropas und Südosteuropas nach zentralen Planvorgaben des Staates. In den anderen europäischen Ländern orientierte sie sich an den Bedürfnissen der Verbraucher (= des Marktes) und wurde von den Unternehmen weitgehend selbst bestimmt. Seit 1990 erfolgt in den Ländern des ehemaligen Ostblocks ein Umbau der *Planwirtschaft* (↑) zur *Marktwirtschaft* (↑).

Angebotsseite
– Produktionsbetriebe stellen Waren her.
– Dienstleistungsunternehmen verteilen Waren und bieten Dienstleistungen an.
– Anbieter von Waren und Dienstleistungen streben nach Gewinn.

Der Wettbewerb vieler Anbieter und die Nachfrage der Käufer steuert das Wirtschaftsgeschehen: den Markt.
– Märkte für Waren und Dienstleistungen,
– Angebot und Nachfrage bilden die Preise.

Nachfrageseite
– Verbraucher kaufen Waren und nutzen Dienstleistungen.
– Verbraucher suchen Waren und Dienstleistungen nach Qualität und Preis aus.

M 2 Kennzeichen einer Marktwirtschaft

Geringe Ausstattung mit Produktionsbetrieben und Dienstleistungseinrichtungen (Industrie, Landwirtschaft, Verkehrswesen, Verwaltung, Bildung, Medizin, Kultur u. a.)

Mangel an Arbeitsplätzen in Produktionsbetrieben und im Dienstleistungsbereich; überwiegend gering bezahlte Arbeitsplätze in der Landwirtschaft

Niedrige Einkommen der Bevölkerung und hohe Arbeitslosigkeit, Abwanderung
Folge: Nachfrage nach Waren und Dienstleistungen ist gering

M 3 Kennzeichen von Gebieten mit Entwicklungsrückständen

AUFGABEN

1. Lies den Text auf Seite 155 und erkläre in eigenen Worten den Unterschied zwischen einer staatlichen Planwirtschaft und einer Marktwirtschaft.
2. Beschreibe anhand der Karte (M 1) den wirtschaftlichen Entwicklungsstand in Europa. Benutze auch den Atlas.
3. Erkläre wie Marktwirtschaft abläuft (Text, M 2). Versetze dich in die Rolle des Nachfragers. Wähle dazu eine Ware oder eine Dienstleistung aus, an der du interssiert bist.
4. Nenne Gebiete Europas mit wirtschaftlichen Entwicklungsrückständen. Erläutere, wie es zu Mängeln in der Wirtschaftsentwicklung kommen kann (Atlas, M 1, M3).

Geografische Arbeitsweisen

Wirtschaftskarten lesen und beschreiben

Wirtschaftskarten vermitteln einen Überblick über die wirtschaftlichen Verhältnisse eines Gebietes (Räume, Einzelstandorte). Themen von Wirtschaftskarten können beispielsweise die Verbreitung von Landwirtschaft, Bergbau, Industrie, Dienstleistungen oder Verkehr sein. Sie können aber auch eine Kombination dieser Bereiche zum Inhalt haben (= komplexe Darstellung).

Die Karteninhalte werden durch Kartenzeichen dargestellt. Deshalb musst du die Kartenzeichen genau beachten. Sie werden in der Legende erklärt.

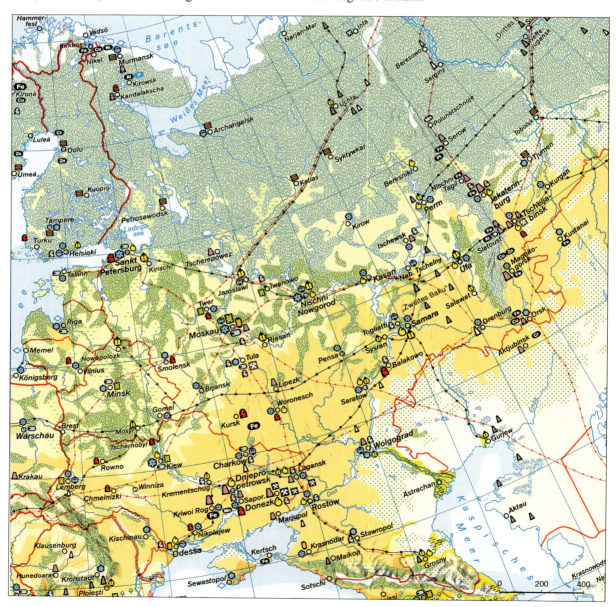

M 1 Osteuropa Wirtschaftskarte (Ausschnitt)

Wirtschaftskarten lesen und beschreiben 157

M 2 Checkliste für das Lesen und Beschreiben einer Wirtschaftskarte
1. Schritt: Informieren über das Thema der Karte
Lies den Kartentitel
2. Schritt: Einordnen der Karte
Bestimme die Lage und die Größe des dargestellten Gebietes (z. B. Lage im Gradnetz, in Großräumen, in Klimazonen, in Landschaftsräumen, in Staaten oder Staatengruppen)
3. Schritt: Kennzeichen der dargestellten Karteninhalte
Verschaffen dir einen Überblicks mithilfe der Legende: Was ist dargestellt? Wie ist es dargestellt (Kartenzeichen)?
4. Schritt: Beschreiben des Karteninhalts
Entscheide dich für eine Vorgehensweise
a) Beschreiben der räumlichen Anordnung von Einzelerscheinungen innerhalb des gesamten Gebietes.
b) Unterteilen der Karte in Teilgebiete. Anschließend Beschreibung der Einzelerscheinungen in diesen Gebieten mit den bestehenden Zusammenhängen.

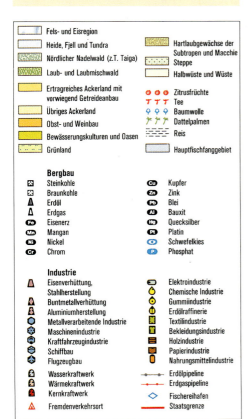

Legende zur Wirtschaftskarte

M 3 Beispiel: Lesen und Beschreiben der Wirtschaftskarte von Osteuropa
1. Schritt: Informieren über das Thema der Karte
Wirtschaftskarte Osteuropa
2. Schritt: Einordnen der Karte
Die Karte zeigt fast das gesamte Gebiet Osteuropas. Es fehlt ein kleiner Teil vom Nordosten des Großraums. Das Gebiet hat eine West-Ost-Erstreckung von 2 400 km und eine Nord-Süd-Erstreckung von 2 600 km. Es liegt fast ausnahmslos in der gemäßigten Klimazone, im Norden reicht es in die subpolare Klimazone.
3. Schritt: Kennzeichen der dargestellten Karteninhalte
Die Karte hat eine zusammenhängende (komplexe) Darstellung der Wirtschaft zum Inhalt.
4. Schritt: Beschreiben des Karteninhalts
Die Beschreibung erfolgt nach Teilgebieten.
Nadelwaldzone und Tundra: vor allem Bergbaustandorte (Halbinsel Kola: Eisen, Kupfer, Nickel, Bauxit, Phosphat; um Uchta: Erdöl, Erdgas), Grundstoffindustrie (Halbinsel Kola: Kernkraftwerk, Buntmetallverhüttung, Aluminiumherstellung), Holzindustrie, Erdöl- und Erdgaspipelines; im südlichen Teil inselhaft Grünland und Ackerland.
Mischwaldzone: überwiegend Ackerland, im Westteil Grünland, viele Industriestandorte im Gebiet um Moskau, weitere Industriestandorte bis zum Ural, Erdöl- und Erdgaspipelines.
Steppenzone: waldlos, ertragreiches Ackerland (vorwiegend Getreideanbau), Industriegebiet im Raum Dnjepropetrowsk-Donezk (Steinkohlen-, Eisenerz-, Manganbergbau, Eisenerzverhüttung, Stahlindustrie, Maschinenbau, Erdölindustrie), Einzelstandorte der Industrie (z. B. Samara, Wolgograd).
Halbwüste: Bewässerungsfeldbau am Unterlauf der Wolga und im Wolgadelta.

AUFGABE
Wähle eine Wirtschaftskarte im Lehrbuch aus und beschreibe ihren Inhalt. Gehe dabei nach den Arbeitsschritten in der Checkliste vor (Lehrbuch, M 2).

Tabellen und Diagramme lesen

In der Geografie werden Zusammenhänge oder Entwicklungen verschiedener Regionen bzw. Zeitphasen oft mit Zahlenvergleichen oder Zahlenfolgen dargestellt. Die Zahlenwerte sind zum Beispiel Mengenangaben oder Durchschnittswerte. Man nennt solche Vergleichszahlen statistische Angaben. Zur besseren Lesbarkeit sind die Zahlenwerte oft in Tabellen geordnet oder in sogenannten Diagrammen veranschaulicht. Wie werden Tabellen gelesen, wie werden Diagramme ausgewertet?

Tabellen ordnen Zahlenwerte. Die Tabelle besteht aus waagerechten Zeilen und senkrechten Spalten. Ganz wichtig ist die Tabellenüberschrift mit dem Thema der Tabelle. In der ersten Spalte und in der oberen Zeile stehen die Inhaltsangaben und Maßeinheiten. Ihnen zugeordnet sind in den folgenden Spalten und Zeilen die Zahlenwerte. Man liest die Zahlenwerte innerhalb einer Zeile von links nach rechts. Unter der Tabelle kann eine Quellenangabe stehen, das ist eine Angabe zur Herkunft der Zahlenwerte.

M 1 Checkliste für die Auswertung einer Tabelle bzw. eines Diagramms
1. Schritt: Einordnung der Tabelle oder des Diagramms
Wie lautet das Thema? Welcher Zeitraum ist angegeben? Ist die Tabelle aktuell oder veraltet?
2. Schritt: Form der Darstellung
In welcher Maßeinheit sind die Zahlenwerte dargestellt?
Was wird verwendet: Mengenangaben, Durchschnittswerte, Prozentwerte, Zeiteinheiten, Zeitabschnitte?
3. Schritt: Klärung des Tabellen- oder Diagramminhaltes
Gibt es Unverständliches oder unbekannten Begriffe?
Welche Werte sind miteinander zu vergleichen, welche lassen sich nicht vergleichen? Welche Besonderheiten sind zu nennen?
4. Schritt: Beschreibung des Tabellen- oder Diagramminhaltes
Welche Höchst- und Tiefstwerte oder Durchschnittswerte fallen auf?
Was lässt sich aus den Daten der Tabelle schlussfolgern?

M 2 Auswertung der Tabelle nach Checkliste
1. Fläche der Kontinente und ihre Bevölkerung, 2002
2. Mengenangaben, Durchschnittswerte, Prozentwerte
3. Flächengrößen, Einwohnerzahlen und Bevölkerungsdichte der Kontinente, Anteil der städtischen Bevölkerung pro Kontinent
4. Der flächengrößte Kontinent ist Asien. Es folgen Afrika, Nord- und Südamerika. Europa ist der zweitkleinste, Australien der kleinste Kontinent.
Über die Hälfte der Erdbevölkerung lebt in Asien. Australien hat die wenigsten Einwohner und die geringste Bevölkerungsdichte. Antarktika ist ein nicht bewohnter Kontinent. Im Vergleich der Bevölkerungsdichte steht Asien an der Spitze. Der Anteil der städtischen Bevölkerung liegt in Europa, Nord- und Südamerika und Australien etwa gleich hoch, in Asien und Afrika beträgt sie nur ein Drittel.

Tabellenkopf	Tabellenüberschrift		
Spalte	Zeilen ⟶		
	1. Zeile		
	2. Zeile	Spalte	Spalte
	3. Zeile		
	Summenzeile		

Tabelle 1	Fläche und Bevölkerung der Kontinente der Erde 2002			
Kontinente	Fläche in Mio. km^2	Einwohner in Mio.	Einwohner je km^2	städtische Bevölkerung in %
Europa	9,8	685	76	73
Asien	44,7	3 714	83	35
Afrika	30,3	794	26	33
Nordamerika	24,2	314	13	75
Südamerika	17,8	519	29	74
Australien	8,9	31	3	70
Antarktika	13,2	—	—	—
Erde	148,9	6 057	38	60

M 3 Aufbau einer Tabelle und Tabellenbeispiel (Tabelle 1)

Tabellen und Diagramme lesen

Diagramme veranschaulichen Zahlenwerte. Diagramme sind zeichnerische Darstellungen von Zahlenwerten. Man nennt sie auch „gezeichnete" Tabellen. Der Vorteil des Diagrammes gegenüber der Tabelle liegt in der besseren Anschaulichkeit.

Mithilfe des *Stabdiagrammes* werden Vergleiche erleichtert, mit dem *Kurvendiagramm* sind Entwicklungen besser sichtbar zu machen.

Das Kurvendiagramm stellt oft zu einem Thema eine zeitbezogene Entwicklung dar.

Die Temperaturen sind an einer Temperaturachse und die Zeiträume (Monate) an einer Zeitachse eingetragen. Die Zahlenwerte werden als Punkte den beiden Achsen zugeordnet und durch eine Linie (Kurve) miteinander verbunden. Diese Kurve verdeutlicht eine Entwicklung.

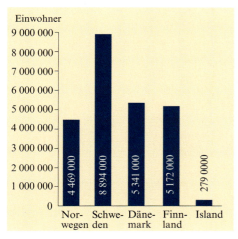

M 4 Bevölkerungszahlen in Nordeuropa (2000)

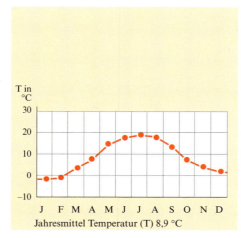

M 5 Temperarurkurve aus dem Klimadiagramm von Berlin

Auswertung des Stabdiagramms (M 4) nach Checkliste S. 158
1. Thema: Bevölkerungszahl der Länder Nordeuropas (2000)
2. Stabdiagramm, Bevölkerungszahlen
3. Bevölkerungszahlen im Vergleich
4. Schweden hat die höchste Bevölkerungsanzahl, gefolgt von Dänemark. Finnland und Dänemark sind etwa gleich. Island hat eine vergleichsweise geringe Bevölkerungsanzahl.

Auswertung der Temperaturkurve (M 5) aus dem Klimadiagramm von Berlin
1. Thema: Temperaturkurve aus dem Klimadiagramm von Berlin: Monatliche Durchschnittstemperaturen eines Jahres in Berlin
2. Kurvendiagramm, Jahr, Temperatur in °C
3. Sommertemperaturen im Juli bei 18° C, Wintertemperaturen im Dezember/ Januar bei 0 bis −1° C (siehe S. 160).

AUFGABEN

1. Erläutere mithilfe von M 3 den Aufbau einer Tabelle. Lies die Checkliste M 1 und den Text zur Auswertung der Tabelle durch. Suche dir eine Tabelle im Lehrbuch und beschreibe ihren Inhalt.
2. Informiere dich über die Darstellung und Auswertung von Stab- und Kurvendiagrammen in M 4 und M 5.
3. Stelle die Bevölkerungszahlen Südeuropas in einem Stabdiagramm dar. Die Zahlenwerte findest du im Kapitel Südeuropa in deinem Lehrbuch (Kapitel Südeuropa).
4. Wähle noch andere Zahlenangaben, die du ordnen oder veranschaulichen möchtest. Begründe deine Wahl für die Darstellung: Tabelle, Stab- oder Kurvendiagramm.

Klimadiagramme auswerten und zeichnen

Vom **Wetter** reden alle. Es ist zu kalt, zu warm, zu trocken, zu nass, zu stürmisch, und anderes mehr. Wetter ist immer ein aktuelles Ereignis. Die Beobachtungs- und Messergebnisse gelten stets nur für einen bestimmten Zeitpunkt.

Das **Klima** erfasst den durchschnittlichen Wetterablauf, der aus jahrzehntelangen Mess- und Beobachtungsergebnissen errechnet worden ist. Klimawerte sind immer Durchschnittswerte (Mittelwerte).

Die Mess- und Beobachtungsergebnisse werden in Klimatabellen erfasst. Neben Temperatur- und Niederschlagswerten gehören dazu z. B. auch Angaben zur Windstärke oder zur Sonnenscheindauer.

In Klimadiagrammen werden die Temperaturen (Monats- und Jahres*mittel*) und der Niederschlag (Monats- und Jahres*summe*) dargestellt. Sie geben einen anschaulichen Überblick über den Temperatur- und Niederschlagsverlauf für den betreffenden Ort über den Zeitraum eines Jahres.

Weil das Klima eines Ortes aber auch durch dessen Lage im Gradnetz und durch seine Höhenlage bestimmt wird, werden diese Angaben ebenfalls im Klimadiagramm mit aufgeführt.

M 1 Checkliste: **Auswerten eines Klimadiagramms**
1. Lagebeschreibung der Klimastation (Gradnetz, Großraum, Höhenlage)
2. Beschreiben der Temperatur
2.1 Jahresmitteltemperatur
2.2 warme und kalte Monate (Monate mit Frost)
2.3 Temperatur des wärmsten und des kältesten Monats (mit Monatsnamen)
2.4 Temperaturschwankung zwischen wärmsten und kältesten Monat
3. Beschreiben der Niederschläge
3.1 Niederschlagssumme des Jahres
3.2 niederschlagsarme und niederschlagsreiche Monate (mit Niederschlagsmenge)

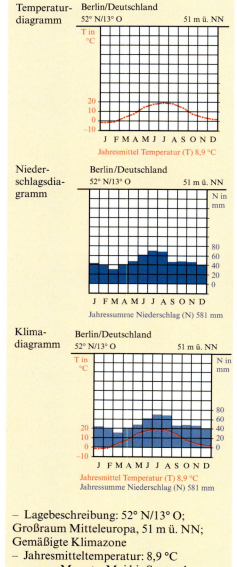

– Lagebeschreibung: 52° N/13° O; Großraum Mitteleuropa, 51 m ü. NN; Gemäßigte Klimazone
– Jahresmitteltemperatur: 8,9 °C
– warme Monate: Mai bis September
– wärmster Monat: Juli 18,5 °C
– Monate mit Frost: Januar, Februar
– kältester Monat: Januar – 0,6 °C
– Temperaturschwankung zwischen dem wärmsten und kältesten Monat: 19,1 °
– Niederschlagssumme des Jahres: 581 mm
– niederschlagsreichste Monate: Juni, Juli, August
– niederschlagsärmste Monate: Februar, März, Dezember
– keine Monate ohne Niederschlag

M 2 Auswerten des Klimadiagramms Berlin

Klimadiagramme auswerten und zeichnen

London/Großbritannien

	J	F	M	A	M	J	J	A	S	O	N	D
T (°C)	4	5	7	9	13	16	18	17	15	11	8	5
N (mm)	54	40	37	37	46	45	67	59	49	57	64	48

Jahresmittel Temperatur: 10 °C; Jahressumme Niederschlag: 593 mm

Moskau/Russland

	J	F	M	A	M	J	J	A	S	O	N	D
T (°C)	−10	−10	−4	5	12	17	19	17	11	4	−2	−7
N (mm)	31	28	33	35	52	67	74	74	58	51	36	36

Jahresmittel Temperatur: 4 °C; Jahressumme : Niederschlag 575 mm

M 3 Klimawerte von London und Moskau

M 4 Checkliste: Zeichnen eines Klimadiagramms

Das Klimadiagramm steht in einem Gitternetz.

1. An der waagerechten Achse werden alle Monate des Jahres in gleichmäßigen Abständen aufgetragen.
2. An der linken senkrechten Achse werden die Temperaturwerte in °C aufgetragen.
3. An der rechten senkrechten Achse werden die Niederschlagswerte in mm aufgetragen.
4. Die Temperaturwerte eines jeden Monats werden in der Mitte der Monatsspalte eingetragen. Anschließend werden die Monatstemperaturpunkte durch eine rote Linie miteinander verbunden.
5. Die Niederschlagswerte werden ebenfalls für jeden Monat aufgetragen. Anschließend werden die Monatswerte als blaue Säulen eingezeichnet.

Beachte beim Zeichnen der senkrechten Achse, ob es Temperaturen unter 0 °C gibt.

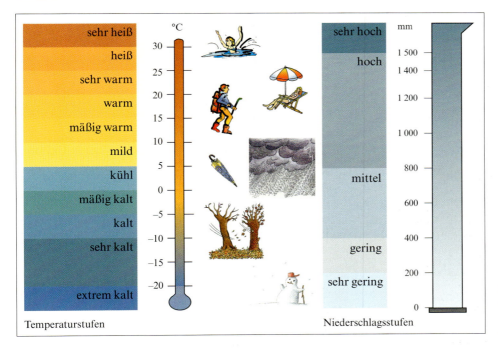

M 5 Stufen der Monatsmitteltemperaturen und des Jahresniederschlags

AUFGABEN

1. Lies die Checkliste M 1 und vergleiche mit der Auswertung des Klimadiagramms M 2. Beachte auch die Angaben von M 5.
2. Zeichne die Klimadiagramme von London und Moskau (M 3). Gehe nach den Arbeitsschritten in M 4 vor.
   Tipp: Benutze Millimeterpapier.

Texte auswerten

Texte zählen zu den häufigsten Arbeitsmaterialien des Lehrbuches. Sie können als Berichte, als Beschreibungen oder als Erzählung vorkommen. Worauf sollte man bei der Auswertung von Texten achten und wie entnimmt man am besten die enthaltenen Informationen?

Texte können unterschiedliche Arten von Informationen enthalten:
Dazu gehören Zahlen und Daten, sachliche Erklärungen eines Vorganges bzw. Gegenstandes oder aber persönliche Eindrücke des Verfassers. Bei der Auswertung eines Textes sollte man stets die Aufgabenstellung im Blick behalten: Was will ich wissen? Welche Textelemente sind dafür wichtig, welche sind weniger wichtig?
Achte auf die Unterschiede bei den drei Texten dieser Seiten und vergleiche dazu die Auswertungen M 3, M 6 und M 8.

M 1 Checkliste für die Entnahme von Informationen aus einem Sachtext
1. Schritt: Wie lautet die Aufgabenstellung?
Ist das Wichtigste des gesamten Textes zu erfassen oder sind nur bestimmte Informationen zu einem Thema gefragt?
2. Schritt: Einordnung des Textes
Wie lautet das Thema, die Überschrift?
Wann wurde der Text geschrieben und von wem?
In welcher Art und Weise ist der Text dargestellt: Als Erzählung, als Bericht oder als Beschreibung eines Vorganges bzw. eines Gegenstandes?
3. Schritt: Entnahme der Informationen
Gibt es Unverständliches oder unbekannte Begriffe? Welche inhaltlichen Aussagen beantworten die Aufgabenstellung?
Was ist zu beachten?
Suche die Textstellen, die Informationen zur Aufgabenstellung enthalten. Lies diese Textstellen gründlich.
Kennzeichne die in Bezug auf die Aufgabenstellung wichtigen Informationen.
Fasse die Informationen in wenigen Worten zusammen und schreibe sie auf.

Achtung! Im Schulbuch darfst du nicht schreiben oder markieren!

M 2 *Erzählung eines Wanderers von seinen Erlebnissen im Großen Ungarischen Tiefland:*
Der breite, sandige Fahrweg, auf dem ich voranschritt und der mich bis an den Rand der Steppe führen sollte, war rechts von Sonnenblumenfeldern, links von Kukuruzfeldern begrenzt. Etwas abseits vom Feld erschien hinter knorrigen Akazien und uralten Holunderbäumen das graue, dicke Rohrdach eines Lehmhäuschens. Weder Mauer noch Zaun umgab das kleine Anwesen. Einige windschiefe Ställe und ein Ziehbrunnen seitlich vom Wohnhäuschen vervollständigten das kleine Idyll.
Nach kurzem Aufenthalt in dieser Tanya war ich wieder zum Gehen gerüstet. Vor mir, inmitten der Öde, lag mein Ziel.
Hunderte von weißen Rindern und grasenden, schnaubenden Pferden drängten sich um die langen Tränkröhren der Ziehbrunnen. Die Hirten standen und saßen auf den dicken Eichenbohlen der hohen Brunneneinfriedung und ließen die umfangreichen Eimer in den tiefen Brunnenschacht auf- und niedersteigen. Unaufhörlich rauschte das klare, kühle kristallhelle Wasser in die langen Tränkrinnen hinein, wo es von den durstigen Tieren gierig aufgesogen wurde.
Am Abend griffen einige Hirten zur Geige und begannen das ungarische Volkslied „Ritka, buza, ritka arpa" frisch und feurig zu spielen. Einige Hirten lagerten am flackernden Herdfeuer. Sie bereiteten in großen hängenden Kesseln einen Brei aus Kukuruzmehl, mancherlei Gewürzen und geschabtem Speck zu. Ich war hungrig wie ein Steppenwolf.
(nach: Franz Woenig, 1926)

M 3 Auswertung von M 2
1. Was erzählt uns ein Wanderer von seinen Erlebnissen im Großen Ungarischen Tiefland?
2. Erzählung von 1926, verfasst von Franz Woenig
3. Er erzählt uns von seinen persönlichen Erlebnissen an einem Tag seiner Wanderung. Wir erfahren etwas über die Natur und von einem Abend bei den Hirten.

M 4 Eine Tanya mit Gänsehaltung (Bauernwirtschaft in Ungarn)

M 5 Bericht aus dem Jahr 2000 über eine Fahrt durch das Große Ungarische Tiefland:
Felder in deren Mitte Einzelgehöfte stehen fallen den Besuchern auf. Es ist eine Besonderheit dieser ungarischen Landschaft, denn Dörfer fehlen weithin.
Warum gibt es so wenig Dörfer und so viele Einzelgehöfte?
Vor Jahrhunderten mussten die Bauern der Dörfer wegen der vielen feindlichen Überfälle ihre Dörfer verlassen: Krieg herrschte in diesem Gebiet. Deshalb flohen die Dorfbewohner in die Städte. Von hier aus bewirtschafteten die Bauern ihre Felder weiter. Viele Dörfer verfielen.
Inmitten ihrer Felder errichten sich viele Bauern Unterkünfte, die sie vom Frühjahr bis zum Herbst bewohnten. Diese Tanyen lagen in einem Umkreis bis zu 30 km um die Städte. Später wurden die Tanyen wieder zu ständigen Wohnsitzen. Zu einer Tanya gehören Wohnhaus, Stall und Scheune. Die kleinen Räume sind nicht unterkellert. Der Boden besteht aus gestampften Lehm.

M 7 Wie ist die Natur des Großen Ungarischen Tieflands beschrieben?
Das ungarische Tiefland wird von Donau und Theiß durchflossen und fällt von rund 180 m im Nordosten auf etwa 75 m im Süden ab. Die Flüsse bilden ausgedehnte Überschwemmungsebenen. Weiter im Süden ist Lössboden in einer Mächtigkeit bis zu 20 m abgelagert worden, über dem sich fruchtbare Schwarzerdeböden gebildet haben.
Die ursprüngliche Vegetation der Wälder und Steppen, durchsetzt von Auewäldern und Sümpfen, ist nur noch stellenweise vorhanden.
Früher wurde die Puszta hauptsächlich durch Weidewirtschaft mit Steppenrindern und durch die Pferdezucht genutzt. Heute ist mehr Ackerbau verbreitet. Auf den Schwarzerdeböden werden Weizen, Mais, Zuckerrüben, Paprika, Melonen, Tabak, Roggen und Kartoffeln, in den Überschwemmungsgebieten auch Reis angebaut. Die Sandböden werden durch Obst- und Weinbau genutzt.

M 6 Auswertung von M 5
1. Warum gibt es wenig Dörfer und viele Einzelgehöfte im Großen Ungarischen Tiefland?
2. Bericht, Tanya heißt Einzelgehöft.
3. Bauern zogen in die Städte. Sie errichteten diese Einzelgehöfte als Sommerquartiere in ihren Feldern. Später wurden daraus ständige Wohnsitze.

M 8 Auswertung von M 7
1. Wie ist die Natur des Großen Ungarischen Tieflands beschrieben?
2. Beschreibung der Natur
3. Tiefland zwischen 75 m und 180 m, von Donau und Theiß durchflossen, Schwarzerdeböden auf Löss, früher Wälder und Steppe, dann Weide, heute Ackerland, Obst- und Weinanbau.

AUFGABE
1. Lies die Erzählung M 2, den Bericht M 5 und die Beschreibung M 7 zum Thema „Großes Ungarisches Tiefland". Vergleiche die Auswertungen (M 3, M 6 und M 8) mit der Checkliste von M 1. Fasse die Informationen zusammen.

Begriffserklärungen und Register

Almwirtschaft (S. 93): Form der Landwirtschaft im Hochgebirge.

Beckenlandschaft (S. 20, 83, 114): Von Gebirgen umschlossene Einsenkung der Erdoberfläche.

Bewässerungsfeldbau (S. 139): Form des landwirtschaftlichen Anbaus in Gebieten mit zu geringem Niederschlag oder beim Anbau von Kulturen, die besonders viel Wasser benötigen.

Börse (S. 50): Markt zum Handel von Wertpapieren und Waren mit der Aufgabe der Preis- oder Kursbildung.

Christentum (S. 26): Eine der großen Weltreligionen, benannt nach dem Namen „Christus" (der „Gesalbte") für Jesus von Nazareth; Grundlagen der Religion sind der Glaube an einen Gott und das Alte und das Neue Testament.

Deltamündung (S. 122): Besondere Form einer Flussmündung; entsteht durch Ablagerung von Schwebeteilchen (z. B. Schlamm, Sand); besitzt die Form eines Dreiecks.

Demokratie (S. 26): (griechisch = Volksherrschaft). Herrschaftsform, bei der alle Macht vom Volk ausgeht. Grundsätze wie Informations- und Meinungsfreiheit, Entscheidung nach dem Mehrheitsprinzip, z. B. bei Wahlen, gehören dazu.

Dienstleistungsgesellschaft (S. 155): Form der hoch entwickelten Gesellschaft, bei der nicht mehr die Herstellung von Gütern in der Industrie die Arbeits- und Lebensbedingungen bestimmen, sondern Dienstleistungen, wie Handel, Verkehr, Bildung, Verwaltung, Kommunikation, Gesundheitswesen, Geldwesen.

Doline (S. 118): Trichterförmige Vertiefung im Kalkgestein; entsteht beim Einbrechen von Höhlendecken.

Durchbruchstal (S. 120): Enges Tal, das einzelne Gebirgsketten oder Gebirge vollständig durchquert (durchbricht). Es entsteht durch das Einschneiden eines Flusses in den Untergrund bei gleichzeitiger Heraushebung des Gebirges.

Einpolderung (S. 78): Landgewinnung an flachen Meeresküsten durch Eindeichung; das Neuland heißt Polder oder Koog.

Endmoräne (S. 35): Durch das Inlandeis an seinem Rand im Eiszeitalter aufgeschüttete Hügel aus Gesteinsblöcken (Findlinge), Kies, Sand und Lehm.

Erdäußere Kräfte (S. 88): Kräfte, die von außen auf die Erdoberfläche einwirken, wie fließendes Wasser, Wind, Eis oder Temperaturunterschiede.

Erdbeben (S. 133): Erschütterungen der Erdkruste, die durch erdinnere Vorgänge hervorgerufen werden. Sie führen häufig zu Zerstörungen an der Erdoberfläche.

Europäische Kultur (S. 26): Gesamtes Wissen, Glaubensvorstellungen (Religionen) Lebensgewohnheiten (Bräuche, Sitten, Recht), Kunst und technische Ausrüstung der Bevölkerung des europäischen Kontinents.

Europäische Union, EU (S. 28): Freiwilliger Zusammenschluss europäischer Staaten, der 1993 aus der Europäischen Gemeinschaft hervorgegangen ist.

Euregio (S. 30): Gebiet zu beiden Seiten einer Grenze, in dem die benachbarten Staaten z. B. in wirtschaftlichen und kulturellen Bereichen zusammenarbeiten.

Faltengebirge (S. 88): Ein Gebirge, dass durch die Faltung mehrerer tausend Meter mächtiger Gesteinsschichten in einem Meeresbecken und deren Hebung im Verlauf von Millionen Jahren entsteht.

Fjell (S. 35): Felsige Hochfläche des Skandinavischen Gebirges, geformt durch das Inlandeis im Eiszeitalter (Abtragungsgebiet); oft mit Moosen und Flechten bewachsen.

Fjord (S. 35): Von Gletschern im Eiszeitalter ausgeschürftes Trogtal am Rand von Gebirgen, das sich nach Abtauen des Eises mit Meerwasser füllte.

Gemäßigte Klimazone (S. 148): Klimazone mit vier Jahreszeiten und den Klimatypen Seeklima, Übergangsklima und Landklima (Kontinentalklima), vorwie-

gend auf der Nordhalbkugel ausgebildet.
Geysir (S. 41): Quelle, bei der unter Druck stehendes heißes Wasser empor springt, wie in einem Springbrunnen.
Golfstrom (S. 38, 54): Warme Meeresströmung, die vom Golf von Mexiko kommend, den Atlantischen Ozean quert und bis an die Küsten West- und Nordeuropas führt; sie beeinflusst das Klima.
Grundmoräne (S. 35): Vom Inlandeis am Grunde des Gletschers abgelagerter Lehm, der mit kleinen Steinen und Gesteinsblöcken (Findlinge) durchsetzt ist.

Hartlaubgewächse (S. 135): Immergrüne Bäume und Sträucher des Mittelmeerraumes, die sich gegen das Austrocknen im Sommer mit lederartigen, kleinen, harten oder von Wachs überzogen Blättern schützen.
Hochgebirgsland (S. 83): Gebiet, das über 1 500 m hoch liegt.

Industrialisierung: Einsatz maschineller Produktionsverfahren in Fabriken mit dem Ziel der Massenfertigung; verbunden mit Produktionssteigerung und Verbreitung der Industriestandorte in Industriegebieten.
Inlandeis (S. 34): Mächtige Eismasse, die im Eiszeitalter (Pleistozän) große Gebiete der Landoberfläche bedeckte.

Jahresschwankung der Temperatur (S. 148): Differenz zwischen der niedrigsten (Minimum) und der höchsten Temperatur (Maximum) während eines Jahres.

Kältegrenze (S. 38): Durch Wärmemangel mit zunehmender geografischer Breite oder mit zunehmender Höhenlage bestimmte Wachstumsgrenze für Pflanzen.
Karst (S. 118): Gebirge in Slowenien; Bezeichnung für besondere Oberflächenformen in Gebieten mit wasserlöslichen Gesteinen (Kalkstein), wie Dolinen, Poljen und Höhlen.
Klimatyp (S. 148): Unterteilung der gemäßigten Klimazone in Seeklima, Übergangsklima, Landklima (Kontinentalklima); durch das Nachlassen des ausgleichenden Einflusses von Meereswasser auf die Temperatur und auf die Niederschlagsmenge von Westeuropa nach Osteuropa herausgebildet.
Klimazone (S. 148): Gebiet mit gleichartigem Klima, das sich in einem breiten Gürtel um die Erde erstreckt.
Kolonie (S. 62): Widerrechtlich angeeignetes auswärtiges Territorium durch einen Staat (Kolonialmacht); die Kolonie ist politisch und wirtschaftlich abhängig.
Kulturlandschaft: Durch Tätigkeiten des Menschen (wohnen, sich versorgen, arbeiten, am Verkehr teilnehmen, sich bilden, sich erholen) umgestaltete Naturlandschaft; bei starken Eingriffen entstehen z. B. Verdichtungsgebiete oder Industriegebiete.

Landklima (Kontinentalklima) (S. 102, 148): Klimatyp der gemäßigten Klimazone; durch größere Entfernung vom Ozean fehlt dessen ausgleichende Wirkung auf die Lufttemperatur; deshalb sind die Sommer wärmer und die Winter kälter, und es fallen weniger Niederschläge.

Macchie (S. 136): Vegetationsform mit bis zu 5 m hohen Hartlaubsträuchern im Mittelmeerraum.
Marktwirtschaft (S. 155): Wirtschaftsordnung, bei der Güterproduktion, Angebot von Dienstleistungen und Handel überwiegend ohne staatliche Eingriffe und Lenkung erfolgt. Preise werden durch Angebot und Nachfrage geregelt.
Massentourismus (S. 94): Fremdenverkehr für den sich Hotelanlagen, Freizeit- und Verkehrseinrichtungen in einem Gebiet ballen; er kann zu einer hohen Belastung der Umwelt führen.
Menschen- und Bürgerrechte (S. 27): „Unveräußerliche" Rechte des Menschen auf Schutz vor Eingriffen des Staates.
Meridian (S. 12): Halber Längenkreis im Gradnetz der Erde; vom Nordpol zum Südpol verlaufend. Es gibt insgesamt 360 Meridiane.

Metropole (S. 50): Wirtschaftliches und kulturelles Zentrum eines Staates; Metropolen sind oft Hauptstädte, meist Millionenstädte.

Mittelgebirgsland (S. 83): Gebiet, das in 200 m bis 1 500 m Höhe liegt.

Mittelmeerklima (Subtropisches Klima) (S. 134, 148): Klima südlich der gemäßigten Klimazone; Kennzeichen sind Trockenzeit im heißen Sommer und Regenzeit im milden Winter.

Muslime (S. 116): Anhänger des Islam; Grundlagen dieser großen Weltreligion sind der Glaube an einen Gott (Allah), der Koran und die Taten und Aussprüche des Propheten Mohammed.

Nachhaltige Nutzung (S. 43): Wirtschaftliche Tätigkeit, die die Lebensgrundlagen nicht beeinträchtigt und Umweltschäden vermeidet.

Nomaden (S. 40): Hirtenvolk, das mit seinen Herden von Weideplatz zu Weideplatz zieht.

Nördlicher Polarkreis: Breitenkreis in 66,5° nördlicher Breite; begrenzt die Polarzone.

Ortszeit (S. 14): Vom Sonnenstand bestimmte Zeit eines Ort; alle Orte auf demselben Meridian haben die gleiche Ortszeit.

Pass (S. 90): Übergang über einen Gebirgskamm an dessen niedrigster Stelle.

Planwirtschaft (S. 155): Wirtschaftsordnung, in der die Herstellung von Gütern und die Bereitstellung von Dienstleistungen sowie deren Verteilung nach staatlichen Plänen erfolgt.

Polarnacht (S. 37): Zeitspanne, in der die Sonne mindestens 24 Stunden nicht aufgeht.

Polartag (S. 37): Zeitspanne, in der die Sonne mindestens 24 Stunden nicht untergeht.

Polje (S. 118): Tiefer gelegenes Gebiet im Karstgebirge, das nach allen Seiten durch steile Hänge abgeschlossen ist, meist durch Feldbau genutzt.

Sander (S. 35): Durch Schmelzwasser des tauenden Inlandeises vor der Endmoräne angeschwemmter Sand.

Schären (S. 35): Felsbuckel, die nach dem Abtauen des Inlandeises vom Meer überflutet wurden und Inseln bilden.

Seeklima (S. 54, 148): Klimatyp der gemäßigten Klimazone; das Meerwasser des Ozeans verursacht eine hohe Luftfeuchtigkeit und wirkt ausgleichend auf die Lufttemperatur; deshalb sind die Sommer kühl und die Winter mild. Seeklima ist ganzjährig feucht.

Standortfaktoren (S. 70): Faktoren, die für die Wahl eines Betriebsstandortes wesentlich sind: Angebot von Energie und Rohstoffen, Leistungsfähigkeit des Verkehrsnetzes, Verbraucher, die Güter kaufen und Dienstleistungen beanspruchen, Menschen, die Arbeit suchen.

Strukturwandel (S. 47, 58): Tiefgreifende Veränderungen in der Wirtschaft eines Gebietes; Merkmale sind u. a. Stilllegungen von Industriebetrieben, Neugründungen von Industrie- oder Dienstleistungsunternehmen.

Subpolare Klimazone (S. 148): Klima nördlich der gemäßigten Klimazone; Kennzeichen sind lange kalte Winter und kurze kühle Sommer.

Subtropische Klimazone (S. 148): Klima südlich der gemäßigten Klimazone; Kennzeichen sind die Trockenzeit im heißen Sommer und die Regenzeit im milden Winter.

Subtropisches Klima (S. 134): → Mittelmeerklima

Tiefland (S. 83): Gebiete bis 200 m Höhenlage.

Transitverkehr (S. 91): Verkehr, der durch ein Land führt (Transitland); über die Transitwege gelangen Reisende sowie Waren in nicht benachbarte Länder.

Trockenfeldbau (Regenfeldbau) (S. 138): Landwirtschaft ohne künstliche Bewässerung.

Trogtal (S. 35): Durch Gletscher im Eiszeitalter ausgeweitetes Tal; aus einem schmalen V-Tal wurde ein breites U-Tal.

Tropfsteine (S. 118): Zapfenförmige Gebilde aus Kalk in Karsthöhlen; von der Decke herab wachsen Stalaktiten, vom Höhlenboden empor wachsen Stalagmiten.

Tundra (S. 40): Baumlose Vegetationszone der subpolaren Klimazone mit Flechten und Moosen sowie sommergrünen Stauden und Zwergsträuchern.

Übergangsklima (S. 148): Klimatyp der gemäßigten Klimazone in Mitteleuropa; Übergang vom Seeklima in Westeuropa zum Landklima in Osteuropa.

Umland (S. 50, 62, 69): Gebiet in der Umgebung großer Städte; Stadt und Umland sind in vielfältiger Weise miteinander verbunden.

Urstromtal (S. 35): Vom Schmelzwasser des Inlandeises geschaffene Talform; in Mitteleuropa flossen die Schmelzwasser in nordwestlicher Richtung zur Nordsee ab.

Vegetationszone (S. 106, 150): Zone bestimmter Pflanzenarten (Vegetation), die gürtelartig um die Erde verläuft; stark vom Klima beeinflusst; führt zur Herausbildung unterschiedlicher Vegetationszonen.

Verdichtungsraum (S. 60): Gebiet, in dem viele Menschen auf engem Raum zusammenleben (hohe Bevölkerungsdichte), mit starker Ballung von Städten und Dörfern (hohe Siedlungsdichte), mit starker Ballung von Betrieben (hohe Industrie- und Dienstleistungsdichte) und mit einem gut entwickelten, engmaschigen Verkehrsnetz (hohe Verkehrsdichte).

Verkarstung (S. 119): Kalkgestein wird durch Regenwasser allmählich aufgelöst und fort geschwemmt; Herausbildung einer Karstlandschaft (→ Karst).

Verwitterung (S. 132): Durch Einwirkung z. B. physikalischer Einflüsse bewirkter Zerfall von Gesteinen an oder nahe der Erdoberfläche; Voraussetzung für Abtragung.

Vielvölkerstaat (S. 116): Staat, in dem mehrere sprachlich und kulturell eigenständige Völker leben.

Vulkan (S. 41, 132): Meist kegelförmiger Berg, der aus einem Krater regelmäßig oder unregelmäßig Gas, Lava, Gesteinsbrocken und Asche ausstößt.

Wirtschaftsstruktur (S. 58): Zusammensetzung der Wirtschaft eines Gebietes und Verflechtung zwischen den Teilbereichen (Urproduktion, Güterproduktion, Dienstleistungen).

Zeitzonen (S. 14): Gebiet mit gleicher Zeit; auf der Erde gibt es 24 Zeitzonen; sie reichen jeweils über über etwa 15° geografischer Länge; Begrenzungen richten sich häufig nach Ländergrenzen.

Zonenzeit (S. 14): Gebiet mit gleicher Zeit.

Bildnachweis

Titelfoto, Klappe vorn Superbild/Gräfenhain, Bln. | S. 5 dpa/Bildarchiv/Haid Frankf. | S. 6 V. Döring, Hohen Neuendorf | S. 7 dpa/Bildarchiv/Haid, Frankf. | S. 8 Astrofoto/Ravensmaay, Hamb. | S. 10/1 Superbild/Gräfenhain, Bln. | S. 10/2 Mauritius/Pigneter ; S. 10/3 Mauritius/Nägele, Bln. | S. 10/4 Superbild/Gräfenhain, Bln. | S. 10/5 Bilderberg/Franke, Hamb. | S. 11/1 Ria-Nowosti, Bln. | S. 14/1 Mauritius/O'Brien, Bln. | S. 16/1, 16/2 M. Knopfe, Freiberg | S. 17/1 Superbild/Gräfenhain, Bln. | S. 17/2 Mauritius/Mattes, Bln. | S. 17/3 Th. Breitbach, Köln | S. 20/1 I. K. Petrik, Prag | S. 20/2 Mauritius/Mehlig; S. 20/3 Mauritius/Schmied, Bln. | S. 23/1 E. Grunert, Bln. | S. 23/2 Ria-Nowosti, Bln. | S.27/1 AKG, Bln. | S. 31/1 Euroregion Neisse e. V., Zittau | S. 32/1 Bildagentur Schuster/Ikeda, Oberursel | S. 32/2 Ria-Nowosti, Bln. | S. 32/3 Mauritius/Thonig, Bln. | S. 33/1 Superbild/Gräfenhain, Bln. | S. 34/1 Mauritius/Schmied, Bln. | S. 34/2 Picture Pool/Nordis/Bünte, Essen | S. 34/3 H. Bach-Kolster, Duisburg | S. 36/1, 36/2 Cornelsen-Verlag, Bln. | S. 38/1 Helga Lade/Grossmann, Bln. | S. 41/1 Mauritius/Beck, Bln. | S. 42/1 Finnische Botschaft, Bln. | S. 43/1 dpa/Bildarchiv/Lehtikuwa Oy, Bln. | S. 44/1 Helga Lade/Foord, Bln. | S. 45/1 Bildagentur Schuster/Jogschies, Oberursel | S. 46/1 Statoil, Bln. | S. 48/1 H. Bach-Kolster, Duisburg | S. 48/2 Mauritius/Berger, Bln. | S. 48/3 Picture Pool/Nordis/Mick, Essen | S. 49/1 Mauritius/Nägele ; S. 50/1 Mauritius/Power Stock, Bln. | S. 50/2, 51/1, 51/2 P. Glaser, Bln. | S. 52/1 Mauritius//World Pictures ; S. 53/1 Mauritius/Thonig, Bln. | S. 56/1 S. Kutschke, Stourport | S. 57/1 AKG, Bln. | S. 59/1 Grundig AG, Nürnberg | S. 60/1 Helga Lade /Thompson, Bln. | S. 62/1 J. Keute, Frankf. | S. 67/1 dpa/Bildarchiv/Julien, Frankf. | S. 69/1 Mauritius/Witzgall, Bln. | S. 71/1 Superbild/Siegenthaler, Bln. | S. 71/2 Mauritius/Phototheque SDP, Bln. | S. 72/1 Superbild/Sudres/SCOPE, Bln. | S. 73/1 Mauritius/Mattes, Bln. | S. 74/1 Aero Camera, Rotterdam | S. 75/1 Mauritius/Benelux Press, Bln. | S. 75/2 G. Gerster, Zürich | S. 77/1 Aero Camera, Rotterdam | S.78/1 Superbild/Bach, Bln. | S. 80/1 dpa/ZB/Meyer, Bln. | S. 80/2 E. Hoyer, Galenbeck | S. 81/1 Mauritius/Pigneter, Bln. | S. 82/1 Bildagentur Schuster/Kranz; S. 82/2 Bildagentur Schuster/Prisma, Oberursel | S. 83/1 Mauritius/Mehlig, Bln. | S. 84/1 I.K. Petrik, Prag | S. 84/2 Mauritius/AGE Fotostock, Bln. | S. 85/1 P. Glaser, Bln. | S. 86/1 dpa, Bildarchiv, Bln. | S. 87/1 Jürgens Ost und Europa Photo, Bln. | S. 89/1, 90/1 Mauritius/Schmied; S. 92/1 Mauritius/Weinhäuptl, Bln. | S. 94/1 Bildagentur Schuster/Mallaun, Oberursel | S. 94/2 Mauritius/Beck, Bln. | S. 97/1 Ria-Nowosti, Bln. | S. 99/1 Jürgens Ost und Europa Photo, Bln. | S. 100/1, S.101/1 Ria-Nowosti, Bln. | S. 103/1 S. Heimer, Dresden | S. 104/1, S.105/1, S.105/2, S.106/1, S.107/1, S.109/1, S.109/2, S.110/1 Ria-Nowosti, Bln. | S. 110/2 BildagenturSchuster/Polders, Oberursel | S. 110/3 P. Glaser, Bln. |S. 112/1 Jürgens Ost und Europa Photo, Bln. | S. 112/2, S.112/3 Ria-Nowosti, Bln. | S. 113/1 Bilderberg/Franke, Hamb. | S. 115/1 G. Gerster, Zürich | S.115/2 Helga Lade/THF/Okapia, Bln. | S. 116/1 VWV-Archiv, Bln. | S. 116/2 Bildagentur Schuster/Ikeda, Oberursel | S. 116/3 Transglobe/Hanak, Hamb. | S. 119/1 G. Niemz, Neu-Isenburg | S. 119/2 K. Pfeffer, Tübingen | S. 120/1 SAVE-Bild/Wölfel, München | S. 120/2 Bildagentur Schuster/Nebe, Oberursel | S.123/1 K.Rudloff, Bln. | S. 123/2 dpa/Bildarchiv/Scholz | S. 123/3 IFA- Bilderteam/Lederer, München | S. 124/1 Mauritius/Scholz; S. 124/2 Mauritius/Kramarz, Bln. | S.124/3 IFA-Bilderteam/Tschanz, München | S. 125/1 Bavaria/FPG, München | S. 125/2 IFA-Bilderteam/Tschanz, München | S. 126/1 Superbild/Sayama, Bln. | S. 128/1 M. Braunger, Freiburg | S. 128/2 Transglobe/Hanak, Hamb. | S. 128/3 Bildagentur Schuster/Nebe, Oberursel | S. 129/1 Superbild/Gräfenhain, Bln. | S. 133/1 dpa/Bildarchiv/Carapezza | S. 133/2 ROPI, Freiburg | S. 134/1 Okapia/Grzimek, Bln. | S. 135/1 Mauritius/Torino, Bln. | S. 135/2 Bildagentur Schuster/Vondruska-Selig, Oberursel | S. 136/1 S. Heimer, Dresden | S. 136/2, S. 136/3 ROPI, Freiburg | S. 138/1 Mauritius/Fuste Raga, Bln. | S. 138/2 Agrar Service/Cattlin, Schmalfeld | 139/1 F. Geiger, Merzhausen | S. 140/1 Bildagentur Schuster/Prisma; S. 140/2 Bildagentur Schuster/Jogschies, Oberursel | S. 141/1 Span. FVA/Ontanon, Bln. | S. 142/1 IFA-Bilderteam/WPS, München | S. 142/2 Mauritius/World Pictures, Bln. | S. 142/3 E. Grunert, Bln. | S. 144/1 Span. FVA, Bln. | S. 144/2 ROPI, Freiburg | S. 144/3 IFA-Bilderteam/WPS, München | S. 145 V. Döring, Hohen Neuendorf | S. 163/1 Superbild/Bach, Bln.